台湾民事程序法学经典系列

新民事证据法论

姜世明 著

厦门大学出版社
国家一级出版社
全国百佳图书出版单位

图书在版编目(CIP)数据

新民事证据法论/姜世明著.—厦门:厦门大学出版社,2017.6
(台湾民事程序法学经典系列)
ISBN 978-7-5615-4895-0

Ⅰ.①新… Ⅱ.①姜… Ⅲ.①民事诉讼-证据-研究-台湾 Ⅳ.①D927.585.113.4

中国版本图书馆 CIP 数据核字(2016)第 326938 号

出 版 人	蒋东明
责任编辑	李　宁
封面设计	李嘉彬
技术编辑	许克华

出版发行　*厦门大学出版社*
社　　址　厦门市软件园二期望海路 39 号
邮政编码　361008
总 编 办　0592-2182177　0592-2181406(传真)
营销中心　0592-2184458　0592-2181365
网　　址　http://www.xmupress.com
邮　　箱　xmup@xmupress.com
印　　刷　厦门市万美兴印刷设计有限公司

开本　720mm×1000mm　1/16
印张　15.75
插页　2
字数　280 千字
版次　2017 年 6 月第 1 版
印次　2017 年 6 月第 1 次印刷
定价　68.00 元

本书如有印装质量问题请直接寄承印厂调换

厦门大学出版社
微信二维码

厦门大学出版社
微博二维码

前　言

民事证据法犹如民事诉讼法之骨干,若骨干不坚,即难期待民事程序得以顺利进行。因而,在法治先进国家和地区,学者于民事证据法之研究固至为重视。在我国台湾地区,学者于此一法领域之重要性亦有相当之认识。学者骆永家、陈荣宗、雷万来教授等于此均曾分别著作专论,其于台湾地区"证据法"之发展,均有显著之贡献,实值钦佩。

唯虽存在前述学者之专论,但因台湾地区"民事诉讼法"已经大修(尤指二〇〇〇年二月九日者),其于文书提出义务、证据保全、举证责任等规定,已多所修正;且新修正的"民事诉讼法"增订当事人讯问制度、损害赔偿数额确定、证明妨碍等规定,则新修正民事诉讼法之证据法"立法"及理论发展,实已与旧法时代者,非可同日而语。就相关新证据法制度之理论与实务现况,自应有研究之实益与必要。

本书乃鉴于新修正民事诉讼法之关于证据调查与举证责任之规定,深具时代意义,为使相关制度能顺利运作,故不惜野人献曝,拟自德国法相关制度之发展经验,进行研析比较,希能提供司法实务运作时之参考及充当学者研究相关议题时之标靶。

本书主要内容包括证据调查与举证责任,共计十一章。其中有部分已分别发表于台湾地区法学专业杂志或论文研讨会,并经部分增删而成。书中写作固有以问题意识导引为论述方式者,但亦有着重在德国法之比较或研介,其目的乃为使读者于相关制度之因袭发展与法律之特色,能充分掌握,希读者能注意及之。

姜世明

目 录

第一章 文书提出义务 1
  第一节 前言 1
  第二节 主要法律基础 1
  第三节 文书提出义务之要件与违反之效果 3
  第四节 台湾地区实务见解 17
  第五节 台湾地区"民事诉讼法"中文书提出义务相关规定之发展评估 19

第二章 证据保全制度 25
  第一节 前言 25
  第二节 证据保全制度之功能 26
  第三节 证据保全之类型及其要件 28
  第四节 程序与效果 38
  第五节 "民事诉讼法"第三百七十六条之一之特殊意义 48
  第六节 结论 51

第三章 当事人讯问制度 52
  第一节 前言 52
  第二节 德国法 53
  第三节 台湾地区有关规定的现况 65
  第四节 台湾地区有关规定之发展评估——代结论 70

第四章 证据契约 80
  第一节 前言 80
  第二节 定义与性质 81
  第三节 证据契约之合法性 89
  第四节 证据契约合法性之界限 95
  第五节 结论 97

第五章　违法取得证据之可利用性 … 98
第一节　问题之提出 … 98
第二节　价值冲突 … 99
第三节　德国法关于违法取得证据可利用性之争议 … 101
第四节　本书之基本立场 … 109
第五节　个案之解决——代结论 … 112

第六章　举证责任分配之一般原则 … 119
第一节　前言 … 119
第二节　基本定义 … 120
第三节　举证责任分配理论 … 121
第四节　本书之见解 … 127
第五节　结论 … 129

第七章　举证责任减轻
——"民事诉讼法"第二百七十七条但书之发展评估 … 130
第一节　概说——举证责任减轻之法思想基础 … 130
第二节　举证责任减轻方法之具体内容 … 139
第三节　"民事诉讼法"第二百七十七条但书之新近实务见解 … 146
第四节　举证责任减轻制度之发展评估——代结论 … 154

第八章　损害赔偿数额之确定
——"民事诉讼法"第二百二十二条第二项之发展评估 … 161
第一节　前言 … 161
第二节　德国法——以《民事诉讼法》第二百八十七条规定为中心 … 161
第三节　台湾地区有关规定 … 170
第四节　台湾地区有关规定之发展评估 … 186
第五节　结论 … 192

第九章　证明妨碍
——"民事诉讼法"第二百八十二条之一之发展评估 … 193
第一节　前言 … 193
第二节　德国法 … 194
第三节　台湾地区有关规定之现况 … 205
第四节　"民事诉讼法"第二百八十二条之一之发展评估 … 208
第五节　结论 … 212

第十章　不当得利无法律上原因要件之举证责任分配 …… 214
- 第一节　前言 …… 214
- 第二节　举证责任分配理论概说 …… 214
- 第三节　台湾地区实务与学说之见解 …… 215
- 第四节　德国法之介绍 …… 219
- 第五节　台湾地区相关见解之检讨 …… 223
- 第六节　结论 …… 228

第十一章　不完全给付可归责性要件之举证责任分配 …… 230
- 第一节　前言 …… 230
- 第二节　举证责任分配理论概说 …… 230
- 第三节　台湾地区之实务与学说之见解 …… 231
- 第四节　德国之实务与学说之见解 …… 237
- 第五节　台湾地区学说与实务见解之检讨 …… 241
- 第六节　结论 …… 245

第一章　文书提出义务

第一节　前言

台湾地区新近"民事诉讼法"（编者注：如无特别说明，本书所称"民事诉讼法"均指台湾地区"民事诉讼法"）修正之方向主轴系以审理集中化为其主要目标之一，主导修法者于民事程序法与宪法基本权保障之价值联结有充分之认识，因而于修法过程中无不对宪法所保障之平等权、合法听审权等价值予以重视，并引为修法之基本原则。其中就当事人文书提出义务之修正（台湾地区"民事诉讼法"第三百四十二条以下），亦系基于上述诉讼法与宪法之基本原则进行修正，其于人民权利伸张应有重大之影响，自值重视。

文书提出义务所涉及因素繁多，环环相扣，例如实体法与程序法信息义务之区分、当事人信息义务之范围与界限、一般解明义务之承认与否及文书提出义务之审查程序与效力等，均于文书提出义务制度之发展有重大之影响。而在修法中，识者所着重之平等使用证据与其违反之惩罚效果及其修法结果，是否有与程序法基本理论（如辩论主义）或举证责任基本理论冲突而有须予调和之处？又是否其已兼顾双方当事人之利益平衡（证据保存、使用成本分担与危险分配问题是否被忽略）？其提出程序有无注意在审查程序上予以加强，以免有恣意滥用之情形？均值考察与深思。

第二节　主要法律基础

就文书提出义务之诉讼法上规定，台湾地区系规定于"民事诉讼法"第三百四十二条至第三百五十一条；德国则系规定于其《民事诉讼法》第四百二十一条至第四百三十六条。①

其中,应特别注意者,就台湾地区而言,因于公害、产品制造人责任、消费者保护及医疗事故损害赔偿等类现代型诉讼中,文书数据常仅存于当事人之一方,并遭严密管理中,故他造几不可能获取该文书数据,因而,当事人之一方依"民事诉讼法"第三百四十二条第一项规定声明法院命执有文书之他造提出文书时,如一律令其表明应命提出之文书及其内容,有时确有困难,为贯彻当事人诉讼数据使用平等原则及便于发现真实并整理争点,以达到审理集中化之目标,新近"民事诉讼法"修正乃增订同法条第三项之规定。

另为贯彻当事人诉讼数据使用平等原则,及便于发现真实并整理争点,以达到审理集中化之目标,及随社会经济状况之变迁,公害、产品制造人责任及医疗事故损害赔偿等类现代型纷争与日俱增,于某诉讼中不乏因证据仅存在于当事人之一方致他造当事人举证困难之情事发生,例如为举证被害之因果关系或可归责之原因,必须知悉企业所执有关于形成公害或产品瑕疵过程之文书;或为举证医疗过失,必须知悉医疗机构所执有之患者诊疗病历等,均有扩大当事人文书提出义务范围之必要。因而新近"民事诉讼法"修正,于其第三百四十四条规定亦多所着墨。②

又为期公平,并促当事人履行法院所命应提出文书之义务,"民事诉讼法"第三百四十五条乃修正为"法院得审酌情形认他造关于该文书之主张或依该文书应证之事实为真实",即法院得依自由心证认举证人关于该文书之性质、内容及文书成立真正之主张为真实,或认举证人依该文书应证之事实为真实,俾对违反文书提出义务者发挥制裁之实效。

---

① 关于德国民事诉讼法中文书提出义务之法条规定译文,可参阅姜世明:《文书提出义务之研究》,载《万国法律》2001年第117期。

② 关于"民事诉讼法"第三百四十四条、第三百四十二条修正之批评,参阅姚瑞光:《民事诉讼法论》,2000年版,第432、433、428页。本书认为,虽相关条文之立法理由中特别举出之特殊类型,确有如姚瑞光所指之疑虑,但该等"立法"与其理由仍有其前瞻性及法解释论上之帮助。尤其既已标明类型,则其于文书提出义务之范围解释,应有范界之功能,为解释论上所不应忽视。

第三节　文书提出义务之要件与违反之效果

一、台湾地区理论现况

(一) 要件

于台湾地区,就声请他造(即相对人)执有文书之提出系规定于"民事诉讼法"第三百四十二条至第三百四十五条。至于声请命第三人提出文书之相关规定,则系规定于"民事诉讼法"第三百四十六条至第三百五十一条。

文书提出义务无论系命对造提出文书类型或命第三人提出文书义务类型,固均有主体要件(对造或第三人)、应证事实具重要性、举证人之声请为正当等要件。唯尤应注意者乃文书提出义务要件之问题。

程序法上文书提出义务主要规定在"民事诉讼法"第三百四十四条、第三百四十八条。就程序法上之文书提出义务之性质而言,学者认为其系属公法义务。① 此乃与实体法之文书提出义务性质之区别,应予注意。

相对人文书提出义务依"民事诉讼法"第三百四十四条第一项规定包括：(1)该当事人于诉讼程序中曾经引用者；(2)他造依法律规定得请求交付或阅览者；(3)为他造之利益而作者；(4)商业账簿；(5)就与本件诉讼关系有关之事项所作者。

就所谓该当事人于诉讼程序中曾经引用者而言,系指该当事人于诉讼程序中曾经引用之文书,解释上应包括于准备书状内、准备程序、调查证据程序或言词辩论以言词引用之文书。② 且嗣后纵经舍弃该证据或撤销其引用,于其应提出该文书之义务并无影响。③

就所谓他造依法律规定得请求交付或阅览者而言,系指他造依法律规定得请求执有文书之当事人交付或阅览之权利,例如他造依"民法"第五百九十七条、第六百七十五条、第八百二十六条第三项或"医疗法"第五十二条、第五十四条,"公司法"第四十八条等规定,得请求执有文书之当事人交

---

① 王甲乙、杨建华、郑健才：《民事诉讼法新论》,台湾三民书局2000年版,第405页；杨建华原著,郑杰夫增订：《民事诉讼法要论》,2001年版,第302页。
② 吴明轩：《中国民事诉讼法》(中册),台湾三民书局2000年第5版,第925、926页。
③ 吴明轩：《中国民事诉讼法》(中册),台湾三民书局2000年第5版,第926页；王甲乙、杨建华、郑健才：《民事诉讼法新论》,台湾三民书局2000年版,第406页。

付或阅览者。①

所谓为他造之利益而作者,系指该文书虽为举证人之利益而作,但非为举证人所执有。故执有此文书之人,亦有提出之义务。而在此所谓为他造利益而作之文书,兼指为两造或他造及第三人利益之情形在内,不以专为他造利益而作者为限。② 另关于商业账簿之解释,则应参考商业会计法所定商业账簿之意义。

至于所谓就与本件诉讼关系有关之事项所作者,则为一可能产生争议之新修正规定。学者认为本款所定"与本件诉讼关系有关之事项",非仅以为诉讼标的之法律关系为限,凡与本件诉讼有关之一切事项均属之。③ 亦即,当事人就其实体上及程序上之法律关系、争点、攻击或防御方法等与本件诉讼有关之事项所作之文书,当事人均负有提出之义务。④ 且无论该文书为有效、无效、得撤销、效力未定或已失其效力,均非所问。⑤ 唯就此款之适用,应注意"民事诉讼法"第三百四十四条第二项规定之适用。

关于第三人文书提出义务,依"民事诉讼法"第三百四十八条规定,其义务准用第三百零六条至第三百一十条、第三百四十四条第一项第二款至第五款及第二项之规定。亦即第三人仅就当事人依法律规定得向第三人请求交付或阅览者、该文书系为当事人利益而作者、商业账簿及就与本件诉讼关系有关之事项所作者为限,负有提出文书之义务。

就所谓文书提出义务与一般解明义务之关系而言,学者有认为台湾地

---

① 参阅王甲乙、杨建华、郑健才:《民事诉讼法新论》,台湾三民书局 2000 年版,第 406 页;吴明轩:《中国民事诉讼法》(中册),台湾三民书局 2000 年第 5 版,第 926 页;杨建华原著,郑杰夫增订:《民事诉讼法要论》,2001 年版,第 302 页;姚瑞光:《民事诉讼法论》,2000 年自版,第 432 页;陈计男:《民事诉讼法论》,1999 年版,第 491 页。

② 参阅王甲乙、杨建华、郑健才:《民事诉讼法新论》,台湾三民书局 2000 年版,第 406 页;吴明轩:《中国民事诉讼法》(中册),台湾三民书局 2000 年第 5 版,第 926 页。其例,学者有举如证明与举证人为交易者有代理权之委任书,参阅王甲乙、杨建华、郑健才:《民事诉讼法新论》,台湾三民书局 2000 年版,第 406 页;有举如为第三人利益而作之契约书,参阅姚瑞光:《民事诉讼法论》,2000 年自版,第 432 页。

③ 吴明轩《中国民事诉讼法》(中册),台湾三民书局 2000 年第 5 版,第 926 页。

④ 王甲乙、杨建华、郑健才:《民事诉讼法新论》,台湾三民书局 2000 年版,第 406 页;许士宦:《文书提出义务之范围》,载《月旦法学杂志》2001 年第 71 期。学者有举例如诉讼系商品瑕疵之损害赔偿,该商品之经销商与制造商所订商品应经某机关检验合格,贴有检验合格证者始得销售之契约书,参阅姚瑞光:《民事诉讼法论》,2000 年自版,第 432 页;有举当事人合意定管辖法院,适用简易或小额程序,选任鉴定人及订立仲裁协议等,参阅吴明轩:《中国民事诉讼法》(中册),台湾三民书局 2000 年第 5 版,第 926 页。

⑤ 吴明轩:《中国民事诉讼法》(中册),台湾三民书局 2000 年第 5 版,第 927 页。

区法具有特异性,从诉讼法观点解释文书提出义务之相关规定,分别赋予当事人实体法上信息请求权与诉讼法上证据(文书)搜集权,结果几乎使他造或第三人负一般文书提出义务。其并主张应扩大文书提出义务之范围,主要系为保障当事人之程序主体权(证明权),使其于起诉后可能搜集充分之事证,避免自己缺乏证据,文书为他造或第三人执有,即因无搜证手段难以接近该文书,以致未能善尽其主张举证责任。反之,他造或第三人被要求负广泛之文书开示义务,系为确保遂行诉讼之公正性或基于平等接近证据之要求,以协助当事人为举证活动。此等解释与向来之见解不同,非为追求客观的真实(实体的真实)而课予当事人诉讼上一般的事案解明义务,使其就所执文书负一般性提出义务。①

学者沈冠伶则认为台湾地区此次修正"民事诉讼法",实已将当事人间之协力解明事案义务明定于条文中,修正条文第二百七十七条但书及第二百八十二条之一,应可视为协力解明事案义务之一般性规定,且自修法扩大文书提出义务范围及增订当事人讯问规定。纵然不认为证据通则中之上述二规定乃事案解明义务之一般性规定,亦可经由法类推之方式,自各目中个别条文所据之基本理念推论出当事人负有一般性事案解明义务。②

在此,另应尤为注意者为,文书提出义务声请之审查问题。举证人声请命他造提出文书,其声请不合法律上要件者,法院应于终局判决理由中,谕示驳回其声请之意旨。如生有中间争执,亦得以中间判决驳回其声请("民事诉讼法"第二百二十六条第三项、第三百八十三条规定参照)。而若举证人向法院为命他造提出文书之声请,若已备法定方式,并经法院认应证之事实重要且举证人之声请正当者,应以裁定命他造提出文书("民事诉讼法"第三百四十三条规定参照)。依此规定,法院裁定命他造提出文书,应以应证之事实重要及举证人之声请正当为其要件。所谓应证之事实重要,系指他造所执文书之内容,可能影响应证事实之认定而言。③ 所谓举证人之声请正当,即该文书是否为他造当事人所执与有无提出之义务。④ 法院如认应证之事实重要者,

---

① 参阅许士宦:《证据开示制度与秘密保护程序》,台湾大学1999年博士论文。
② 参阅沈冠伶:《论民事诉讼程序中当事人之不知陈述——兼评析民事诉讼法中当事人之陈述义务与诉讼促进义务》,载《政大法学评论》第63期。
③ 吴明轩:《中国民事诉讼法》(中册),台湾三民书局2000年第5版,第930页。
④ 王甲乙、杨建华、郑健才:《民事诉讼法新论》,台湾三民书局2000年版,第411页;吴明轩:《中国民事诉讼法》(中册),台湾三民书局2000年第5版,第930页;杨建华原著,郑杰夫增订:《民事诉讼法要论》,2001年版,第300页。

如他造自认执有该文书及承认有提出之义务者,法院应以裁定命他造提出该文书。如他造对于举证人之声请不为陈述,而有视同自认执有文书及有提出义务之原因者,亦同。但若他造否认执有该文书或否认有提出之义务者,举证人即必须证明他造执有文书及有提出义务之事实。法院调查结果如认为他造执有文书及有提出之义务时,应以裁定命他造提出文书。① 反之,若法院调查结果认为他造未执有文书或无提出之义务,而不认为举证人之声请为正当者,应于终局判决理由项下记载驳回声请之意见。

声明书证系使用第三人所执之文书者,应声请法院命第三人提出或定由举证人提出之期间("民事诉讼法"第三百四十六条第一项)。所谓第三人系指他造当事人以外之人,其为自然人或法人或机关,抑或其他团体,在所不问。唯其不以诉讼外之第三人为限,即参与诉讼之法定代理人、诉讼代理人、辅佐人、参加人、证人及鉴定人均属之。原为当事人现已脱离诉讼者,亦同。"民事诉讼法"第五十三条第三款所定之共同诉讼,各共同诉讼人间,不生实体法上权利义务关系。共同诉讼人中之一人仍不失为他共同诉讼之第三人。

命第三人提出文书之声请,其程序应依"民事诉讼法"第三百四十六条规定为之。应注意者为在表明"应命其提出之文书""文书之内容"显有困难时,法院得命他造为必要之协助,并应就文书为第三人所执有之事由及第三人提出义务之原因,提出可使法院信其主张为真实之证据,以释明之。

声请命第三人提出文书或定自行提出文书之期间,如其声请合乎法律上之要件者,法院应即调查该文书之应证事实是否重要,如认为系属重要者,则应调查该文书是否为第三人所执有及有无提出之义务。法院除应依举证人释明之方法判断外,为裁定前应使该第三人有陈述意见之机会。② 法院认为应证事实不重要或其声请不当者,应于终局判决中谕示其驳回之意旨或以中间判决为之,否则即以裁定命第三人提出文书或定举证人提出文书之期间。

另"民事诉讼法"亦规定文书提出义务之界限,亦即"民事诉讼法"第三百四十四条第二项前段规定在"民事诉讼法"第三百四十四条第一项第五款(就与本件诉讼关系有关之事项所作者)之文书内容,涉及当事人或第三人

---

① 学者有谓尚须于终局判决理由项下记载举证人声请为正当之意见或以中间判决为举证人声请正当之裁判。吴明轩:《中国民事诉讼法》(中册),台湾三民书局2000年第5版,第930、931页。

② 王甲乙、杨建华、郑健才:《民事诉讼法新论》,台湾三民书局2000年版,第412页。

之隐私或业务秘密,如予公开,有致该当事人或第三人受重大损害之虞者,当事人得拒绝提出,而此项规定于第三人之文书提出义务准用之("民事诉讼法"第三百四十八条参照)。

(二)效果

在当事人违反提出文书义务时,"民事诉讼法"第三百四十五条第一项规定其处罚效果,亦即当事人无正当理由,不从提出文书之命者,法院得审酌情形,认他造关于该文书之主张或依该文书应证事实为真实。所谓正当理由,当事人未执有该文书、无提出义务及非因过失不能提出之情形均属之。① 依此规定,则法院得于当事人违反文书提出义务时,依自由心证认举证人关于文书之性质内容及其成立真正之主张为正当,或认举证人依该文书应证之事实为真实,俾对违反文书提出义务者发挥制裁之实效。②

学者就"民事诉讼法"第三百四十五条规定为如下说明③:在举证人与文书之作成过程或文书之内容事实,于物理上或社会上相当接近而客观上可期待该举证人知悉或推察该文书所记载之具体内容等类情形,为避免举证人取得逾于文书经提出后所可得之利益,致违反公平,于执有文书之一造,不从文书提出之命时,应止于拟制举证人(他造)所主张之文书内容为真实即足,而不应拟制其主张之待证事实为真实。可是,在举证人与文书所记载之内容事实相距较远,而客观上难期待该举证人知悉或合理推知该文书之具体内容等情形,宜认为得拟制举证人所主张之应证事实为真实,始能对拒不提出文书者发挥有效制裁作用而免有害于公平。盖因在此类情形,举证人每仅能就文书所载内容为抽象而不特定之主张,倘认为仅拟制举证人所主张之文书内容为真实,将未必直接有助于应证事实存否之认定,是无异于对违反举证协力义务之文书执有人,宽不施加应有之制裁。

另亦有学者认为:究竟如何拟制真实,应依各事件类型,斟酌持有人拒绝提出之事由、该文书作为证据之重要性、取代可能性、他造接近证据之程

---

① 吴明轩:《中国民事诉讼法》(中册),台湾三民书局2000年第5版,第931页。
② 王甲乙、杨建华、郑健才:《民事诉讼法新论》,台湾三民书局2000年版,第407页;杨建华原著,郑杰夫增订:《民事诉讼法要论》,2001年版,第303页。学者并认为该当事人主张执有之文书,因遗失、毁损或该项文书现在某处因窒碍不能提出,而有正当理由时,仍不得予以不利益之效果。旧法所谓得认他造关于该文书之主张为正当,即指法院以他造关于文书之存在真正之主张为正当,或关于文书之性质内容之主张为正当。陈荣宗、林庆苗:《民事诉讼法》,台湾三民书局1995年版,第537页。
③ 邱联恭讲述,许士宦整理:《口述民事诉讼法讲义》(三),2000年自版,第182、183页。

度等各因素,兼顾证明权保障、真实发现、促进诉讼、当事人间公平诸诉讼法上基本要求,始能妥适调整当事人两造之利害而平衡各种利益。通常当事人不依法院命令提出文书时,拟制他造关于文书之成立、性质及内容之主张为真实即为已足,在此种情形将该文书视为已提出于诉讼,具有他造所主张者,如同证据已开示而经其利用般,即已保障他造之证据搜集权,而达到制裁之效果。至于可否据此进而认定依该文书应证之事实为真实,仍应由法院依自由心证判断。①

至于第三人违背提出文书义务之制裁,则规定于"民事诉讼法"第三百四十九条法院得裁定罚锾,于必要时并得以裁定命为强制处分。此项强制处分准用强制执行法关于物之交付请求权执行程序之规定办理。

二、德国法

德国法上关于文书提出义务之规定,主要系其《民事诉讼法》第四百二十一条以下者;至于其《民事诉讼法》第一百四十二条之规定,在范围被扩大化情形下,对于文书开示理论亦发生一定冲击。就此拟另文探讨。

(一)相对人之文书提出义务

1. 要件

德国《民事诉讼法》第四百二十一条规定,若文书系置于举证人之相对人手上时,举证人得声请命其提出。就所谓文书为相对人所占有,包括直接占有人及相对人居于可直接自现占有人取回之间接占有形态。例如相对人与该现占有第三人有保管契约存在者。② 决定相对人是否为占有人之时点,则系以声请提出时为基准。

有提出声请权限者为各有文书提出请求权(《民事诉讼法》第四百二十二条)当事人(共同诉讼人),诉讼参加人(Streithelfer)在当事人不反对时,亦得为之(《民事诉讼法》第六十七条),唯共同诉讼参加人则与共同诉讼人一般有提出权限(《民事诉讼法》第六十九条)。相对人则系指立于举证人相对地位之当事人(共同诉讼人)及共同诉讼参加人。但应注意,就提出义务有无之审查,须依个别审查原则。上述主体界定主要系为区别其与第三人

---

① 参阅许士宦:《证据开示制度与秘密保护程序》,台湾大学1999年博士论文。
② Baumbach/Lauterbach/Albers/Hartmann, Zivilprozeßordnung, Kommentar, 59. Aufl., 2001, § 421 Rdnr. 1; Thomas-Putzo, ZPO, Kommentar, 19. Aufl., 1995, § 421 Rdnr. 1; Zöller/Stephan, Zivilprozeßordnung, 16. Aufl., 1990, § 421 Rdnr. 1; MünchkommZPO-Schreiber, 2000, § 421 Rdnr. 1.

提出义务主体间差异,例如在相对人部分,参加人即被归类属于第三人者。① 若可依文书提出义务提出声请,如另有提起返还请求权之反诉者,即属无保护必要。②

相对人文书提出义务之要件包括:该文书③具有证明利益(ein Beweisinteresse)、相对人占有该文书、存在一实体法或程序法之文书返还或提出请求权,④且经法院为提出之命令等。⑤ 所谓证明利益固指该文书于待证事实具证据之重要性,且适合充当证据方法,并且待证事实于裁判具有重要性而言。

所谓程序法之文书提出请求权系指《民事诉讼法》第四百二十三条(按:若相对人于诉讼中为举证曾引用某文书,则相对人亦负有提出其所执有文书之义务,其于仅在准备书状出现者,亦同)所规范之独立请求权。应注意者乃,该条所指相对人于诉讼中曾引用之文书,系指相对人为举证曾引用该文书。唯若仅引用该文书内容以补充或说明其事实陈述,则不该当上述条

---

① Vgl. Baumbach/Lauterbach/Albers/Hartmann, a. a. O., § 421 Rdnr. 3; Thomas-Putzo, a. a. O., § 421 Rdnr. 2f. 就相对人范围界定部分,参加人、有诉讼实施权能之人及诉讼代理人是否包括在内,则有正反不同见解。Vgl. MünchkommZPO-Schreiber, 2000, § 421 Rdnr. 3 m. w. N. 而法定代理人是否亦包括在内,亦存有异议。Vgl. MünchkommZPO-Schreiber, 2000, § 421 Rdnr. 3 m. w. N; Baumbach/Lauterbach/Albers/Hartmann, a. a. O., § 421 Rdnr. 3.

② Zöller/Stephan, Zivilprozeßordnung, 16. Aufl., 1990, § 421 Rdnr. 3; Baumbach/Lauterbach/Albers/Hartmann, a. a. O., § 421 Rdnr. 3; Musielak/Huber, ZPO, Kommentar, 1999, § 421 Rdnr. 3.

③ 民事诉讼法所指之文书,系指所有思想之文字(书面)体现,其材料或书写技术不拘,无论其是否自始有供证据目的(如契约文书或收据)或仅偶充当证据方法(如私人信函)皆可,Arens/Lüke, Zivilprozeßrecht, 6. Aufl., 1994, Rdnr. 310; Schilken, Zivilprozeßrecht, 3. Aufl., 2000, Rdnr. 539. 因而无论车牌、录音、唱片或照片等均非在此所谓文书,但如影印、传真、缩微本均属文书,Musielak, Grundkurs ZPO, 4. Aufl., 1998, Rdnr. 434.

④ 学者有将在此所谓实体法上或程序法上文书请求权,归类为特殊实体法或程序法协力义务(Mitwirkungspflicht)者,vgl. Krapoth, Die Rechtsfolgen der Beweisvereitelung im Zivilprozeß, 1995, S. 11. 其并认为实体法协力义务除法定者外,尚包括当事人协议而生者,vgl. Krapoth, a. a. O., S. 12. 关于德国民事法之信息请求权,vgl. Lüke, Der Informationsanspruch im Zivilrecht, JuS 1986, S. 2ff.

⑤ Vgl. Baumbach/Lauterbach/Albers/Hartmann, a. a. O., § 422 Rdnr. 3; Thomas-Putzo, a. a. O., § 422 Rdnr. 2ff.; Zöller/Stephan, a. a. O., § 425 Rdnr. 1.

文要件(RG 69,405)。① 该文书若系证人所引用者,亦不该当。至若相对人曾引用该文书而嗣后舍弃其证据方法者,则不影响其文书提出义务。②

所谓实体法上之文书请求权③则包括:《民法》第二百五十九条(计算报告义务之范围)、第三百七十一条(债务证书之返还)、第四百零二条(告知义务与交付证书)、第四百四十四条(出卖人之告知义务)、第六百六十六条(受任人之告知义务)、第六百六十七条(受任人之交还义务)、第六百八十一条第二句(无因管理人准用第六百六十六条至第六百六十八条规定)、第六百八十七条第二项第一句(非真实事务管理之准用规定)、第七百一十三条(合伙之准用委任规定)、第七百一十六条(合伙人之检查权)、第八百一十条(文书阅视权)④、第九百八十五条(所有物返还请求权)、第九百五十二条(债权证书之所有权)、第一千一百四十四条(抵押物所有人之证书请求权)、第二千一百三十条第一项(次位继承人之遗产交付请求权),《商法》(HGB)第一百一十八条(无限公司之股东检查权)、第一百五十七条(解散后公司股东与

---

① 且逾此,依通说并不存在一非举证人之一般解明义务,Musielak/Huber, ZPO, Kommentar, 1999, § 423 Rdnr. 1 m. w. N; Rosenberg/Schwab/Gottwald, Zivilprozeβrecht, 15 Aufl. , 1993, S. 702f. m. w. N; MünchkommZPO-Schreiber, 2000, § 422 Rdnr. 1 m. w. N. 不同见解,vgl. Stürner, Die Aufklärungspflicht der Parteien des Zivilprozesses, 1976, S. 92ff.

② Baumbach/Lauterbach/Albers/Hartmann, a. a. O., § 423, Rdnr. 1.

③ 就德国民法之译文,可约略参考,赵文伋、徐立、朱曦合译:《德国民法》,台湾五南印行1992年版,第50页。

④ 《民法》第八百一十条规定:对查阅由他人占有之文书有法律上利益者,在该文书系为自己利益而作,或该文书证明其与他人所存在之法律关系,或该文书证明其与他人间,或双方之一造与共同媒介人间所为法律行为商议内容者,得向占有人请求允许其查阅该文书。此一规定于民事诉讼法中关于文书提出义务规定之适用有其重要性,因而就此一条文有必要为较深入之了解,此规定所生请求权之要件包括:(1)文书;(2)提出权利人亲自参与该文书证实之法律关系;(3)存在一法律上利益。就(2)要件而言,包括三情形,亦即为提出权利人所作者,其决定因素在于文书之目的,而非其内容,主要观察重点为该文书目的是否系为充当为权利人之证据方法或促进(有益于)其法律关系。例如授权书之于将来契约相对人,或关于利益第三人之契约或诊疗医生或兽医之病历文件等。其次,系就提出权利人与他人(未必须持有人)间法律关系之文书(证书),例如契约文书,或债权人之账簿(其中有主债务人之清偿证明者)之于保证人。另外尚包括该文书证明权利人与他人间,或双方之一造与共同媒介人间所为法律行为商议内容者。至于法律上利益,系指阅视该文书于法律利益之促进取得或辩护有必要者而言。Vgl. Jauernig/ Vollkommer, BGB, Kommentar, 7. Aufl. , 1994, Anm. zu den §§ 810, 811, 3. 但若是阅视该文书目的,乃为初次取得其权利追索(伸张)之基础(数据)时,即所谓探察式证据声请时,亦不认为具备法律上利益。Vgl. Steeger, Die zivilprozessuale Mitwirkungspflicht der Parteien beim Urkundenund Augenscheinsbeweis, 1980, S. 8 m. w. N.

继承人之簿册与文件之阅视权)、第一百六十六条(两合公司有限责任股东之检查权)、第三百三十八条,《股份法》(AktG)第一百一十一条第二项(监察会之检查权),《汇票本票法》(WG)第五十条(汇票之交付),《民事诉讼法》第八百三十六条第三项(强制执行之债务支付之债务人义务)等。①

除上述文书提出义务之外,值予一提者系当事人有无一般性之解明义务(或协力义务)问题。其在德国乃深具争议性。② 其详论固待另文为之,在此仅简要说明。Stürner 基于其自宪法与诉讼法目的所获得之认识,强调宪法所保障之诉讼程序系为保护个人权利之以真实发现为导向之诉讼程序,而诉讼法之目的,则系透过真实发现以保护个人权利,③主张未负举证责任当事人负有一般程序解明义务(Die allgemeine prozessuale Aufklärungspflicht der Parteien)。其法律依据系以类推适用《民事诉讼法》第一百三十八条、第四百二十三条、第四百四十四条、第四百四十五条、第四百四十八条、第三百七十二条a、第六百五十六条规定解决之。④ 其并认为违反者将导致可反驳之有利于负举证责任人待证事实拟制之效果。⑤ Peters 则主张所谓当事人一般协力义务(Die allgemeine Mitwirkungspflicht der Parteien),其论理依据则系以法律类推《民事诉讼法》第四百四十五条以下、第一百三十八条第一项及第三百七十二条a 等规定。⑥

---

① Musielak/Huber, ZPO, Kommentar, 1999, § 422 Rdnr. 1; Baumbach/Lauterbach/ Albers/Hartmann, a. a. O., § 422 Rdnr. 4; Zöller/Stephan, a. a. O., § 422 Rdnr. 2.

② 赞成当事人之一般解明义务者,除 Stürner,Peters 外,尚有 Schlosser 等人,就 Schlosser 部分,因其精通法文、英文等,学术研究风格颇具国际观,于相关问题研究,尚及于法国、英国、美国法律者。Vgl. Schlosser, Die lange deutsche Reise in die prozessuale Moderne, JZ 1991, 599, 606; Schlosser, Zivilprozeβrecht I, 2. Aufl., 1991, Rdnr. 426ff. 相关争议见解, vgl. Sautter, Beweiserleichterungen und Auskunftsansprüche im Umwelthaftungsrecht, 1996, S. 241ff. m. w. N; Steeger, a. a. O., S. 49ff. m. w. N; Baumgärtel, Beweislastpraxis im Privatrecht, 1996, Rdnr. 304ff. m. w. N.

③ Stürner, a. a. O., S. 29, 31, 48ff.

④ Stürner, a. a. O., S. 92ff.

⑤ Stürner, a. a. O., S. 242ff., 249ff.

⑥ Peters, Ausforschungsbeweis im Zivilprozeβ, 1966, S. 104f., 108.

应注意者系,德国实务与学说之通说见解系反对前开所谓一般程序解明义务。① 其反对一般解明义务之理由不一,②例如有以 Stürner 所主张之所谓负举证责任人须提出足以使其主张被认为可信之论据(Anhaltspunkte)之要件,其标准不明者;有认为实体法既无一般信息提供义务,而程序法系为实现私权,自亦无逾越承认一般信息提供义务之必要;亦有以辩论主义与举证责任基本诉讼法原则之破坏为论据者。值得一提者,虽实务间有于符合诚信原则,及非举证责任人为详细陈述具有可期待性,而负举证责任人则与事态发生距离较远并未掌握适当信息时,曾有认为非负举证责任人于此情形负有从属主张与举证责任者。③ 但此一从属主张与举证责任(sekundäre Behauptung-und Beweislast)是否能认为与 Stürner 等人所主张之一般解明义务内涵相当,则仍有讨论之空间。④ 其发展仍待观察。

就文书提出之声请程序而言,首先须指出者系其声请之内容,就此,于《民事诉讼法》第四百二十四条规定⑤有所规范。若声请人声请未依上述规定为之,应命补正,若未补正,法院得以中间判决或于终局判决理由中予以驳回。此一声请内容规定且为强制规定。⑥ 其声请格式之要求主要系为使法院得据以判断文书于裁判之重要性、证据重要性及证据之合适性,以及得就文书提出义务予以审查。⑦ 而此一条文之重要功能,乃在指出文书提出义务某程度而言,于文书持有人之财产权有所干预,须由一审查程序始能求得利益(发现真实、诉讼促进与诉讼经济考虑等)之平衡。⑧ 依《民事诉讼法》第四百二十四条第一款、第三款规定,声请人应将所声请文书之外在表

---

① BGH NJW 1978,2337;BGH NJW 1990,3151;BGH JR 1991,413;Musielak,ZPO,Kommentar,1999,§ 423 Rdnr. 1;MünchkommZPO-Schreiber,2000,§ 422 Rdnr. 1.;Arens,Zur Aufklärungspflicht der nicht beweisbelasteten Partei im Zivilprozeß,ZZP 96,1ff.;Prütting,Gegenwartsprobleme der Beweislast,1983,S. 137ff.;Rosenberg/Schwab/Gottwald,Zivilprozeβrecht,15Aufl.,1993,S. 680.

② 反对见解介绍,vgl. Sautter,a. a. O.,S. 242ff. m. w. N.

③ BGH NJW 1989,161/162. BGH NJW 1990,314,316.

④ 不同观察,参阅沈冠伶:《论民事诉讼法修正条文中法官之阐明义务与当事人之事案解明义务》,载《万国法律》2000 年第 111 期。

⑤ 依据《民事诉讼法》第四百二十四条的规定,声请应包括:(1)文书之名称;(2)经由该文书证明之事实;(3)文书内容之最完整表示;(4)支持其所主张文书为相对人执有情事之陈述;(5)文书提出义务原因之陈述,其原因并应予释明。

⑥ MünchkommZPO-Schreiber,2000,§ 424 Rdnr. 1.

⑦ BGH WM 89,278.

⑧ Baumbach/Lauterbach/Albers/Hartmann,a. a. O.,§ 424,Rdnr. 1.

征如制作人、日期等数据（须使相对人于其所指系公文书或私文书无所疑惑，且若仅泛称往来书信或泛称业务文件并不足够①）及内容尽可能予以表明，依同条第二款规定声请人且应表明拟以文书证实之事实为何，此乃为排除声请人之摸索证明（Ausforschungsbeweis）之声请，及使能检查证据之重要性。② 同条第四款则要求声请人须表明得以支持声请人主张该文书为相对人所占有事实之情况，使相对人为具体争执（唯就此无须释明），其实益乃在相对人于其持有事实有争执时，因上开具体化情况之争执，较能使法院于持有事实形成心证。又同法第五款乃规定声请人须表明文书提出义务理由（原因），就此声请人应予释明。唯在《民事诉讼法》第四百二十三条或相对人于此无争执或自认者，则无释明必要。③

又当事人提出请求法院命相对人提出文书之声请之后，法院之审查程序，则应依《民事诉讼法》第四百二十五条、第四百二十六条规定④为之。法院首先应审查当事人之声请是否具备裁判重要性、证据重要性及证据方法

---

① Musielak/Huber, ZPO, Kommentar, 1999, § 424 Rdnr. 2.

② Musielak/Huber, a. a. O., § 424 Rdnr. 2. 所谓摸索证明，其定义可能因观察角度而有广狭之别。唯本书认为，因民事诉讼法所准许之证据提出（声请），原则上须具备就其证据主题（Beweisthema）与证据方法（Beweismittel）为具体化表明之要件，而所谓探索式证据声请（即摸索证明之谓），即指在声请就证据主题（待证事实之主张）或证据方法未能具体陈明，尤其系在证据声请人于证据主题为乱打高空式之无根据主张，并以经由此次证据调查，乃图谋得以获得其初次权利主张之基础（即以此次钓鱼式，图谋侥幸之证据调查结果，作为其新事实主张之初次基础），均属摸索证明声请所得讨论之课题。Vgl. Peters, Ausforschungsbeweis im Zivilprozeβ, 1966, S. 11ff.; Grunsky, Grundlagen des Verfahrensrecht, 2. Aufl., 1974, S. 442f. 其于民事诉讼中，除在亲子婚姻或关于劳工法、经济法诉讼中，被某程度承认外，原则上其可实行性被认为应多所保留（有学者观察认为，德国有力见解认为此等证据声请不应准许者。Vgl. Hellmann, Materiellrechtlicher Auskunftsanspruch und prozessuale Auskunftspflicht, 1978, S. 177 m. w. N）。尤其若声请人就待证事实之主张流于无根据、打高空、模糊不清，以致无法判断其重要性时，其证据调查声请即无须准许之。Vgl. Baumgärtel, Beweislastpraxis im Privatrecht, 1996, Rdnr. 323; Rosenberg/Schwab/Gottwald, a. a. O., 1993, S. 683.

③ MünchkommZPO-Schreiber, 2000, § 424 Rdnr. 2.

④ 《民事诉讼法》第四百二十五条规定："若相对人承认文书为其执有，或相对人于声请未表示意见时，法院如认为应经由该文书证明之事实重要，而声请有理由者，应命相对人提出文书。"《民事诉讼法》第四百二十六条规定："若相对人否认该文书为其执有时，则应讯问相对人有关该文书之所在。在讯问期日之传唤，应命其仔细调查文书之所在。其余，准用第四百四十九条至第四百五十四条之规定。若法院获得文书为相对人执有之确信时，则应命其为文书之提出。"

之合适性,若其证据方法之声请有不合法、迟延(失权)或事实无证明必要性、证据方法不可及性及不合适性等证据声请之拒绝事由,其声请均应予驳回(于终局判决理由中说明或以裁定为之)。① 若其声请符合上开要件,则应审查是否符合《民事诉讼法》第四百二十四条之规定(如前所述)。其次审查相对人是否有提出义务时,② 则应注意声请人有否依《民事诉讼法》第四百二十四条第五款第二句所规定之释明要求。③ 若法院认定相对人无文书提出义务,则亦应将声请人之声请驳回。最后若相对人自认其占有系争文书或于此声请不争执,而法院已认为待证事实重要且声请有理由者,则应为命相对人为文书之提出。唯若相对人否认其有占有系争文书之事实者,则应依《民事诉讼法》第四百二十六条规定审理之。就文书提出义务声请之裁定,并无声明不服之程序制度设计。

依《民事诉讼法》第四百二十六条规定若相对人争执其未占有系争文书时,法院得为提出讯问(Vorlegungsvernehmung),为此一提出讯问之证据裁定(《民事诉讼法》第四百五十条第一项第一句准用、第四百二十六条参照),其要件包括:其一,依《民事诉讼法》第四百二十一条之举证;其二,相对人于其文书之占有为争执;其三,依同法第四百二十四条为提出文书之声请;其四,待证事实之于裁判重要性及证明必要性;其五,已确信文书之存在。亦即,若无法确信系争文书曾被作成与存在,即无《民事诉讼法》第四百二十六条规定之适用,因该条仅系为澄清文书之下落与是否置于相对人手

---

① Musielak/Huber, a. a. O., § 425 Rdnr. 2.
② 民事诉讼法系承认有限制之文书提出义务,但实务上间有承认较广泛,即一般性文书提出义务者,vgl. Jauernig, Zivilprozeβrecht, 26. Aufl., 2000, S. 217; Stürner, NJW 79, 1227f. zu BGHZ 72, 138f. 台湾地区文献反对限制主义之见解,可参阅许士宦:《文书提出义务之范围》,载《月旦法学杂志》2000年第71期。
③ 所谓释明(Glaubhaftmachung)系与一般事实举证须依自由心证达确信程度之完全证明(Vollbeweis)相比对,即释明仅须使待证事实呈现盖然性、明白性与可信性即可。其于法律有特别规定时始被准许。其所提证据方法乃所有法院得实时利用者。Vgl. Schellhammer, Zivilprozeβ, 6. Aufl., 1994, Rdnr. 508. 就释明所须达到之证明度(Beweismaβ)有不同见解,例如有认为仅须优越盖然性即可者,有认为达到可认为事情如此发生之适当可能性(gute Mög-lichkeit)时,相关见解,vgl. Rosenberg/Schwab/Gottwald, a. a. O., S. 639; Scherer, Das Beweismaβ bei der Glaubhaftmachung, 1996, S. 39ff. m. w. N.

上，并不包括查究该文书是否曾被作成（与存在）之事实。① 应注意者系，若该文书曾被作成（存在）而现在则不知其下落或是否已为相对人所毁坏，则有《民事诉讼法》第四百二十六条之适用。就后者，若获相对人毁坏证据之确信且有证明妨碍制度之适用。②

《民事诉讼法》第四百二十六条之文书提出讯问，系准用《民事诉讼法》第四百四十九条至第四百五十四条部分当事人讯问之规定，此一讯问须经一证据裁定为之。唯其不须于文书提出声请外为一独立之声请，相对人将被通知亲自到场，讯问之标的则为文书为相对人占有之事实与文书之下落（若已转让时），若相对人拒绝回答或不到场时，则法院得认声请人所主张之事实为已获证实（《民事诉讼法》第四百五十三条第二项、第四百五十四条第一项、第四百四十六条）。经讯问后，若法院得获确信认为相对人占有系争文书者，则法院应命令相对人提出。若法院无法得到文书为相对人占有事实之确信，则原则上声请人之证据方法之提出即属失败，例外乃法院认为相对人未谨慎注意调查文书下落，或认为其毁坏证物时，则前者应依《民事诉讼法》第四百二十七条、后者应依《民事诉讼法》第四百四十四条③规定判断其法律效果。

2. 效果

依《民事诉讼法》第四百二十七条规定，相对人若未依法院命令将文书提出，或法院于第四百二十六条情形获得确信，认为相对人于文书所在未为谨慎注意之调查者，则举证人所提出之文书誊本得被视为真正。若未提出文书誊本，则举证人关于文书性质及内容之主张得被认为已获证明。其立法目的，乃为防免举证人相对人恶意妨碍举证人就其所主张事实之证明，自其效果规定可知，相对人不遵守法院之文书提出裁定者，其效果非生强制处置请求，而系发生证据法上效果，其方法固为法院依自由心证于判决理由评价之，对象则为将文书誊本视为真正或将举证人关于文书性质（例如公文书或私文书）及其内容之主张视为已获证明。

就上述拒绝文书提出效果而言，在学说上早期学者曾有认为此一规定

---

① MünchkommZPO-Schreiber，2000，§ 426 Rdnr. 2 m. w. N；Zöller/Stephan，a. a. O.，§ 426 Rdnr. 1. Musielak/Huber，a. a. O.，§ 426 Rdnr. 1. 至于该文书曾被作成之证明可以传讯证人，提出其他书证，或以当事人讯问或其他方法为之。Vgl. Musielak/Huber，a. a. O.，§ 426 Rdnr. 1.

② MünchkommZPO-Schreiber，2000，§ 426 Rdnr. 2.

③ 《民事诉讼法》第四百四十四条：若文书为一造基于使他造不能使用之意图，而被排除或致令不堪利用者，则对造就文书性质及内容之主张，得视为已经证明。

系属于可反驳之拟制（推定）效力者。但一般认为《民事诉讼法》第四百二十七条规定系自由证据评价（《民事诉讼法》第二百八十六条）之规定。① 唯依自由评价之结果，一般于结果认定上系以于文书提出权利人较有利，而于文书提出义务人之不利方向进行。②

值予一提者系证明度之问题，因在德国处理证明妨碍之情况，有主张依妨碍者行为之可归责程度或其他基准而为证明度强度之不同要求者，但在文书提出义务之违反效果，则较少有此等相关论述者，应值注意。③

（二）第三人之文书提出义务

依《民事诉讼法》第四百二十八条规定，若举证人主张文书系为第三人所执有时，则其举证，以为获取该文书而声请指定期间或声请依第一百四十二条命令提出为之。此规定适用范围为第三人不自愿提出该文书者，若第三人自愿提出，则举证人得予援用，即无适用此一规定之必要。声请人须自行于必要时以诉讼获取文书，声请对第三人为传唤及命其并携文书到场，则非法所准。④

第三人之文书提出义务与举证人之相对人相同，主要依《民事诉讼法》第四百二十二条所规定者。至于《民事诉讼法》第四百二十三条所规定之程序法文书提出义务则几不具实益。又举证人（声请人）之取得该文书，必要时须以提起诉讼，甚至强制执行为之。但不得请求依《民事诉讼法》第四百二十六条规定对第三人为询问，且若声请人之诉被确定驳回或其强制执行无效果时，则举证人之举证亦归于失败。⑤

举证人依《民事诉讼法》第四百二十八条规定为声请时，其声请内容依同法第四百三十条规定。举证人应符合第四百二十四条第一款至第三款、第五款之要求，并就该文书为第三人执有主张释明之。就其须就执有事实之主张为释明，显见其声请内容要求较相对人文书提出义务者为高。

若文书具备裁决重要性、证据重要性及证据合适性，且符合《民事诉讼法》第四百四十条之规定时，则依《民事诉讼法》第四百三十一条规定，法院

---

① 相关见解及批评，vgl. Steeger, a. a. O., S. 33ff. m. w. N.

② 同时若系关于金钱或可代替物之请求时，亦有《民事诉讼法》第二百八十七条之适用，vgl. Hellmann, a. a. O., S. 273f.

③ 就证明妨碍制度，参阅姜世明：《证明妨碍制度之研究》，载《万国法律》2001年第115期。

④ Musielak/Huber, ZPO, Kommentar, 1999, §428 Rdnr. 2；Zöller/Stephan, Zivilprozeβordnung, 16. Aufl., 1990, §428 Rdnr. 2.

⑤ Musielak/Huber, ZPO, Kommentar, 1999, §429 Rdnr. 2.

应指定一文书提出期间。此裁定非属证据裁定,且得不经言词辩论为之。对期间指定之裁定,原则上并无救济途径。但依通说,举证人之相对人于过长之期间指定,得类推《民事诉讼法》第二百五十二条规定为抗告。① 至于驳回期间指定之裁定则得抗告(《民事诉讼法》第五百六十七条)。又若对第三人之诉已终结,或举证人迟延为诉之提出或诉讼或强制执行之进行时,相对人得于前述期间经过前请求诉讼续行。

第四节 台湾地区实务见解

台湾地区实务关于文书提出义务制度,已经有不少见解。其中,不乏于相关制度有深刻认识者,但亦可能有若干与文书提出义务之立法真意与审查程序存在某程度落差者,在此仅举"最高法院"数例说明之。

"最高法院"一九八〇年度台上字第二八〇九号民事判决:

上诉人公司有现金簿、总分类簿、进货簿、分录簿及支付票暨凭证之存在,经依被上诉人之声请,命上诉人提出一九七七年现金簿、总分类簿、进货簿及同年十二月份之支付传票及凭证等,以便明了上诉人是否于一九七七年十二月五日、十二月九日、十二月十二日将系争货款付与被上诉人。然上诉人无正当理由而不提出上述簿册及凭证,则依"民事诉讼法"第三百四十四条、第三百四十五条规定,得认被上诉人关于该文书之主张为正当。

"最高法院"一九八三年度台上字第四三〇三号民事判决:

上诉人曾在原审以两造于一九七六年一月二十一日订立之合建房屋契约者,两造各持有一份,上诉人所持者,因子次迁居不慎遗失,依"民事诉讼法"第三百四十四条规定,被上诉人有提出之义务,声请命被上诉人提出,原审既未命被上诉人提出,又未驳回上诉人该项声请,已有未合。况原审所凭黄×委托王××律师致上诉人之邮局存证信函,其开首载明:"查一九七六年元月二十一日黄×与台端所订之合作建屋契约书第三条之规定,台端与黄×于高雄县××乡×××段××××之×号土地上合作建房屋时,台端所提供之押金,已作为上述契约书第二条、第三条之补贴,当不得再求返还。"显见黄×执有该契约书,原审置此段记载于不顾,徒凭前词,而为不利于上诉人之判断,亦嫌

---

① Musielak/Huber, ZPO, Kommentar, 1999, §431 Rdnr1; Münchkomm ZPO-Schreiber, 2000, §431 Rdnr. 3; Baumbach/Lauterbach/Albers/Hartmann, Zivilprozeβordnung, Kommentar, 59. Aufl., 2001, §431, Rdnr. 4.

率断。

"最高法院"一九八六年度台上字第二四一三号民事判决：

得声请法院命他造当事人提出之文书，并不以"民事诉讼法"第三百四十四条各款所列之文书为限，此观同法第三百四十一条至第三百四十三条之规定自明。又当事人对于法院所为命提出文书之裁定，如无正当理由不从其命时，依同法第三百四十五条规定，法院即得认他造关于该文书之主张为正当。

"最高法院"一九八六年度台上字第三〇六号民事判决：

查上诉人主张，凡实施商业会计法之营利事业，应依规定设置账簿，为修正"税捐机关管理营利事业账簿凭证办法"第二条所明定。又依公司法组织之公司为商业会计法所称之商业（"商业会计法"第二条）其不合于免用统一发票之规定者，均应使用统一发票，凡使用统一发票者，均须依法设置账簿。被上诉人为股份有限公司，依法应设置账簿，被上诉人谓其未设账簿，显非可采。依"民事诉讼法"第三百四十四条第五款规定，被上诉人有提出文书之义务，经上诉人声请第二审法院命其提出该项账册而无正当理由不为提出，依同法第三百四十五条规定，应认上诉人主张被上诉人曾以附卷统一发票入账，已知李××为其代理人而不为反对表示之主张为正当。原审对此项攻击方法舍置不论，遽为上诉人不利之判决，尚欠允当。

"最高法院"一九八三年度台上字第一六七号民事判决：

上诉人在原审请求被上诉人提出和解书之目的，既在以和解书上被上诉人之签名供比对之用，并非以和解书之内容作证据之用，不生"民事诉讼法"第三百四十五条之问题。

"最高法院"一九九一年度台上字第二八〇号民事判决：

当事人无正当理由不从提出文书之命者，法院始得认他造关于该文书之主张为正当，观"民事诉讼法"第三百四十五条规定而自明。本件原审并未裁定命上诉人提出该所谓被上诉人于一九八九年四月二十二日致上诉人之催告函，率依"民事诉讼法"第三百四十五条规定，以上诉人无正当理由不从法院之命，提出该信函，而认被上诉人所主张：上诉人已收受一九八九年四月二十二日催告函为事实，亦属可议。

"最高法院"一九九二年度台上字第二一八五号民事判决：

"民事诉讼法"第三百四十五条规定，当事人无正当理由不从提出文书之命者，法院得认他造关于该文书之主张为正当。又同法第三百六十三条规定，本目书证之规定，于文书外之对象有与文书相同之效用者，准用之。所谓文书系指以文字或其他记号，表示吾人之意思或思想之物体。又所谓文书外之对象有与文书相同之效用者，系指文书以外之对象，虽无文字或记号之记载，但足以传示吾人之意思或思想，如界标、照片等，与文书有相同之效用者而言。

"最高法院"二〇〇四年度台上字第二六三六号民事判决：

关于上诉人受雇资料系由为雇用人之隆×公司保管，亦为原审所认定。倘隆×公司员工请假方式应以该公司请假卡经主管核准，并凭为考察员工之出勤情形，则上诉人之请假卡亦属上诉人之受雇人人事资料，似应由隆×公司保管。准此，原审以隆×公司称其查无上诉人二〇〇〇年度之请假资料为由，而认属无从提出之请假卡①，并以上诉人未能证明请假事实，而为不利于上诉人之论断，即有未洽。

关于否认子女之诉，"最高法院"二〇〇三年度台上字第二三七二号民事判决认为：

关于否认子女之诉，依"民事诉讼法"第五百九十五条第一项及第五百九十六条第一项准用同法第五百七十五条之一之规定，法院本得斟酌当事人所未提出之事实，并应依职权调查证据，然原审未遵依职权详加调查审认，遽以：上诉人就其主张之事实未能举证以实其说，且事关人伦、血统之亲子关系，又无从适用"民事诉讼法"第三百四十五条之规定，径认上诉人之主张为真实等由，即为上诉人不利之判决，自有认定事实不凭证据之违法。

第五节　台湾地区"民事诉讼法"中文书提出义务相关规定之发展评估

一、基本理论之探究

（一）我国台湾地区与德国文书提出义务主要差异

自本书前述章节论述可知，我国台湾地区与德国文书提出义务规定之主要差异处有：(1)文书提出义务，在德国，其程序性义务有其《民事诉讼法》第四百二十三条规定，而实体性诉讼化义务则有《民事诉讼法》第四百二十二条之规定。就前者而言，类于台湾地区"民事诉讼法"第三百四十四条第一项第一款规定；就后者而言，则与"民事诉讼法"第三百四十四条第二款（与第四款）相当。至于"民事诉讼法"第三百四十四条第一项第三款、第五款之由诉讼法创设之程序性义务，则类于德国《民事诉讼法》第四百二十二条中所据之《民法》第八百一十条之实体法提出义务（其立法技术不同原因，

---

① 原审据此而认为不适用"民事诉讼法"第三百四十五条规定。

应系台湾地区"民法"无相当于德国《民法》第八百一十条之故)①。尤应注意者系,新修正之"民事诉讼法"第三百四十四条之文书范围已经扩大,并非与德国《民法》第八百一十条规定范围完全相同。(2)台湾地区"民事诉讼法"第三百四十二条第三项之规定,甚具特殊性,为于举证人至为友善之立法。(3)当事人违背文书提出义务之效果,台湾地区新法已扩及待证事实之认定。(4)就第三人文书提出义务之程序与效果,台湾地区与德国规定则多有所区别,台湾地区之强制措置立法显与德国者不同。(5)就文书提出义务之界限,台湾地区于"民事诉讼法"第三百四十四条第二项订有明文,德国于其学说实务亦提出若干界限标准,但有争议。②

(二)实体法文书提出义务与程序法文书提出义务之区别

基本上,文书提出义务可区分为实体法上之文书提出义务与程序法上之文书提出义务,二者有交集,但不完全相同。③ 实体法上之文书提出义务固可因法定或因契约合意而产生,其乃可独立成为诉讼标的之实体法上请求权。而程序法上之文书提出义务,则包括诉讼法创设者与实体法诉讼化者,前者例如"民事诉讼法"第三百四十四条第一项第一款、第三款、第四款、第五款等,后者包括"民事诉讼法"第三百四十四条第一项第二款等。其尤应注意者,乃在程序法上,就"民事诉讼法"第三百四十四条第一项第二款之规定而言,若当事人以证据方法提出之,则义务人仅生提出供阅视义务,其并无实体法权利移转效力,且其义务违反乃依"民事诉讼法"第三百四十五条规定,系生证据法上效力。

(三)对当事人一般解明义务之基本立场

就当事人是否负一般性信息(文书)提出义务或一般解明义务而言,主张肯定说者,其相关论理固具其前瞻性,但在台湾地区现阶段程序法发展,本书初步认为,似仍以采较保留见解为宜,其理由为:(1)若采一般解明义务,将造成是否将所有故意作为或不作为之错误陈述,课以证据法上不利效

---

① 但应注意,德国《民法》第八百一十条有若干要件限制,如法律上利益等,其有过滤及降低权利滥用可能性之功能。

② 可能信息义务之限制有举证人主张含混不清、漫无目的者,摸索证明,有遭刑事追诉可能者,个人人格权受侵害者,营业秘密之保护者。Vgl. Baumgärtel, Beweislastpraxis im Privatrecht, 1996, Rdnr. 315ff. 关于信息义务之期待可能性及当事人之利益衡量问题, vgl. Hellmann, a. a. O., S. 244ff. 就类推证人之拒绝证言规定(德国《民事诉讼法》第三百八十三条第一项、第三百八十四条),vgl. Münch-kommSchreiber, Kommentar, § 422 Rdnr. 5, § 423 Rdnr. 2.

③ 关于实体法信息义务与程序法信息义务,vgl. Hellmann, a. a. O., S. 25ff.

果之困境,其效果发生要件(前提)设定,颇为困难。(2)而若一方面认为当事人有一般解明义务,但另一方面则不赋予不利强制效果,则此种道德化规范意义不大。(3)若为绝对性承认一般化解明义务,且于其违反课予处罚效果①,则将可能使诉讼沦于相互纠举相对人陈述为说谎或系违反信息(文书)义务之证明②,而于积极性实体要件证据之提出,反而变成次要,诉讼程序乃成为诚实要求绝对化及相对应处罚之程序,其有无违反人性,及是否系以程序而害实体,非无疑虑。(4)绝对性承认一般解明义务,将造成辩论主义与举证责任理论之侵蚀与破坏。(5)在两造处于平等地位之案型,以诚信原则于个案作证据法上调整,并兼顾不负举证责任人之期待可能性,即可达致武器平等原则与当事人证明权保护,则承认一般解明义务之必要性似可被降低。(6)私法秩序所为权利义务分配与调整,应注意成本负担与危险分配观念。理论上,若当事人无法律上义务为制作、保管文书,则要求此一不负举证责任人须无限制地负提出义务及受不利益之效果之正当性,似较有制作及保管者为低。此在一般案型,例如一般借贷案型,若债权人自己不善加保管借据,而将不能证明之危险骤归债务人负担,其合理性即应多行审慎评估。因若两造处于平等地位,则证据之保管成本似应由债权人负之,岂能一味归诸债务人。若如此,举证责任法则之危险分配意义将遭颠覆,且造成当事人(负举证责任人)滥用之危险,而造成法院认事之困难(纠缠于提出义务与存在与否等要件之举证)③。且基于上述一般案例课以恶效,有否违反比例原则,亦值疑虑。而即若欲课以恶效,其效果似亦宜与特殊案型(即武器不平等或有危险领域及证据接近情形之事例)相区别。(7)在特殊案型,即如台湾地区"民事诉讼法"第三百四十二条、第三百四十四条立法理由中所指出之公害、医疗、产品责任等案型,因涉及武器平等、危险领域、证据接近等问题,自具为有利于举证人之制度设计之理由,但于其他两造当事人乃居于平等地位之案型,应注意期待可能性之要求及界限。亦即,在不负举证责任一造之一般解明义务违反之审查与认定,及其正当化事由之确认,应不

---

① 赋予强制效果者,vgl. Stürner, Parteipflichten bei der Sachverhaltsaufklärung im Zivilprozeß, ZZP 1985, 241, 253. 但可虑者系,若一般解明义务违反足以造成主张事实推定为真效果,则其与当事人讯问效果强度可能有所失衡。

② 关于解明义务违反之确认程序,vgl. Stürner, a.a.O., ZZP 1985, 253.

③ 应注意者系,若限缩一般案型之文书提出义务之承认,则某程度上,不负举证责任之一造即易于逃避因"民事诉讼法"第三百四十四条第一项第五款在形式上被扩张适用之危险,但为免负举证责任人之相对人为过分期待,本书仍认为应就一般事例,应为较限缩与严谨之处理为当。

宜过苛。(8)民事诉讼法中关于当事人讯问规定及证人规定,不足以正当化当事人负一般解明义务之论述,因该等规定于虚伪陈述之效果规定并不当然涉及待证事实之认定。(9)"民事诉讼法"第二百七十七条但书与同法第二百八十二条之一规定系一般举证责任法则与举证责任减轻之立法明文化,并不当然有承认一般解明义务之意义。①

二、台湾地区文书提出义务制度之发展评估

1. 就"民事诉讼法"第三百四十二条而言,应注意第二项之声请要式具有辩论主义与摸索证明防止之意义,亦即声请中应表明待证事实与证据方法,②若当事人以含混不清方式表明待证事实等,以致法院无从判断待证事实与证据之重要性,而经阐明犹未能补正者,则其声请即不应准许。至于同法条第三项固有某程度上在缓和摸索证明之严苛性,但依其立法理由,似应将此项规定解释为系在有如公害、医疗、产品责任或其他类此有武器不平等情形之案例始有其适用;且因此项并无效果规定,其于一般案例,实效本属堪疑。

2. 就"民事诉讼法"第三百四十四条而言,其第一项第一款、第二款、第四款较无理论上困难。但就其第三款及第五款,则于解释上应为适当之利益衡量始得其平。基本上本书认为此二款与德国《民法》第八百一十条规定有其近似处,但台湾地区之要件显较德国法宽松(例如德国法要求须有法律上利益等要件),立法者扩张适用文书提出义务之用心良苦,但应避免于一般类型之非举证责任当事人有过度之期待,及造成摸索证明被滥用。尤其第五款之规定,其适用应采较限缩解释,例如尽量适用在有危险领域理论及证据偏在情形,且依诚信原则对于非负举证责任一造当事人无过苛之期待者,始适用此一条文,较为妥当。

3. 就文书提出义务之声请审查程序而言,法院应特别注意声请是否符合声请之要式性以避免摸索证明之滥用,且就证据与待证事实之重要性均应确实审查,而关于文书存在与提出义务之存在,应特别注意审究就文书之存在与占有事实应由声请人提出证据证明之。而就文书提出义务之认定,

---

① 关于"民事诉讼法"第二百七十七条但书规定之真义,参阅姜世明:《论不当得利无法律上原因要件之举证责任分配》,载《台湾地区律师》,2000年,第74页;姜世明:《论不完全给付可归责要件之举证责任分配》,载《万国法律》2000年第109期;姜世明:《德国公害民事责任程序之举证责任分配》,载《军法专刊》46卷第10期;姜世明:《论德国医师民事责任程序中之举证责任减轻》,载《法学丛刊》第180期。

② 相关实务见解参阅"最高法院"二○○三年度台上字第七三五号民事判决。

不应割裂"民事诉讼法"第三百四十二条与第三百四十四条规定而为扩张解释,即"民事诉讼法"第三百四十二条第二项第五款之所谓相对人文书提出义务,应即指"民事诉讼法"第三百四十四条所规定者。

基本上,就文书提出之声请程序而言,首先须指出者系其声请之内容,就此,于"民事诉讼法"第三百四十二条有所规范。若声请人声请未依上述规定为之,应命补正,若未补正,法院得以裁定或于终局判决理由中予以驳回。此一声请内容规定为强制规定。其声请内容之要求,主要系为使法院得据以判断文书于裁判之重要性、证据重要性及证据之合适性,以及得就文书提出义务予以审查。而此一条文之重要功能,乃在指出文书提出义务某程度而言,于文书持有人之财产权有所干预,须由一审查程序始能求得利益(发现真实、诉讼促进与诉讼经济考虑等)之平衡。声请人应表明待证事实为何,此乃为排除声请人为摸索证明之声请,及使能检查证据之重要性。声请人且须表明得以支持声请人主张该文书为相对人所占有事实之理由,使相对人为具体争执,其实益乃在相对人于其持有事实有争执时,因上述具体化情况之争执,较能使法院于持有事实形成心证。

又当事人提出请求法院命相对人提出文书之声请之后,法院之审查程序,则应依"民事诉讼法"第三百四十三条、第四百四十四条规定为之。法院首先应审查当事人之声请是否具备裁判重要性、证据重要性及证据方法之合适性,及若其证据方法之声请有不合法、迟延(失权)或事实无证明必要性、证据方法不可及性与不合适性等证据声请之拒绝事由,其声请均应予驳回(于终局判决理由中说明或以裁定为之)。其次审查文书之存在与执有事实及相对人是否有提出义务时,若法院认定该文书不存在或非为相对人占有或相对人无文书提出义务者,则应将声请人之声请驳回。[①] 而若相对人自认其占有系争文书或其于此声请不争执,且法院已认为待证事实重要、声请有理由者,则应命相对人为文书之提出。唯若相对人否认其占有系争文书之事实者,则应审查认定文书是否为相对人所占有之事实,其审理程序除由声请人提出证据外,并可参考德国法之所谓提出讯问相关制度,俾能适切形成心证。

4.本书认为,法院在审查文书提出声请时,应区分依契约、法定、习惯法及诚信原则等得认为相对人(非负举证责任一造)有制作、保管文书义务类型(例如医师之制作病历义务或律师之卷宗义务等)及无制作、保管文书义

---

① 相关见解参阅台湾"高等法院"二〇〇一年度上更(二)字第五九号民事判决。

务之类型。就前者而言,法院就文书"存在"之事实应以推定方式(或举证责任转换方式)认定之,而就此推定事实,若相对人有不同主张,例如主张已过保管期间或具有免制作该文书之正当事由者,则由其举证之。而在此类型事例,亦应得推定文书为相对人占有之事实,若相对人主张其未占有或该文书已不存在,而该事实为其所可归责者,则可依证明妨碍论断其法律效果。另就相对人无有制作与保管义务类型者,则声请人应举证系争文书存在、为相对人占有等事实,若证明该文书存在且为相对人所占有者,则审查相对人有否提出义务,此提出义务,则可能系实体法(诉讼化)义务或诉讼法义务。有文书提出义务适格之文书,依"民事诉讼法"第三百四十四条规定已相当扩大,应予注意。但本书认为,在文书提出义务之要求,仍应注意就非属武器不平等类型案例,不应于非负举证责任一造之文书提出义务要求过苛,应在审查程序上为可期待性之考虑。无论就文书存在、为相对人占有及义务性之审查,应从严(对相对人有利的方向)为之。其于"民事诉讼法"第三百四十五条之正当事由认定,并可考虑从宽为之,以平衡两造之利益。

5. 就文书提出义务之效力而言,本书认为条文中系规定法院"得"审酌情形认他造关于该文书之主张或依该文书应证之事实为真实,则法官于判决书中即有义务就其审酌何等情形为充分论证,俾能供对法院判断是否符合比例原则之审查,其不宜一言以蔽之,而于相对人未遵命提出文书时,径以"应"认声请人之主张为真实断之。法院于自由心证时,且不应执着于所谓惩罚目的,而应综合当事人所提书证,是否当事人负有制作、保管之义务及是否已罹保管时限(义务之强度问题)、证据接近度、武器平等、危险(掌控)领域及就待证事实所提之直接、间接证据多寡等相关因素考虑为合理判断。在究竟仅认定于文书之主张或该文书之待证事实为真实及证明度是否区别对待等问题,亦宜以上述自由心证考虑事项综合考虑,予以符合比例对待,例如于文书越属相对人(非负举证责任一造)所掌控或双方武器越不平等案型,即可考虑在效果认定上越为对声请人为有利之认定。

6. 就"民事诉讼法"第三百四十四条第二项之文书提出之不公开程序,因属例外规定,应从严审查,以避免造成文书执有人不合比例之受害;且因台湾法院非采用法与事实认定分归不同审判主体,若法官已于不公开程序接触证据,则即若认有拒绝提出文书之重大事由,于法院心证仍可能已造成污染,于文书执有人有不利之虞,且亦造成法院于理由中论证之困难。因此,就此不公开程序应保守为之。

7. 文书提出之命令,应具备明确性,且以足以发生法效之言词或书面裁定为之,使当事人得以明了其未遵命提出之效果,并应充分保障其对效果之辩论权。

第二章 证据保全制度

第一节 前言

民事诉讼审理系以辩论主义、当事人提出主义为其基本原则,因而原则上,应由当事人负责进行事证之搜集与提出。但若于制度设计上未为适当之支持,而任由当事人自生自灭,则容易因诉讼地位不平等(尤指证据接近度)或证据调查客体变更而造成诉讼目的达成之障碍。为此,于民事诉讼法之制度设计上,无可避免须就当事人之证明权保障多所谋计,乃得有利于实现武器平等原则之宪法价值及达成诉讼法所欲实现之正确、迅速、慎重裁判之目的。

基本上,证据保全程序亦系为保障当事人之证明权目的所为之制度建构,其原始制度目的,即为使证据能在诉讼中顺利提出,以供法院适切形成心证。因而使证据调查程序于一定条件下为时间上延伸,亦即将原属诉讼中所为之证据调查,提前在诉讼系属前或诉讼系属后而证据调查阶段前进行,其于诉讼目的之达成自有重大之意义。

证据保全程序于各国立法例不尽相同,台湾地区近年来就民事诉讼法亦已为大幅度修正,其中于证据保全制度亦多所增订,其制度目的观且已多所扩充。论者甚有认为台湾地区修正后之证据保全程序,实已接近于英美法之事证开示[1]之机能,而非仅作为将来起诉时证据之用。[2] 唯揆诸台湾地

---

① 关于美国 Discovery 制度介绍之德文文献,vgl. Schaaff, Discovery und andere Mittel der Sachverhaltsaufklärung im englischen Pre-Trial-Verfahren im Vergleich zum deutschen Zivilprozess, 1983, 33ff.; Junker, Discovery im deutsch-amerikanischen Rechtsverkehr, 1987, 42ff.

② 许士宦:《证据开示制度与秘密保护程序——以证据保全与文书提出命令为中心》,台湾大学 1999 年博士论文。

区与德国法相关规定,不可否认台湾地区的证据保全制度,无论修正前或修正后之制度可得借镜于德国法制者仍多。兹新制已设,但就其认识仍有深化必要。本书乃盼经由德国法制介绍,供作理论与实务运作参考。

第二节 证据保全制度之功能

在台湾地区,证据保全制度于二〇〇〇年二月十一日公布施行民事诉讼法部分修正条文之前,与德国于一九九一年四月一日纳入一九九〇年十二月十七日司法简化法前之证据保全制度类似,乃强调该制度系为预行调查证据以保全其结果之程序,亦即,乃为保全证据而设者。[①] 其后,经修正之结果,此一制度之功能乃获扩大。而因证据保全制度之立法目的,亦即其制度目的之设定,乃为其法律规定解释适用之基础,自有充分认识之必要。

依修正"民事诉讼法"第三百六十八条之"司法院"提案理由中明示:证据保全制度依旧法规定,固有事先防止证据灭失或碍难使用,而避免将来于诉讼中举证困难之功能。唯如能使欲主张权利之人,了解事实或物体之现状,将有助于当事人分析纷争之实际状况,进而成立调解或和解,以消弭诉讼,达到预防诉讼之目的。此外,亦得借此赋予当事人于起诉前充分搜集及整理事证资料之机会,而有助于法院于审理本案诉讼时发现真实及妥适进行诉讼,以达到审理集中化之目标。

首先,就保全证据之功能而言,此一功能原系证据保全制度之传统上意义。[②] 亦即,若有证据灭失或碍难使用之虞之情形,乃于诉讼系属前或诉讼系属后而在得为证据调查命令之前,预为证据调查,以利当事人于诉讼中之举证及确保真实发现之可能性。其具有急迫与预防性质(指预防证据不能

[①] 台湾地区有关规定,参阅姚瑞光:《民事诉讼法论》,1999年版,第450页。德国法部分,vgl. Müller, Das selbständige Beweisverfahren, F. S. f. Schuetze, 1999, S. 405; Musielak/Huber, ZPO, § 485 Rdnr. 1f.；德国修正后独立证据程序目的主要系经由证据调查之预行而就特定事实予以厘清,乃被视为民事特别程序,Schilken, Zivilprozessrecht, 3. Aufl. ,2000, Rdnr. 554. 关于证据保全程序之性质及其与假处分关系,vgl. Schilken, Grundlagen des Beweissicherungsverfahrens, ZZP 92 (1979), 239ff.；Spilok, Grundfragen der Beweissicherung, 1982, S. 11ff.

[②] 但学者有认为,台湾地区向来通说认为,起诉前之证据保全制度具有两种功能,亦即保全制度之机能及确定事实之机能,后者乃指于他造同意之情形。许士宦:《证据开示制度与秘密保护程序——以证据保全与文书提出命令为中心》,台湾大学1999年博士论文。

使用而言），甚为明显。

其次，就预防诉讼之功能而言，德国《民事诉讼法》第四百八十五条第二项规定：若诉讼尚未系属而当事人于下列事项之确定具有法律上（合法）利益者，(1)人之状态、物之状态或价值。(2)人身损害、物损或物之瑕疵之原因。(3)为排除人身损害、物损或物之瑕疵之费用，得声请由鉴定人为书面鉴定。于前述确定得以防免诉讼者，即被认为有法律上利益。同法第四百九十二条第三项规定，若可得预期达成合意，法院得传唤当事人进行言词讨论，其和解应加载法院笔录。德国法此二规定显具有预防诉讼之功能。① 而台湾地区新修正"民事诉讼法"增订第三百六十八条第一项后段就事、物现状之证据保全以及第三百七十六条之一第一项、第二项规定，亦系为加强诉讼系属前证据保全制度之确定事实功能与提供诉讼外解决纷争之机制。此尤其在当事人仅就事实争执而于法律问题不争执时，特别具其意义。盖经由此一诉讼前证据调查程序，当事人得以确定事实状况，自有助于当事人衡量诉讼之必要性而易于成立调解或和解，而此功能之发挥，尤其在确认之诉许可性被越严格限制者②；或法定或习惯上须委任律师乃得进行诉讼，而其费用及其他诉讼成本越高者，均越易在此程序中促成当事人和解动机之形成。

此外，经由诉讼前之证据保全程序（尤其系关于事、物现状之保全程序），当事人于起诉前既得充分搜集与整理事证之机会，则于诉讼中自较易于整理争点，而因事实问题已经调查（同时可能使事实厘清程度达到判决成熟度或得促使和解方案之提出），法院乃能集中心力于证据评价与法律问题论断，借此并能达到促进诉讼及审理集中化之目标。③

---

① MünchKommZPO-Schreiber，§ 485 Rdnr. 1. 尤其，若当事人主要系就事实与原因争议者，于诉讼预防功能益形明显。Rosenberg/Schwab/Gottwald, Zivil-prozessrecht, 15. Aufl.，1993，S. 689.

② 例如，在台湾地区旧法，关于确认之诉之标的，一般认为系限于法律关系及证书真伪二者，如此，当事人乃于法律问题不争执，但仅就事实争议时，势必进行确认之诉以外类型诉讼以厘清事实。若不提供其他于诉讼外能确定事实之机制，甚易造成诉讼成本浪费。德国法制部分之描述，vgl. Müller, a. a. O.，S. 406.

③ MünchKommZPO-Schreiber，§ 485 Rdnr. 1；Musielak/Huber, ZPO，§ 485 Rdnr. 2.

第三节 证据保全之类型及其要件

一、概说

台湾地区的证据保全制度有四种类型，亦即证据有灭失或碍难使用之虞者，经对造同意者，就确定事、物之现状有必要者及法院依职权所为之证据保全。其与德国在独立证据程序中仅规定前三类型者不同。而上述证据保全类型之要件则各有殊异，但一般而言，在证据保全程序中，并无须具备当事人主张之待证事实（Beweis-tatsachen）具重要性、诉讼具胜诉之望或证据保全具可实施性等要件。[①] 但若于主程序中，相同证据主题已经同一法院或不同法院为证据调查之裁定者（即双重系属之禁止），即不应在此复被准许。但若第一审以缺乏证明必要性（Beweisbedürftigkeit）为由而驳回证据调查者，通说乃认为虽基于同一事实之证据调查因缺乏证据需要性而被驳回，其证据保全之声请仍得获准许；唯有在终级审已驳回该证据调查者，乃得认为该证据保全之声请不合法。[②]

除相对人同意之类型外，基本上，于证据保全程序中，法院应审查当事人证据保全声请之权利保护必要（Rechtsschutzbedürf-nis）。所谓证据保全程序声请之权利保护必要性，乃指声请人基于与相对人之法律关系之诉讼程序已系属或将系属（无论其为原告或被告），而证据保全之证据调查将被现在或将来之程序所利用者。虽法院对证据方法于主要程序之重要性无须审查，但若明显无利用价值者，则仍属无保护必要；[③]但即若存在仲裁协议，

[①] 即证据评价，亦应由主程序法院决之，为证据保全法院不能以其认为某证人不能陈述何事，或以其证词无证据价值，乃以某证人为不适合之证据方法而驳回之。Roethlein, Private Bausachen, 2. Aufl., 1995, Rdnr. 8.

[②] Werner/Pastor, Der Bauprozess, 7. Aufl., 1993, Rdnr. 9; Koeble, Gewährleistung und Beweissicherung bei Bausachen, 1988, S. 88f. 终级审认为证据声请之证据主题不重要而不予审酌者，法院于当事人之另为证据保全证据声请自得驳回。Vgl. Thomas/Putzo, ZPO, 19. Aufl., 1995, § 485 Rdnr. 4. 另外于证据保全之主题范围，是否仍容许假处分或确认之诉提起，有采否定见解者，但其例外于假处分系为使证据保全裁定能实现者，承认能再为假处分。Vgl. Werner/Pastor, a. a. O., Rdnr. 10 m. w. N.

[③] Musielak/Huber, ZPO, § 485 Rdnr. 7.

亦不排除证据保全程序(LG Hanau MDR 91,989);①但若为不合法证据方法,例如证人已主张其证人拒绝权者及重复已被驳回之声请者,则应认该声请缺乏权利保护必要。②

二、证据有灭失或碍难使用之虞者

"民事诉讼法"第三百六十八条第一项前段第一选项规定:证据有灭失或碍难使用之虞者得向法院声请保全。所谓证据有灭失之虞,乃指证据有毁灭、丧失之危险,例如证人现罹重病、危在旦夕,或机关保管之文书行将依法销毁[注:困难者系就有保存年限之文书于如何条件下可认为该当证据保全之客体,就此,于目前实务上有认为因有保存年限,故可依其他途径阅览或于诉讼中声请调查证据而驳回声请者(例如会计账册、财务报表等商业簿册依"商业登记法"第三十八条保管期限为五年,台湾"高等法院"一九九九年度抗字第四五○三号民事裁定),有认为公文书通常无灭失或碍难使用之虞且声请人未释明保存年限尚难认为有灭失之虞者(台湾台北地方法院二○○一年度声字第一八○四号民事裁定),有认为金融机构于汇款条、取款条、存款条、转账记录、交易记录凭证、出入账户记录及依"洗钱防制法"规定留存之提款人姓名、身份证字号等资料须保存一定年限,无即将灭失或碍难使用之虞(台湾"高等法院"二○○○年度抗字第三○六三号民事裁定),有认为声请人未能释明声请人为何在法院依"司法院"暨所属法院文卷保存期限实施要点第二点之保存期限一年内,无法遂行其所欲声请赔偿或起诉等救济行为,而有卷证保全之必要而驳回声请者(台湾台北地方法院二○○一年度声字第一八四八号民事裁定),有无视于声请人主张金融机构提放款计算机记录恐因时间久远而有灭失或碍难使用之虞,而以声请人未释明保全证据理由而驳回者(台湾台北地方法院二○○一年度声字第二八五三号民事裁定),但亦有认为电话公司通联记录均有保存期限,为显著且系法院职务上已知之事实,而以当事人于证据保全理由已经释明,而准许证据保全者(台湾台北地方法院二○○一年度声字第九一号民事裁定、台湾台北地方法院二○○一年度声字第一三三号民事裁定),另电话通联记录准许证据保全案例尚有台湾台北地方法院二○○一年度声字第四○四号民事裁定(医疗索赔传真函之电话通联记录)、台湾台北地方法院二○○一年度声字第二四三号民事裁定(被保全电话为第三人者,法院认为声请人已表明先保全号码后,再开示保全证据之结果,业已兼顾第三人之权利乃

---

① Msielak/Huber, ZPO, § 485 Rdnr. 7; Koeble, a. a. O., S. 89; Thomas/Putzo, ZPO, 19. Aufl., 1995, § 485 Rdnr. 10; Werner/Pastor, a. a. O., Rdnr. 10.

② Msielak/Huber, ZPO, § 485 Rdnr. 8.

认声请人已释明证据保全事由),亦有认为病历资料在相对人持有中,则声请人称该病历资料恐被变造或隐匿等语即非无据者(台湾台北地方法院二〇〇一年度声字第五三七号民事裁定、台湾台北地方法院二〇〇一年度声字第二〇一〇号民事裁定、台湾台北地方法院二〇〇一年度声字第二七四〇号民事裁定)。足见实务于文书保存期限于证据保全程序之意义,尚未有共识。本书认为,就此,应区分证据保全之类型而为不同之思考,例如就紧急型证据保全程序(即证据有灭失或碍难使用之虞者)与于事、物现状有确定之法律上利益并有必要者而言,二者似应被分别对待。唯因实务偶有误解后者尚须具备证物有灭失之虞要件,因而论理上辄发生与紧急型证据保全无法明确区分之混乱。就紧急型证据保全程序而言,法院应确切审酌论证系争文书之保存年限是否将届满,若离年限届至尚有多时,则除非声请人另释明有其他灭失危险,否则难认该当紧急型证据保全之要件。但虽非该当紧急型证据保全要件,非即可谓其亦不能该当"就确定事、物现状有法律上利益及有必要"之证据保全类型要件,其理由乃因此一类型已扩大证据保全机能(并有防免诉讼及促进审理集中化功能),法院自仍应于个案中具体审查其要件是否该当。即离保存期限届至尚远者,应亦非必不得充当此一类型之保全客体。]甚至有人欲故为隐匿、毁坏或致令不堪用等情形均属之。① 其前提要件应包括:若未立即进行证据调查,将有灭失或碍难使用之虞者,始足当之。否则,若将来于诉讼中尚得进行调查,亦即未具紧急性者,似无依此规定进行证据保全程序之必要。而所谓证据有灭失或碍难使用之虞,其肇因则可能系人或物之因素。② 前者,例如可充当证人之外劳将返国;后者,如海上碰撞之二船将有沉没之危险,或勘验物将腐坏者。此外,此类型须存在客体改变(Veränderung)之要件,至于该改变系事实或法律之性质,在所不问。所谓法律性质之改变,例如一迫在眼前之出卖或出租行为等。③

  法院在决定是否依声请人声请进行保全证据程序之时,须进行利益衡量,亦即,法院须就证据保全之利益与相对人之负担进行衡量。若于声请人

---

① 吴明轩:《中国民事诉讼法》(中册),台湾三民书局2000年第5版,第957页。另如证人因高龄、行将移民或因居留外国而长期不在国内,或因房屋续建或修补工程而造成侵害事实或瑕疵将遭掩盖,而事后难以原状查证者(有认为在建筑纠纷于建筑物现状恐有改变之危险者即是),均属之,vgl. Musielak/Huber, ZPO, § 485 Rdnr. 10; MünchKommZPO-Schreiber, § 485 Rdnr. 8; Zeiss, Zivilprozess-recht, 9. Aufl., 1997, Rdnr. 451; Roethlein, Private Bausachen, 2. Aufl., 1995, Rdnr. 15.

② Locher, Das private Baurecht, 6. Aufl., 1996, Rdnr. 507.

③ Koeble, a. a. O., S. 90.

而言，其以通常程序取得证据方法乃属可能且得期待，则不须认为有具备证据危险。唯就此一期待可能性，一般认为不宜为过严之解释。但如仅系美观瑕疵，如门窗木板之不同斑纹或仅技术上细微损害，或于主程序已有鉴定，而声请人仅欲借此为摸索调查者，均不能认为声请人之声请为正当。①

此所谓"证据"之意义，亦即此一类型所保全证据标的为何，乃一难题。于德国，其《民事诉讼法》第四百八十五条第一项明文规定：诉讼中或诉讼外，当事人于相对人同意，或证据方法有灭失或难以使用之虞者，得声请为勘验、证人之讯问或由鉴定人作成鉴定报告。足见在德国于法律明文中，在此一具紧急性之证据保全类型，乃承认勘验、人证与鉴定三证据方法。而文书与当事人讯问则不包括在内。②但应注意，就文书方面，因德国于文书真伪除依确认之诉主张外（德国《民事诉讼法》第二百五十六条参照），尚承认文书来源及真伪得充当勘验、证人或鉴定人讯问之客体，其结果即如同对该文书证据进行保全。③

基本上，于德国立法、学说及实务上，就文书提出义务于实体法及程序法之要件有相当周密之规定，而于若干本质上有武器不平等之案型，亦对弱势当事人之文书阅视权，在学说及实务上加以承认，并佐以证据法上效力（例如证明妨碍或文书提出义务之违反等）。④因而，就文书而言，于利用证据保全之必要性相对较弱。但在台湾地区，相关当事人信息义务之理论与实务见解，仍在摸索发展阶段，于立法上将文书证据径纳入证据保全之标的，以利真实发现及诉讼进行，应可理解，且尚无不妥。

就当事人讯问是否为证据保全之标的，此于台湾地区旧法时期，因台湾地区并无当事人讯问之规定，自非属之，应属当然。但因新近修法，台湾地区"民事诉讼法"第三百六十七条之一增订当事人讯问制度，并同列属证据方法之一，则在理论上，"民事诉讼法"第三百六十八条第一项前段第一选项

---

① Koeble, a. a. O., S. 92; Baumbach/Lauterbach/Albers/Hartmann, Zivilprozessordnung, 59. Aufl., 2001, § 485 Rdnr. 5; MünchKommZPO-Schreiber, § 485 Rdnr. 10. Vgl. auch Roethlein, a. a. O., Rdnr. 16.

② Rosenberg/Schwab/Gottwald, a. a. O., S. 689.; Musielak/Huber, ZPO, § 485 Rdnr. 5.

③ Rosenberg/Schwab/Gottwald, a. a. O., S. 689.; Musielak/Huber, ZPO, § 485 Rdnr. 5.

④ 关于文书提出义务，可参阅姜世明：《文书提出义务之研究》，载《万国法律》2001年第117期；许士宦：《证据开示制度与秘密保护程序——以证据保全与文书提出命令为中心》，台湾大学1999年博士论文。

之所谓"证据",除鉴定、勘验①、人证及文书②外,似亦应包括当事人讯问。③但究诸实际,在诉讼前之阶段,将当事人讯问纳入证据保全之范围,于保全之意义上,其实益似不大。盖除非当事人因自罹重疾,将不久于人世,为将来诉讼而声请法院对自己为当事人讯问,或预计可自对造当事人讯问获得有利陈述者,否则,当事人似无以证据保全程序就相对人进行当事人讯问之迫切实益,其理由乃相对人若于诉讼中不到场或拒绝受当事人讯问,于诉讼法上,均有使其陷于证据评价上不利之相关规定("民事诉讼法"第三百六十七条之一第三项、第四项、第二百八十条第三项等),当事人实无定使其于证据保全程序中被讯问之实益。矧在诉讼中,因台湾地区并不采补充性原则,则依"民事诉讼法"第三百六十七条之一第一项规定,法院于必要时固得径依职权进行当事人讯问,似无再迂回进行证据保全之必要。

三、经对造同意者

当事人声请保全证据,若经他造同意者,亦得为之("民事诉讼法"第三百六十八条第一项前段第二选项参照)。例如,船舶碰撞或汽车肇事当事人于征得他造同意后,声请法院保全证据,以确定责任谁属及损害之程度,以

---

① 例如"准于证据保全程序对相对人住处台北市信义区松智路X号就如附表所示装潢工程、家具等物进行摄影照相为保全"(台湾台北地方法院二〇〇一年度声字第六一八号民事裁定),或"准于证据保全程序对于相对人为推销所兴建'大直星势力'房地,而共同坐落于台北市中山区金泰段九一之一等地号土地上搭建之样品屋,予以测量该样品屋屋内之楼层高度及楼板厚度"(台湾台北地方法院二〇〇一年度声字第七三三号民事裁定),另亦有以证券交易委托书为勘验标的者(台湾台北地方法院二〇〇一年度声字第三〇六八号民事裁定)。

② 例如"命第三人中华电信股份有限公司提出某号电话之发话方及受话方相关通联记录及其他为获得上述受话方通联记录所需保全之数据"(台湾台北地方法院二〇〇一年度声字第九一号民事裁定)、"准于证据保全程序命第三人台湾大哥大股份有限公司封存某号行动电话于二〇〇〇年度十一月三日全日之发话及受话记录所储存之光盘,或其他原件并打印该电话于同日全日发话及受话通联记录"(台湾台北地方法院二〇〇一年度声字第一三三号民事裁定)、"准对相对人邮政储金汇业局某号账户行证据保全程序"(台湾台北地方法院二〇〇一年度声字第一九一八号裁定)。另病历资料(台湾台北地方法院二〇〇一年度声字第二〇一〇号民事裁定)或会议签到记录(台湾"高等法院"二〇〇一年度抗字第二八六〇号民事裁定)亦属之。

③ 沈冠伶:《证据保全制度——从扩大制度机能之观点谈起》,载《月旦法学杂志》2001年第76期;吴明轩:《中国民事诉讼法》(中册),台湾三民书局2000年第5版,第960页。德国法未列入,其主要原因在于其当事人讯问制度乃采补充性原则,在理论上难以该当证据保全之客体。

杜日后争议。此一相对人之同意,乃一诉讼行为,原则上不得撤回或撤销。① 相对人之同意,除得以书面或言词向法院为之外,尚得以对相对人为同意之意思表示方式为之。② 就此一同意之存在,声请人则须释明之。另法院依"民事诉讼法"第三百七十四条第一项所选任特别代理人,并无权为此一同意行为。③ 末应注意者系,究诸实际,此一类型之证据保全程序实益可能不大,因相对人之同意较难以取得。④ 至于此一类型证据一词之解释,与前一类型者应属相同,当无须赘述。

四、就确定事、物之现状有必要者

新修正民事诉讼法关于证据保全制度之修正,最重要者乃为增订就确定事、物之现状有必要者之类型。"民事诉讼法"第三百六十八条第一项后段规定:就确定事、物之现状有法律上利益者,并有必要时,亦得声请为鉴定、勘验或保全书证。此一规定之立法理由,特别强调预防诉讼及促进诉讼以达到审理集中化之目的。此一证据保全类型规定之"司法院"提案理由所举例包括:于医疗纠纷,医院病历表通常无灭失或碍难使用之虞,但为确定事实,避免遭窜改,即有声请保全书证之必要;另为确定人身伤害程度及其原因时,亦得声请为鉴定;又所有人对于无权占有人请求返还所有物之前,为确定占有人使用其所有物之范围及状况,亦得声请勘验。因此一类型证据保全,乃属传统证据保全制度之机能扩大化之结果,其固以防免诉讼及促进诉讼以达审理集中化为目标,但于声请人之相对人可能造成诉讼成本与应诉负担,有遭滥用之可能,于制度运用时,自应为利益权衡。

在立法上,此一类型乃就其证据方法限缩为鉴定、勘验及保全书证三者,而不包括当事人讯问及人证,以免当事人滥用此一制度而损害他造之权

---

① MünchKommZPO-Schreiber, § 485 Rdnr. 5; Locher, a. a. O., Rdnr. 507 m. w. N.; Thomas/Putzo, ZPO, 19. Aufl., 1995, § 485 Rdnr. 2; Roethlein, Private Bausachen, 2. Aufl., 1995, Rdnr. 10. 例外乃基于恶意、诈欺、胁迫者,Baumbach/Lauterbach/ Albers/Hartmann, Zivilprozessordnung, 59. Aufl., 2001, § 485 Rdnr. 4.; Schilken, Grundlagen des Beweissicherungsverfahrens, ZZP, 92 (1979), 238, 260f.

② MünchKommZPO-Schreiber, § 485 Rdnr. 5; Musielak/Huber, ZPO, § 485 Rdnr. 9. Koeble, a. a. O., S. 90. 反对说,vgl. Baumbach/Lauterbach/Albers/Hartmann, Zivilprozessordnung, 59. Aufl., 2001, § 485 Rdnr. 4.

③ 因特别代理人仅于证据调查时,始得行使权利,Musielak/Huber, ZPO, § 485 Rdnr. 9.

④ 在德国,因其有《民事诉讼法》第四百零四条第四项关于鉴定人选任程序之危险,vgl. Koeble, a. a. O., S. 87.

益。但观诸德国法于此一类型证据保全乃仅承认书面鉴定一证据方法，①台湾地区显仍较德国宽松，较具弹性，于适用时于要件解释上仍应审慎为之，以免造成对相对人或第三人②过重负担。

依"民事诉讼法"第三百六十八条第一项后段规定可知，此一类型证据保全之特别要件主要包括：为确定事、物之现状，有法律上利益及有必要性三者。应注意者系，其并无须具备证据方法有灭失之虞之要件。③ 其确定对象，若较德国《民事诉讼法》第四百八十五条第二项规定之诸客体，亦即：(1)人之状态、物之状态或价值；(2)人身损害、物损或物之瑕疵之原因；(3)为排除人身损害、物损或物之瑕疵之费用，似较狭隘。但揆诸前述"司法院"提案理由所举之例，以及此一规定所欲达成之目的，应认为上开德国法之保全客体，亦为台湾地区法所含括。④

---

① 对仅限于书面鉴定之证据方法之批评，vgl. Müller, a. a. O. , S. 413.

② 实务有认为："民事诉讼法"第三百八十六条第一项后段立法目的系在开示纷争当事人间之证据，则以此理由声请保全文书者，应仅限于争执法律关系之当事人持有者，始得为之。盖第三人提出文书之义务系对于法院诉讼之审理应予协助之公法上义务，且法院裁定命第三人提出文书应使其有陈述意见之机会……是尚难认第三人于他人起诉前即有提出文书以配合他人搜证之义务，故倘为第三人所持有之文书而有保全之必要者，应限缩于证据有灭失或碍难使用之情形，否则有使第三人因此增加不必要之负累，违反证据开示之"立法"目的云云（台湾"高等法院"二○○一年度抗字第三○九二号民事裁定）。本书认为，此一裁定意识到第三人程序保障及相关当事人利益权衡之必要性，固具见地，但如紧急型证据保全程序客体不排除第三人持有之文书，则于所谓于事物现状确定之证据保全程序似亦无当然排除之理由。而适因此一类型其与紧急型证据保全程序有不完全相同之立法目的，为达到防免诉讼及促进审理集中化目标，于对第三人程序保障下，宜就个案上具体为利益权衡，似无必然如前述裁定为一般性排除解释之理。

③ Locher, a. a. O. , Rdnr. 508. 此类型系诉讼前之类型且于确认建物瑕疵特具意义，vgl. Baur/Grunsky, Zivilprozessrecht, 9. Aufl. , 1997, Rdnr. 175；Jauernig, Zivilprozessrecht, 26. Aufl. , 2000, S. 207. 台湾地区实务有误以为此类型证据保全程序仍须具备灭失之虞要件者，如台湾台北地方法院二○○一年度声字第二二九三号民事裁定、台湾台北地方法院二○○一年度声字第一八○三号民事裁定。

④ 学者并有认为，尚应包括损害或瑕疵之发生原因、责任归属、排除瑕疵之必要方法或所需费用等事实，均得作为确认之对象，例如，出租人不仅对于房屋出租后受损之现状，尚可对回复原状之费用，声请保全证据为鉴定。沈冠伶：《证据保全制度——从扩大制度机能之观点谈起》，载《月旦法学杂志》2001年第76期。但实务有误以为鉴定回复原状费用非属现状之确定者（台湾台北地方法院二○○一年度声字第六七三号民事裁定）。

首先,就状态之确认而言,其对象包括人或物之状态①,或物之价值。就此所谓状态之确认,不唯系对外在状态之确认,亦包括隐藏之瑕疵在内。② 例如,就房屋有潮湿之瑕疵,不仅对其破裂水管予以审视,即其外墙密度亦可能为原因,又岂能置诸不顾。但就一地租金行情,则非证据保全程序所能确认,因其所指涉者非物之价值之故。③ 至于在此所确认之状态,乃现在之状态,而非过去或未来者。④ 所谓"人",则包括当事人、证人、诉讼参加人、诉讼受告知人或其他第三人,且无论其国籍、性别、年龄、受讯问能力、行为能力等。但法院于其基本权与信息权保障仍应注意兼顾。⑤

其次,就原因之确认而言,系指人身损害、物损或物之瑕疵之原因之确定(如对坐落某址房屋漏水之源头及原因由社团法人营建防水技术协会进行鉴定,参台湾台北地方法院二〇〇一年度声字第一四五一号民事裁定)。此一原因,并不限于独立原因,即仅部分或间接或共同原因者亦与之,并包

---

① 例如,对于某址楼房含附属第一层之地下室受损现状予以现场勘验、拍照存证(台湾士林地方法院二〇〇一年度声字第五九九号民事裁定),或准就坐落某址建筑工程已完成现状(含工程项目及数量)由"土木技师公会"进行鉴定(台湾台北地方法院二〇〇一年度声字第一八〇三号民事裁定)。于德国,证据保全程序于建筑工程纠纷事件具有甚为重要地位,此尤其系关于建筑瑕疵之确认者,Werner/Pastor, a. a. O., Rdnr. 1.

② Musielak/Huber, ZPO, § 485 Rdnr. 12; MünchKommZPO-Schreiber, § 485 Rdnr. 14 m. w. N; Schreiber, Das selbständige Beweisverfahren, NJW 1991, 2601. 但学者有认为应仅以鉴定人于外在得辨识者为限,vgl. Wussow, Probleme der gericht-lichen Beweissicherung in Baumaengelsachen, NJW 1969, 1401.

③ LG Berlin NJW-RR 1997, 585; OLG Duesseldorf NJW-RR 1997, 1312. 但就此有反对说,Baumbach/Lauterbach/Albers/Hartmann, a. a. O., § 485 Rdnr. 11.

④ 学者认为在此所鉴定者系实然状况(Istbeschaffenheit),而不及应然状况(Sollbeschaffenheit),其且认为以状态(Zustand)为确认对象之描述并不妥适,并认为在此类型证据保全确认对象乃某特定时点之足以构成权利之事实之确认。Cuypers, Das selbständige Beweisverfahren in der juristischen Praxis, NJW 1994, 1987.

⑤ Baumbach/Lauterbach/Albers/Hartmann, a. a. O., § 485 Rdnr. 10. 台湾地区实务有认为,声请人声请命鉴定机关以开凿房屋墙壁方式鉴定房屋漏水原因及源头,违反法律保留原则且侵害基本权,而驳回声请人之证据保全声请者(台湾台北地方法院二〇〇一年度声字第一四五一号民事裁定)。唯就此论理是否妥当,仍有质疑余地。盖如有证据显示鉴定机关以表面观察无法鉴定漏水原因,则法院若以开凿方式侵害财产权而禁止之,似非合目的性论理方式;且证据保全程序原本即与相对人或第三人之财产权、秘密权、自由权等宪法保障权利呈现冲突紧张关系,唯此应置于方法之裁量界限与比例原则下考虑。是否得仅以"'民事诉讼法'无如'刑事诉讼法'第二百零四条规定"而认开凿鉴定方式必然违反法律保留原则,仍非无疑。Vgl. auch Locher, a. a. O., Rdnr. 508.

括对应负责任人与其参与及肇因比率之确认。① 应注意者系,在此所欲经由鉴定人等确认之原因乃系等值理论(Äquivalenztheorie)之原因性(因果关系),至于其是否该当为相当说(Aedäquanztheorie)之客体,则乃为法官评价权限之对象。②

最后,就排除费用之确认而言,在此所谓之费用,包括所有为排除人身损害、物损及物瑕疵之给付,金钱与时间之支出均属之。即第三者给付,亦同。但是否此一费用,乃属必要或合比例性,或何一具体措置得排除瑕疵之问题,则非此证据保全程序所得确认,而系实体程序审理范围。

若上述要件该当,则法院仍须审查当事人于该确认是否具有法律上利益之要件。所谓法律上利益,乃属一不确定法律概念,其解释可能有宽严之差异,若着眼于传统意义保全程序原具有暂时性紧急程序性质,则其例外性自将限缩所谓法律上利益之解释空间。而若将法律上利益要件过度放宽解释,则将可能令本书中所已述急迫性证据保全类型之意义遭架空。在此,一般而言,法律上利益于该确认得以避免诉讼发生者,即足当之;且通说并不认为法律上利益仅限于此一立法明示之利益,而就之为较宽广之理解。③ 学者乃有认为,若物或价值之状态得构成声请者对他人请求权之基础或他人对声请人请求权之基础者,即足当之。④ 至于是否当事人之确认请求得否防免诉讼,则应由当事人释明之。但若属无法辨明法律关系或可能之诉

---

① OLG Frankfurt/M, NJW-RR, 1995, 831.
② Musielak/Huber, ZPO, § 485 Rdnr. 12; MünchKommZPO-Schreiber, § 485 Rdnr. 15. Schreiber, a. a. O., NJW 1991, 2602.
③ Weise, Praxis des selbständigen Beweisverfahrens. 1994, S. 56. 于德国实务曾有以医疗纠纷之特殊性为由,而认为证据保全程序之以确定事、物状态类型难以适用者(OLG Hamm, Beschl. v. 10.5. 1995-3W6/95)。但学者认为于医疗纠纷事件应一般承认存在一法律上利益, Mohr, Das selbständige Beweisver-fahren in Arzthaftpflichtfällen, MedR 1996, 455.
④ Baumbach/Lauterbach/Albers/Hartmann, a. a. O., § 485 Rdnr. 8 m. w. N. 质疑见解, vgl. MünchKommZPO-Schreiber, § 485 Rdnr. 13 m. w. N. 亦有认为,在自物之现状可导生参与者之请求权,而声请人于此确认为具有法律上相关者,或所确认事实足以使权利成立或消灭者,均为具有法律上利益。Roethlein, Private Bausachen, 2. Aufl., 1995, Rdnr. 23. 本书认为,若采此见解,则此一类型之范围,将与前述紧急型证据保全程序之范围某程度重叠,但着眼于避免诉讼与促进诉讼之二制度目的,并以此一目的论作为解释论之指标,则就要件解释仍不宜过严,至于若惧其范围过分扩张,则不妨以必要性要件为适当之控制。

讼相对人或请求权之情形,即不能认为具有法律上利益。① 即仅以此证据保全摸索权利构成事实者,或仅对法律问题有争议者,在此均不存在法律上利益。此外,就尚生存之将来被继承人之遗嘱能力,亦不得以行保全证据程序确认之。②

就所谓必要性而言,其于德国法相关规定,虽无将其明文纳入要件,但解释上亦应视为要件之一。而此一要件显亦属不确定法律概念,在解释上宜注意立法目的于要件之解释论上之指导性质。如此,法院就必要性解释时,应注意为达到防免诉讼及发现真实与促进诉讼之目的,声请人所为证据保全之声请,是否已无存在其他相同有效而对相关当事人损害较少之手段。③ 此乃法治国之国家机关采取干预人民权利之行为时,所应注意之比例原则基本内涵。据此,若声请人于诉讼之防免与诉讼之促进,于个案中仍有其他可期待之方法可采用时,则似无须承认其有利用此一原本应带有暂时性、过渡性、例外性之保全制度之合理性。法院尤其应就声请人程序和实体利益与相对人之财产权、秘密权、人身权等宪法上保障权利为适当之权衡,以免一味自以为促进诉讼,而竟沦为声请人探查相对人营业秘密目的之工具。④

---

① OLG Bamberg NJW-RR 1995,893; OLG Köln, NJW-RR 1996,573. Vgl. Bernuth, Schiedsgutachterabreden und die Durchführung selbständiger Beweisverfahren, ZIP 1998,2083. 尤其是否具法律上利益,不适合认为须由声请人释明两造有诉讼外合意承认鉴定结果,因若为如此解释,则当事人合意鉴定即可,又何须另为特别规定。Mugler, Das selständige Beweisverfahren nach dem Rechtspflege-Vereinfachungsgesetz, BB, 1992,797. 德国学者有认为,一般而言,声请人为释明所谓有法律上利益存在,并不具重大困难。因当事人可主张经此保全程序得防免诉讼或可供作和解之准备,但若系摸索声请或个案上可认为完全无和解可能者,亦难认为具有法律上利益。Vgl. Locher, a. a. O., Rdnr. 508 m. w. N. 台湾地区法因在机能上似比德国法者更加扩充,解释上似应具有较大之空间。

② OLG Frankfurt NJW-RR 1997,581. 在此类型亦无须具备改变危险之要件,Roethlein, a. a. O., Rdnr. 23.

③ 关于比例原则中之必要性原则定义,vgl. Katz, Staatsrecht, 13. Aufl., 1996, Rdnr. 207.

④ 学者有认为,证据保全程序具有兼顾当事人程序利益及实体利益之意义,并认为在公害事件、交通事故、产品制造人责任、医疗纠纷等事件,受害人就他造所执有关案情之文书声请保全证据之情形,须以维持当事人公平所必须之情形为限,始不致发生证之摸索。因此,证据保全之准许,应限于欲从他造搜集特定证据之当事人为准备诉讼,纵令尽力为之仍不能搜集,且其不能搜集该证据,系属不可归责于己;反之,他造提出该证据甚为容易,并非期待不可能之情形,以兼顾两造之利益。许士宦:《证据开示制度与秘密保护程序——以证据保全与文书提出命令为中心》,台湾大学1999年博士论文。

五、法院依职权为证据保全

台湾地区"民事诉讼法"第三百七十二条规定：法院认为必要时，得于诉讼系属中，依职权为保全证据之裁定。此一规定与"民事诉讼法"第二百八十八条之法院依职权调查证据规定，均属台湾地区特殊之制度。因其与辩论主义等诉讼法基本原则，有一定之冲突关系，于适用时应趋于谨慎为宜。在解释上，此之所谓必要性，固应注意前面所述的比例原则问题。但在此，法官于适用此一规定时，另应注意，若属于偏重私益性而与公益无关之诉讼，原则上应认于诉讼中法官应被容许利用阐明程序（必要性之讨论程序）探询当事人是否为提出证据保全之声请，若当事人执意不提出，则法院是否须坚持实质真实发现，而积极介入职权保全证据，实有疑问（此一类型且较难想象在诉讼前法院径依职权发动证据保全程序）。因而于此情形，似应认为于当事人不及受此一阐明程序保障之情形，法院乃较有发动职权之必要。但若属越具公益性或具集体利益之诉讼者，则法院于证据已存在类似于"民事诉讼法"第三百六十八条之证据保全事态时（如灭失之虞或事、物现状正加速变更中等情形），应即可判断其所将采取保全手段是否为其所欲达到之证据保全相关目的（原始意义之保全证据目的及诉讼防免与诉讼促进等）之适当手段，而为较积极之介入，在解释上应属较宽。

第四节　程序与效果

一、程序

（一）管辖

保全证据之声请，在起诉前应向受讯问人住居地或证物所在地之地方法院为之。① 而若在起诉后，则原则上应向受诉法院为之（"民事诉讼法"第

---

① 台湾地区此一规定与德国《民事诉讼法》第四百八十六条第二项规定不同，依德国法规定，证据保全于诉讼系属前者，其管辖法院应依声请人之主张得被认为于本案诉讼有管辖权之法院。另就台湾地区法而言，若声请人于起诉前，未向证物所在地法院声请证据保全，而向其他法院（例如将来本案系属法院）为之者，法院应为移转管辖裁定。（台湾"高等法院"二〇〇一年度声字第四四号民事裁定、台湾"高等法院"二〇〇一年度声字第一五二号民事裁定）

三百六十九条规定参照)。因此,若诉讼现系属第一审者,应向第一审法院为之。诉讼系属第二审者,应向第二审法院为之(台湾"高等法院"二〇〇一年度抗字第一九七二号民事裁定、台湾"高等法院"二〇〇一年度抗字第一九七五号民事裁定参照)。如已系属第三审时,则以第三审得依职权调查事实范围所必要之证据为限,得由第三审法院管辖,其余情形,应均由第二审法院管辖。①

应注意者系,若遇有急迫情形时,于起诉后亦得向受讯问人住居地或证物所在地之地方法院为之("民事诉讼法"第三百六十九条第二项规定参照)。就此,原则上应系指证据有灭失或碍难使用之虞之急迫型证据保全情形。因性质上此一规定属于例外情形,就所谓有急迫情形在解释上不宜从宽。② 尤其本案既已系属,而急迫型证据保全之管辖,又不排除"民事诉讼法"第三百六十九条第一项前段之适用,而受诉法院于案情较为知悉,原则上自仍应以受诉法院就证据保全准否为管辖法院较妥。若声请人主张有急迫情形,而向受讯问人住居地或证物所在地法院声请时,受声请法院应注意审查者,除原证据保全要件是否该当外,于"民事诉讼法"第三百六十九条第二项之急迫情形,宜同时考虑是否有原受诉法院不及为此证据调查之情事(应促声请人就此加以说明),以避免当事人因于受诉法院不被准许之证据,乃滥用前述规定进行调查,而造成受诉法院将来于证据采用与否判断上之困扰。

(二)声请

证据保全之声请,得以书状或言词为之。但应表明(1)他造当事人,如不能指定他造当事人者,其不能指定之理由。(2)应保全之证据。(3)依该

---

① 王甲乙、杨建华、郑健才:《民事诉讼法新论》,台湾三民书局2000年版,第422页。
② Baumbach/Lauterbach/Albers/Hartmann, a.a.O., §486 Rdnr. 5. 在此所谓急迫情形,应特别注意是否本案受诉法院于声请人所欲立刻进行之保全证据调查程序不再可能实时实现,声请人于此主张则应予释明。

证据应证之事实。(4)应保全证据之理由。就(1)及(4)之理由,应由声请人释明之①("民事诉讼法"第三百七十条规定参照)。

在此,应注意之问题主要为他造当事人表明、待证事实之指明及保全证据理由之释明等。② 就他造当事人之表明而言,其意义在于经此表明,法院乃得进行对他造当事人之程序保障。所谓他造当事人,系指现在系属或将来应系属本案诉讼之他造当事人而言。但若不能指定他造当事人者,其不能指定之理由,就此,不应从宽解释,以免影响他造当事人之合法听审权利。而若声请人未表明他造当事人时,应仅于声请人释明其有正当理由,亦即非因其过失以致无法表明他造当事人之事由(德国《民事诉讼法》第四百九十四条第一项参照),乃得准许之。对于智慧财产权及营业秘密等类事件,对于证据保全原因之释明,应注意有否提高其要求之必要。"最高法院"二〇〇八年度台抗字第一九一号民事裁定认为:"当事人声请保全证据,依'民事诉讼法'第三百七十条第二项、第二百八十四条规定,应就保全证据之理由即上述证据保全之原因(按:指证据有灭失或碍难使用之虞),提出可使法院信其为真实之证据,以释明之。查系争文件等证据固由抗告人所管有、使用及支配,然究竟有何证据释明所欲保全之证据有灭失或碍难使用或不及调查使用之危险?系争文件等证据之现状何以日后无法调查而有确定现状之必要?原审未调查审究,徒以与保全证据之原因不一定有关之系争文件等证据系由抗告人管有、使用、支配,及泛言该文件其中部分数据本身性质为电子档案,内容极易变更等词为由,据认已有证据保全之原因,遽为抗告人不利之裁定,显有适用'民事诉讼法'第三百六十八条第一项规定不当之违误。"此见解,若系针对专利权侵害事件,或有其理论基础,但若对于一般事件,例如医疗事件,若如某地院法官乃以基隆长庚医院乃大型医院,因而无窜改病历之可能,乃驳回声请人之证据保全。则在此所谓对于原因之释

---

① 实务颇多以当事人未释明应保全证据之理由而驳回证据保全之声请者,例如台湾"高等法院"二〇〇〇年度声字第九六号民事裁定、台湾"高等法院"二〇〇〇年度抗字第七四五号民事裁定、台湾"高等法院"二〇〇〇年度抗字第三〇六三号民事裁定、台湾台北地方法院二〇〇一年度声字第二八五二号民事裁定、台湾台北地方法院二〇〇一年度声字第二八五三号民事裁定、台湾台北地方法院二〇〇一年度声字第二八六一号民事裁定、台湾台北地方法院二〇〇一年度声字第三〇二二号民事裁定、台湾台北地方法院二〇〇一年度声字第三〇二七号民事裁定等。但此等裁定程序是否已为适度阐明及保障当事人补正机会,仍待质疑研究。

② 另应注意相对人于证据保全程序,亦有为反对声请(Gegenantrag)之权利,亦即为证明问题、证据方法之扩张,或反对证明等之声请,Rosenberg/ Schwab/Gottwald, Zivilprozessrecht, 15. Aufl., 1993, S.691.

明,即属对于被害人之不可期待之过苛负担,其结果无异宣告被害人无法伸张其权利,该见解甚为不妥,显无视于"确认事物现状"类型之立法意旨。

其次,就待证事实之表明而言,基本上其要求无须过严,虽待证事实之重要性及证明必要性非属审查范围,但摸索证明于此仍不被容许,①以避免保全程序遭滥用及增加法院与相对人之负担。

就应保全证据之理由表明而言,乃指就"民事诉讼法"第三百六十八条第一项规定之要件事实予以表明,包括证据有灭失或碍难使用之虞,或经他造当事人同意,或就确定事、物之现状有法律上利益并有保全证据必要之事实。在德国《民事诉讼法》第四百八十七条第四款并规定就法院有管辖权之事实为释明,其中尤指起诉与否之事实或存在急迫情形之事实之释明,此于台湾地区则未明文,但法院于判断管辖权时,不妨令当事人就之予以释明。

在此,另一值予注意之问题为于证据保全程序中是否亦有"诉讼标的"之观念,或即使不以诉讼标的为名,则究竟于此一程序中其争议标的对象范围如何? 亦属一重要问题。盖因此一问题涉及声请程序系属及裁定之效力范围之界定。② 若着重证据保全程序之有相对人性质及存在争议于两造间之特性,则似应认证据保全程序中亦存在一诉讼(程序)关系(Prozessverhältniss)。③ 尤其若就"民事诉讼法"第三百六十八条及第三百七十条体系以观,可得证据保全程序应依其类型定其声请系属事件客观范围,而不同类型证据保全理由(甚至证据方法),理论上应可构成不同之程序请求权,此一程序请求权与当事人间之实体请求权或本案请求权基本上并不一致。④ 但究竟"民事诉讼法"第三百六十八条三类型证据保全原因,于一证据保全程序中,应如何定其标的(系属)范围,则仍涉及一般诉讼标的理论之争议,本书于此不拟深论。

在此应提醒者为,若声请人以其中一类型原因(例如紧急型者)声请证

---

① Baumbach/Lauterbach/Albers/Hartmann, a. a. O., § 487 Rdnr. 4; MünchKommZPO-Schreiber, § 487 Rdnr. 2 m. w. N. 所谓摸索证明,乃指在声请就证据主题或证据方法未能具体陈明,尤其系在证据声请人于证据主题为乱打高空式之无根据主张,并图据此而得其初始权利主张之基础,参阅姜世明:《文书提出义务之研究》(上),载《万国法律》2001 年第 117 期。

② Spilok, Grundfragen der Beweissicherung, 1982, S. 49.

③ 但就此存有争议,Spilok, a. a. O., S. 50 m. w. N. 就相对人不明程序,有学者主张该程序系初步两造程序关系(unausgebildete Gegnerschaftsverhältnisse),Brüggemann, Unausgebildete Gegnerschaftsverhältnisse, ZPP 81, 458ff.

④ Spilok, a. a. O., S. 55 m. w. N.

据保全,则若同时其另提出,或在前揭一紧急型原因声请被驳回后,另提出以他类型原因(如得他造同意或确定事、物现状有法律上利益及必要者)之证据保全声请,应认其无受前揭证据保全系属或驳回效力影响。而法院于审理时,则应善尽阐明以厘清标的范围之责。因于实务上,声请人辄将"民事诉讼法"第三百六十八条规定抄录,但因须配合"民事诉讼法"第三百七十条之原因表明与释明,若于当事人究竟系以紧急型证据保全原因声请或并请求就"确定事、物现状有法律上利益及必要"类型予以裁定不明者(另证据方法亦须确定),法院应予阐明以保障当事人声请或辩论权利。据此,且得有利于确定证据保全裁定效力所及范围。亦即,唯有在已明确当事人依何类型原因(请求权)声请证据保全,并赋予程序保障后,乃得认为当事人有受该裁定之客观效力范围拘束之正当理由。

(三)程序保障

证据保全程序中之程序保障(特别系指合法听审权[①]保障),包括两个层面:其一系在法院为准否证据保全之裁定程序,其二系在进行证据保全之调查证据程序。就前者而言,除证据灭失之危险来源系来自相对人(或其所应负责之第三人),或对于相对人合法听审权的保障,有事实上不可期待之状况,而其情事发生未有声请人行为与因者之外,其他情形,原则上应尽量于裁定前保障相对人就证据保全裁定基础,亦即该当证据保全要件之事实与否及法律观点有陈述意见之机会。就此机会之给予,无论书面或言词为之,均无不可。[②] 但若属前开例外情形,则仍应加强该当事人事后之程序(包括裁定后对裁定之攻击与在调查程序中者)保障。[③]

至于在证据调查之阶段,除有急迫或有碍证据保全情形外,调查证据期日应于期日前送达声请书状或笔录及裁定于他造当事人而通知之。当事人于调查证据期日在场者,得命其陈述意见("民事诉讼法"第三百七十三条规定参照)。违反前述于期日前通知之程序,以致他造当事人未到场者,于诉讼系属后,他造当事人不责问时,可被认为瑕疵已获治愈。但若经责问,则

[①] 合法听审权之内容,主要包括受通知权、陈述权、受审酌权及突袭性裁判防止等,vgl. Waldner, Aktuelle Probleme des rechtlichen Gehörs im Zivilprozess, 1983, 49ff.

[②] OLG Karlsruhe, MDR 1982, 1026f.; MünchKommZPO-Schreiber, § 485 Rdnr. 17.

[③] 但亦有认为,因法院得随时补充变更及撤销裁定,因此,原则上于裁定后保障当事人就要件部分之合法听审权,亦无不可者,MünchKommZPO-Schreiber, § 485 Rdnr. 17 m. w. N.

该证据调查结果即不能被利用。① 至于他造当事人不明或调查证据期日不及通知他造者,法院因保护该当事人关于调查证据之权利,得为选任特别代理人,以保障该未能到场当事人于调查证据期日之程序权("民事诉讼法"第三百七十四条规定参照)。此一选定程序,系由法院裁量是否为之,费用则由声请人支付。至于此一特别代理人之性质,则有争议。德国通说认为系法定代理人性质,②但台湾地区学者有认为系诉讼代理人性质者。③

在此,另须注意第三人之程序参与权问题。尤其在建筑工程事件,一存在于建筑商与承包商间之工程瑕疵事件,其主体辄涉及第三人,例如次承揽人或建筑师,甚至工人等。如何于证据保全程序中保障第三人程序参与,并进而使发生一定之拘束效力,而避免将来重复调查证据之成本负担,于诉讼经济之观点上,自属一重要课题。至此一论题之焦点,乃在于是否诉讼告知及诉讼参加(从参加)之制度得类推适用于证据保全程序中。就此问题之解决,于德国实务及理论上均存有争议,有正反不同见解。④ 本书认为,除学者将证据调查程序视为将来诉讼程序之一部,故而认为无不许为诉讼告知之论理外,若就第三人在程序上不予保障,而允许于同一待证事实,在不同程序为不同调查程序,即易肇诉讼成本浪费或调查结果矛盾,于相关当事人或法院均非有利。矧证据保全制度之目的,既系为保全将来诉讼举证之用及预先确定事实以避免诉讼纷争或促成和解,具有扩大程序机能之意义,则对于诉讼具有法律上利害关系之第三人(至少非紧急性证据保全类型者),类推适用"民事诉讼法"第五十八条或第六十五条,使能于证据保全程序中有参与之机会,并类推"民事诉讼法"第六十三条、第六十七条之效力,

---

① 杨建华原著,郑杰夫增订:《民事诉讼法要论》,2001年版,第311页。
② Thomas-Putzo, ZPO, 19. Aufl., 1995, §494 Rdnr. 2; MünchKommZPO-Schreiber, §494 Rdnr. 2; Zöller/Stephan, Zivilprozessordnung, 16. Aufl., 1990, §494 Rdnr. 2; Rosenberg/Schwab/Gottwald, a. a. O., S. 691.
③ 吴明轩:《中国民事诉讼法》(中册),台湾三民书局2000年第5版,第964页。
④ 相关争议,vgl. Weller, Selbständiges Beweisverfahren und Drittbeteiligung, 1994, 15ff. m. w. N.; 133ff.; Arens/Lüke, Zivilprozessrecht, 6. Aufl., 1994, Rdnr. 317. 但联邦最高法院新近见解(BGH NJW 1997, 859)乃采肯定说,台湾地区文献,可参阅沈冠伶:《证据保全制度——从扩大制度机能之观点谈起》,载《月旦法学杂志》2001年第76期。

应属较为合目的性及诉讼经济之解决方法。①

(四)裁定与费用

1. 裁定

保全证据之声请,由受声请之法院裁定之。法院所须审查之对象包括管辖权,"民事诉讼法"第三百六十八条、第三百七十条之要件。至于证据必要性及裁判重要性均非属审查范围。法院在裁定前,固得命行言词辩论程序,如命当事人以书状为陈述,亦无不可。就此,应由法院依个案情形裁量之。应注意者系,若系紧急事件,法院得将之视为合法听审权之例外(与假处分情形类似),而于保障合法听审权之前即先为裁定,以争时效(但裁定后程序仍须保障之)。② 困难者系,若乃驳回声请之裁定程序,是否得于保障合法听审权之前即为裁定?本书认为此情形既无急迫性,应先行程序保障为妥。

又法院所为准许保全证据之裁定,应表明该证据及应证之事实。而就救济程序而言,驳回保全证据之裁定及已准许裁定之废弃裁定,得为抗告。③ 就准许保全证据之裁定,不得声明不服,但相对人仍得陈述不同意见,以促使法院为职权变更或废弃之裁定("民事诉讼法"第二百三十八条但书规定参照)。

2. 费用

关于证据保全程序之费用,依"民事诉讼法"第三百七十六条规定,原则上应作为诉讼费用之一部。但若有同法第三百七十六条之二第二项之情形者,法院得依利害关系人之声请,命保全程序之声请人负担程序费用。就此法院裁定,得为抗告。在此,应注意者系,若未有诉讼系属时,原则上法院于命保全证据之裁定,无须为程序费用之裁判。仅待有"民事诉讼法"第三百七十六条之二情形时,再为费用裁判。但若系证据保全声请被驳回之裁定,而其主程序尚未系属或不复可期待者,该证据裁定得并为程序费用之裁判。

---

① Vgl. Weller, Selbständiges Beweisverfahren und Drittbeteiligung, 1994, S. 171. 就诉讼告知部分持肯定说者, vgl. auch, Musielak, Grundkurs ZPO, 4. Aufl., 1998, Rdnr. 473. 反对见解, Koeble, a. a. O., S. 101. 德国反对说则向以证据保全程序为诉讼前程序与诉讼告知等要件不合,且因此亦无辅助一造诉讼之可能,故无诉讼告知或诉讼参加之适用可能性。

② Baumbach/Lauterbach/Albers/Hartmann, a. a. O., §490 Rdnr. 3.

③ Thomas-Putzo, ZPO, 19. Aufl., 1995, §490 Rdnr. 3. 反对说,吴明轩:《中国民事诉讼法》(中册),台湾三民书局 2000 年第 5 版,第 962 页。

其于证据裁定废弃或声请撤回情形,亦同。① 至于在诉讼已系属之声请证据保全情形,其证据裁定即无须并为费用裁判。双方先各自负担其费用支出,待本案判决时并为确定。② 另因民事诉讼法新近修正时增列确认事、物现状之证据保全程序,其主要目的既在避免诉讼,则若两造达成和解,其准许证据保全之费用,自得经双方约定而于和解笔录中一并确定。③ 否则即应依"民事诉讼法"第三百七十六条之二规定解决之。

(五)调查及笔录保管

法院依声请或依职权为保全证据之裁定后,应即进行调查证据程序。此一程序应适用民事诉讼法关于证据方法之规定,而调查证据笔录,应由命保全证据之法院保管。但诉讼系属他法院者,应送交该法院。

就证据保全之证据调查程序,应注意者乃,文书阅视权之承认幅度问题。就此,在台湾地区实务上,向采否认见解,而文献上则有不同见解。④ 本书认为,在此所涉及之考虑因素包括证据保全之目的及机能扩大化影响,当事人武器平等与证明权之确保,相对人财产权、营业秘密等权利之保障及摸索证明之禁止与界线等。虽论者有基于事案解明义务及立法目的论或体系解释承认当事人之阅视权者。唯本书认为,在相对人同意之为证据保全程序者,固应尊重当事人之意思决定。如相对人同意声请人阅视文书,自无问题。但若系在证据有灭失或碍难使用之虞之紧急型证据保全,其主要目的乃为保全将可能灭失之证据,自其目的解释论上,难推得声请人有阅视权。但就确定事、物状态之证据保全程序,因其有扩大事证开示之意义,为符合其立法意旨,在已排除声请人仅为摸索证明之前提下,似不应一概否认声请人得声请阅视被保全之文书。亦即,若依实体法或诚信原则,例如医疗关系之病历及律师、建筑师与委托人间之档案资料等,得认声请人有阅视权者,应认声请当事人亦得利用证据保全程序进行阅视,以实现证据保全之扩大诉讼外解决纷争之功能。但若当事人无实体法上请求权,而本案诉讼已

---

① Thomas-Putzo, ZPO, 19. Aufl., 1995, § 494a Rdnr. 5. 就驳回声请部分之相同见解,参阅吴明轩:《中国民事诉讼法》(中册),台湾三民书局2000年第5版,第969页。

② 但若无本案诉讼系属时,是否有实体法之赔偿请求权,则有争议。Vgl. Schellhammer, Zivilprozess, 6. Aufl., 1994, Rdnr. 1819;吴明轩:《中国民事诉讼法》(中册),台湾三民书局2000年第5版,第968页;姚瑞光:《民事诉讼法论》,1999年自版,第456页。

③ OLG Nürnberg MDR 82, 941.

④ 相关争议见解,参阅沈冠伶:《证据保全制度——从扩大制度机能之观点谈起》,载《月旦法学杂志》2001年第76期。

系属者,如声请人能释明有"民事诉讼法"第三百四十四条第一项诸款情形者,亦得承认声请人有阅视权。但应注意同法条第二项关于相对人隐私、营业秘密权之保护,以平衡当事人权益及避免制度滥用。

二、效果

(一)期间内起诉

保全证据程序终结后逾三十日本案尚未系属者,保全证据之法院,得依利害关系人之声请,以裁定解除因保全证据所为文书对象之留置,将之发还所有人、持有人或为其他处置("民事诉讼法"第三百七十六条之二第一项规定参照)。就裁定内容法院得视案情为裁量。其考虑重点乃诉讼之可能性,证据之性质与留置物之权利归属及两造、利害关系人于该对象留置状态之利益等,例如诉讼卷宗内关于勘验或鉴定之结果,部分涉及利害关系人之隐私或业务秘密者,该利害关系人得声请法院禁止阅览等。自此规定,可见台湾地区于证据保全程序与德国《民事诉讼法》第四百九十四条 a 规定法院得命于一定期间内起诉之制度不同,亦即并不采如假扣押、假处分之命起诉制度。其制定理由,虽系为求免与避免诉讼之立法目的相矛盾,但若涉及当事人重要营业秘密或有职业上经常性利用价值之文件之留置,仍应尽量力求两造利益平衡。而于证据保全程序中,亦宜就"民事诉讼法"第三百七十六条之二规定之要件与效果为适当之阐明,令两造适时行使权利,以避免争议久悬。另困难者系,若利害关系人声请裁定解除对象之留置时,法院固仍应保障两造之合法听审权,则声请人若于利害关系人提出声请解除后,而于法院裁定前为起诉者,虽其本案起诉仍属合法,但应认其不能补正"民事诉讼法"第三百七十六条之二第一项已逾三十日之瑕疵,法院仍得为解除留置或为其他适当处置。

(二)证据之利用

法院依保全证据程序调查证据之结果,与诉讼上调查证据有同一效力,此乃意谓法院于利用证据保全程序所为证据调查之结果时,非将之引为文书证据,而系如同其自己为证人讯问、勘验或请鉴定人鉴定一般。① 审判长就保全证据程序调查之结果,应晓谕当事人进行辩论,始能将该证据调查结果纳入判决基础。德国《民事诉讼法》第四百九十三条第二项规定,若于证据保全程序期日,他造当事人未到场者,仅于其已经适时传唤者,乃得利用该证据调查结果。据此,若相对人于诉讼中为异议者,法院即不得利用该证据调查结果。就此规定,应认乃程序保障之当然法理推论。于台湾地区,亦当作相同解释。唯若证据调查程序与本案程序之当事人不同者,除本案诉讼当事人曾于证据保全程序中获得程序参与机会,否则,应亦无直接利用该证据调查结果之可能。另若证据保全声请不合"民事诉讼法"第三百六十八条、第三百七十条之合法性要件,唯如其证据调查本身并无瑕疵者,则该证据调查结果亦得被利用。②

(三)证人讯问之效力

另应注意者系,"民事诉讼法"第三百七十五条之一增订:当事人就已于保全程序讯问之证人,于言词辩论程序声请再为讯问时,法院应为讯问。但法院认为不必要者,不在此限。就此规定,学者有认为依"民事诉讼法"第二百九十七条、第二百八十六条规定为当然之理,并认为修法粗糙者。③ 本书则认为,此一规定以贯彻直接审理主义及保障当事人对证人之发问权为由,将证据保全程序中已调查证据容许再为调查,且将之规定为"原则",④其立法妥适性非无质疑之空间。亦即,若此理由正当,则类似嘱托讯问之规定,是否亦应经再次传讯,始能令其使用该证据结果具正当化之基础。足见其论理尚有未洽。本书认为,此一规定应为较严格解释,始能符合证据保全之

---

① Musielak/Huber, ZPO, § 493 Rdnr. 2. 若系外国法院所为证据保全程序,于台湾地区得以文书证据视之,MünchKommZPO-Schreiber, § 493 Rdnr. 2. 但若系当事人于法院外自行委托鉴定以保全证据者,其价值性较低,Wussow, Haftung und Versicherung bei der Bauausführung, 1971, S. 282. 另关于仲裁鉴定人协议与证据保全程序之共存性与效力,vgl. Bernuth, Schiedsgutachterabreden und die Durchführung selbständiger Beweisverfahren, ZIP 1998, 2081ff.

② Wussow, Probleme der gerichtlichen Beweissicherung in Baumängelsachen, NJW 1969, 1401, 1403. 另若证据调查结果(例如证人讯问),已因德国《民事诉讼法》第四百九十三条第二项被拒绝,是否得将之以文书证据提出调查,可能有疑义,采肯定说者,Musielak/Huber, ZPO, § 493 Rdnr. 3.

③ 姚瑞光:《民事诉讼法论》,1999年自版,第455、456页。

④ 在德国,若欲再次讯问证人,须依其《民事诉讼法》第三百九十八条规定,而该法条系任意之规定,乃法院依裁量得为之。此与台湾地区规定为"应"者,有所不同。德国部分,vgl. Thomas-Putzo, ZPO, 19. Aufl., 1995, § 493 Rdnr. 1.

目的,而避免诉讼成本增加。亦即,在解释上,应认为除非该证据保全程序有当事人不明而未选任特别代理人情形,未经合法通知(即未为程序保障)而相对人就此及证据结果之可利用性不异议,但认为有反对证明需要而声请再次传讯者,或有其他非可归责原证据保全声请人之事由,而于证据保全程序中漏未为重大争点之厘清者,或因事后其他证据方法而生有对质之必要者等类似情形(正当理由①),乃准许再次传讯。否则证据保全之功能易遭架空,于证人之负担亦增加,在诉讼成本考虑上似属不甚经济。

第五节 "民事诉讼法"第三百七十六条之一之特殊意义

一、"立法"目的

台湾地区"民事诉讼法"第三百七十六条之一规定保全证据程序中之协议,亦即:"本案尚未系属者,于保全证据程序期日到场之两造,就诉讼标的、事实、证据或其他事项成立协议时,法院应将其协议记明笔录。(第一项)前项协议系就诉讼标的成立者,法院并应将协议之法律关系及争议情形记明笔录。依其协议之内容当事人应为一定之给付者,得为执行名义。(第二项)协议成立者,应于十日内以笔录正本送达于当事人。(第三项)第二百一十二条至第二百一十九条之规定,于前项笔录准用之。(第四项)。"其中第一项之"司法院"提案理由为:据此当事人间之纷争可能因此而获得解决或避免扩大,及因达成协议,得使法院审理本案时减少争点,而节省法院及当事人进行诉讼所需之劳力、时间或费用,达到诉讼经济之目的。足见此条规定,主要系为扩大证据保全程序解决纷争机能,以减轻讼源而设。②

---

① 学者有认为须具有足够理由乃得重复讯问,vgl. Spilok, a. a. O., S. 102.

② 学者并认为,两造当事人利用此项新制,一方面可成立广义之证据契约(含仲裁鉴定契约),借以限缩事实上或证据上之争点,帮助预防提起诉讼或避免争点扩散,而平衡追求程序利益;另一方面可就其纷争之解决,自主选择究竟循诉讼外纷争处理程序(含诉讼外和解、仲裁程序、调解程序等)以优先追求程序利益,或循诉讼程序以优先追求实体利益。于此,立法者系基于程序选择权之法理,明文赋予当事人较诸向来更多选择程序之机会,更为其伸展其程序主体地位。邱联恭:《程序选择论》,台湾三民书局2000年版,第69页。

二、要件解释

就保全证据之协议,其内容应注意下列数端:其一,"民事诉讼法"第三百七十六条之一虽规定所谓"本案尚未系属者",则是否于诉讼系属中所另为之证据保全程序,即不被容许为相关之协议,可能滋生疑义。本书认为,立法目的既为扩大证据保全程序机能,在尊重当事人程序选择权利下,似无排除于诉讼系属类型之证据保全中之协议。其二,法条虽规定所谓"于保全证据程序期日到场之两造"等语,但本书认为,在此所谓证据保全期日,应包括证据调查期日及证据裁定之程序,且法院若发现两造有协议之可能者,应认为亦得主动传讯到院进行协商(德国《民事诉讼法》第四百九十二条第三项规定参照)。其三,所谓就诉讼标的、事实、证据或其他事项成立协议之意义应区别探求,亦即,就诉讼标的之协议而言,应系指诉讼标的之"和解"(或"调解")。① 其类型且不限于命给付者,即确认性者应亦属之。而就事实与证据协议而言,主要系指证据契约,包括自认契约、事实推定契约、证据方法契约、举证责任契约及仲裁鉴定契约等。② 至于所谓其他事项之协议可包括不起诉协议、法官选任协议(在立法明文承认前提下)、仲裁先行协议、争点协议③等。至于前述相关协议,似应认为于适用处分权主义、辩论主义之程序范围外者,其准许应较为有限。亦即,若诉讼标的乃非当事人所得任意处分者,例如涉及公益之亲子血缘事件,则似不宜完全承认前述协议之合法性(但得依其类型有限度承认如不涉标的处分之争点协议或选任法官协议等)。

---

① 学者有认为就诉讼标的成立协议,包括下列两种情形,一为就诉讼标的之法律关系成立协议,相当于起诉前成立调解,两造间之权利义务关系,悉依协议成立之内容而定;二为就诉讼标的范围之争点成立协议,即依当事人之声明及事实上之陈述得主张数项法律关系者,两造得以协议整理及简化争点。吴明轩:《中国民事诉讼法》(中册),台湾三民书局2000年第5版,第965页。另应注意本书在此所称证据保全程序中协议("和解""调解"),并非指其等同于诉讼上和解或调解,而仅系强调彼等存有"类似性"而已。

② 关于证据契约内容与界限,参阅姜世明:《证据契约之研究》,载《军法专刊》47卷第8期;沈冠伶:《仲裁鉴定制度之研究——民诉法研究会第七十七次研讨记录》,载《法学丛刊》第183期。

③ 学者有特别强调,证据保全上争点简化协议,对于促成当事人间厘清、掌握或简化争点,亦属必要而有益。其亦可称为准争点简化协议程序。因为,经由此种在证据保全程序上所达成之协议,当事人亦可能成立广义之证据限制契约,借此当事人可限缩事实上、证据上争点,而有助于预防诉讼提起、纷争扩大,或于日后起诉时发挥准备辩论,促进审理集中化等机能。邱联恭:《争点整理方法论》,台湾三民书局2001年版,第93、94页。

三、具执行力之协议

协议系就诉讼标的成立者,法院应将协议之法律关系及争议情形记明笔录。笔录之记载方式,应以得特定协议范围,尤其指诉讼标的范围为准则。而若依其协议之内容,当事人应为一定之给付者,得为执行名义。学者有认为,就诉讼标的所成立之协议,不仅具有民法上和解之效力,亦同时具有诉讼法上效力,在性质上类似于在公证人面前所表明愿意受强制执行之承诺,并不具实质确定力,尚与诉讼上和解具有相当于判决之效力有别,并认为因证据保全程序于当事人程序保障不足,且当事人可能未有周全考虑,因此有必要在效力上与判决之既判力有所区别。①

本书则认为,在理论上若考虑在证据保全程序之协议,系在两造均到场情形下作成,而法院又参与协议之作成,且程序相关主体又有防免诉讼之共识,则有何理由必使在此所成立之协议之效力仅止于执行力层面,诚属费解。因在程序上,既可透过法院以公正角色为适当介入而获保障,并减少造成突袭之可能性,实应扩大此一协议之效力,使能防免诉讼纷争再起或扩大。

虽于德国法上有和解效力与判决之形式或实质效力不相容之见解,②其理解固与台湾地区法诉讼上和解效力规定不同。唯因台湾地区"民事诉讼法"第三百八十条第一项、第四百一十六条规定诉讼上和解或起诉前调解与确定判决有同一效力,况且依"乡镇市调解条例"第二十四条第二项于经乡镇市调解委员作成民事调解而经法院核定者与民事确定判决有同一效力,则于证据保全程序中,法院既已介入,则在效力上又何能有逊于乡镇市调解而致轻重失衡。据此,本书以为在证据保全程序中,证据保全程序固有可能发生在诉讼系属后或起诉前,则若将起诉后于保全程序所成立之协议,

---

① 沈冠伶:《证据保全制度——从扩大制度机能之观点谈起》,载《月旦法学杂志》2001年第76期。

② 德国法上认为诉讼上和解系契约而非判决,Schellhammer, Zivilprozess, 6. Aufl., 1994, Rdnr. 693m. w. N. 而德国《民事诉讼法》第四百九十二条第三项所规定之法院于证据保全程序中传唤当事人言词讨论,促成和解,其和解笔录得为同法第七百九十四条第一项第一款之执行名义,而此款且乃该证据保全程序中之和解笔录,而与其他在诉讼上和解同列。

解释为有类似于诉讼上和解效力;①而在起诉前者,具有如起诉前之法院调解效力,似应更符合扩大证据保全之预防与解决纷争之机能需求,并能减少因扩大推翻仅具执行力协议可能性所造成之法不安定性。

至若协议有无效或得撤销之原因者,应认为得类推"民事诉讼法"第三百八十条第二项或第四百一十六条第二项规定以资救济。

第六节　结论

基于上述介绍,可知台湾地区经新近民事诉讼法修正结果,证据保全程序之机能已经不再局限于为将来诉讼预先保全证据之功能,而扩及防免诉讼发生、确认事实、提供诉讼外解决纷争管道及促进诉讼与审理集中化等功能。就证据保全制度之理解与解释,即须以充分意识此一制度功能转变意义为前提。且唯有基于此,乃能成就合目的性之实务操作。

台湾地区新增订证据保全规定中,"民事诉讼法"第三百六十八条第一项后段(即第三选项)类型之证据保全程序与德国《民事诉讼法》第四百八十五条第二项规定乃同属所谓争议调停之证据程序(Das streitschlichtende Beweisverfahren)。② 其乃重于先行确定事实,亦即,其乃为过滤若干于法律问题无争议,但于事实有争执者,而期经由此一程序,能不致令该等事件一概进入诉讼程序,而造成资源浪费。因其某程度上,较紧急型之证据保全程序,在要件要求上强度较低,可预期此一类型之证据保全事件,将于实务发挥重大影响。

此外,新修正民事诉讼法于证据保全程序关于声请、程序保障、当事人之证人再讯问权、保全证据程序之协议、保全证据程序终结本案尚未系属之处置等问题,亦多加着墨。本书就此等新制,一则期待其"立法"目的能获实现,二则亦提出若干不同见解,希能于相关制度之发展,提供些微帮助。

---

① 如协议诉讼标的与已系属本案诉讼标的相同者,是否得认为于成立协议时,亦发生终结诉讼之效力,抑或须另为撤回本诉讼之诉讼行为,可能有疑义。尤其是否得类推"乡镇市调解条例"第二十五条规定之法理,认为协议成立时,视为于协议成立时撤回起诉,亦为值予讨论之课题。本书初步认为,若法院经当事人同意,将证据保全程序同时兼为本案审理程序,而作成和解笔录,固得发生终结诉讼效力。除此外其他情形,则仍有争议余地。

② Vgl. Musielak/Huber, ZPO, § 485 Rdnr. 2.

第三章　当事人讯问制度

第一节　前言

台湾地区于二〇〇〇年二月十一日公布生效之民事诉讼法修正条文中,增订"民事诉讼法"第三百六十七条之一、第三百六十七条之二、第三百六十七条之三关于当事人讯问之制度。就此新制,其相关学理已由学者邱联恭于一九八九年九月十日民诉法研究会第三十四次研讨会中详加分析介绍,学者于此一制度之建立贡献厥伟,应值肯定。

当事人讯问制度在台湾地区属于新近立法,就相关制度之理论与实践(例如当事人讯问性质、讯问要件、程序如何进行、补充原则采否及效力等问题[①])均有再探索之空间。尤其,部分学者于台湾地区新近修法多所质疑,就其疑虑之合理性何在,均值探讨。

当事人讯问制度之困难,在于当事人本身并非中立第三人,其陈述难免遭受疑虑[②];但于制度设计上,又不能舍弃当事人对事实之认识或否认其重要性。另在诉讼法理上,法院依职权为当事人讯问制度,其与辩论主义及当事人提出主义是否有冲突,其协调之基准何在,均为制度设计本身应克服之问题。本书拟借德国法制之发展与反省之经验,提供部分相关制度之发展面向,用供解读台湾地区当事人讯问制度之数据或为立法论上参考。

---

① 关于当事人听取制度于本书不拟详论,期他日专文论述。目前台湾地区文献可参阅,邱联恭:《当事人本人供述之功能》,载《民事诉讼法之研讨》(三),1990年版,第616页。

② Schilken, Zivilprozessrecht, 3. Aufl., 2000, Rdnr. 549.

第二节 德国法

一、立法

德国关于当事人讯问制度主要规定于其《民事诉讼法》(编者注:如无特别说明,本节所称《民事诉讼法》均指德国《民事诉讼法》)第四百四十五条至第四百五十五条。就当事人讯问制度之相关效果而言,应注意《民事诉讼法》第四百四十六条、第四百五十三条、第四百五十四条。

《民事诉讼法》第四百四十六条乃规定:相对人拒绝受讯问或经法院要求而未为陈述,法院应审酌所有情事,特别系拒绝之理由,依自由心证决定是否被主张之事实得被认为已获证明。《民事诉讼法》第四百五十三条则规定:法院对当事人之供述依民事诉讼法第二百八十六条自由认定之。当事人拒绝供述或宣誓者,准用第四百四十六条。另《民事诉讼法》第四百五十四条规定:当事人未于其被指定应受讯问或宣誓期日到场者,法院审酌所有情形,尤其系可能由当事人所提出未出席之理由,依自由裁量认定是否供述已被拒绝。若当事人应受讯问或宣誓期日系被指定于诉讼法院前,则于其不到场时,如法院不认为另定一新讯问期日为必要时,可为实体审理。

二、性质、意义与种类

(一)性质

当事人讯问于德国法上之性质,可讨论者有二:其一为当事人讯问制度之证据方法(Beweismittel)性质,其二为当事人讯问与自认之关系。

就当事人讯问之证据方法性质而言,德国民事诉讼法将当事人讯问制度与勘验、人证、鉴定、文书证据等制度列序规定于证据调查通则以下。[①] 其名称且为"经由当事人讯问之证明"(Beweis durch Parteivernehmung),而与其他证据方法规定同式,足见当事人讯问制度系被认为属于证据方法之一。而自同法第四百四十五条、第四百四十八条、第四百五十条及第四百

[①] 证据通则规定于德国《民事诉讼法》第二编第一章第五节,勘验、人证、鉴定、文书、当事人讯问分别规定于其次之第六节至第十节中。

五十一条规定①之文义,亦得推得相同结论。自当事人讯问被纳入德国民事诉讼法前之旧制,即当事人宣誓(Parteieid)制度,亦被认为系证据方法而论,适足证当事人讯问之性质应为证据方法。② 又当事人讯问既为证据方法之一种,其本身即属于证据调查,并用以使法院获取证据资料。当事人在此即被认为系证明客体(Beweisobjekt),而其所提供者则为表征事实(Indizien)。③

  兹有疑义者为当事人之供述除为证据资料外,是否亦有当事人之处分行为性质,例如是否当事人讯问程序中之当事人供述,于一定情形下具有自认或为当事人主张之性质或效力?因若认为当事人对自己不利之供述有自认之效力,则无异认为其已不属《民事诉讼法》第四百五十三条第一项之适用范围,若如此,则该法条之适用范围似即仅存在于受讯问当事人有利之陈述。就此争议,联邦最高法院曾认为当事人系诉讼之主体,其不利供述具有自认之效力。④ 但通说及帝国法院见解(RG JW 1936, 1778)认为民事诉讼法关于自认规定于当事人讯问时应不适用。因当事人讯问程序系为取得证据数据,当事人之供述应系为证明事实而存在,而非对于相对人陈述之自

---

  ① 《民事诉讼法》第四百四十五条规定:"当事人于其所应负义务之证明,未能以其他证据方法完整提出,或未提出其他证据方法者,得声请就待证事实讯问相对人,据以举证。(第一项)若法院认为反对事实已获证明者,不在此限。(第二项)"
《民事诉讼法》第四百四十八条:"于审理及可能已进行证据调查之结果不足以令法院就待证事实之真伪形成确信者,法院亦得于无当事人声请,及不论举证责任何在,而命就该事实为一造或双方当事人之讯问。"
《民事诉讼法》第四百五十条:"当事人讯问应以证据裁定命令之。当事人于前开裁定宣示时未亲自在场者,应由法院依职权以证据裁定通知传唤接受讯问。前述传唤,应通知当事人本人,即其已委任代理人者,亦同。此一传唤无须送达。(第一项)若前述裁定公布后,已就待证事实提出新证据方法者,前述裁定之执行得予停止。如于该新证据方法提出后,法院于该证明问题认已厘清者,则无须为当事人讯问。(第二项)"
《民事诉讼法》第四百五十一条:"第三百七十五条、第三百七十六条、第三百九十五条第一项、第二项第一句、第三百九十六条、第三百九十七条、第三百九十八条于当事人讯问时,准用之。"
  ② Polyzogopoulos, Parteianhörung und Parteivernehmung in ihrem gegenseitigen Verhältnis, 1976, S. 74. 但应注意当事人宣誓制度本质可能仍有争议余地。
  ③ Vgl. Polyzogopoulos, a. a. O., S. 75 m. w. N.
  ④ BGHZ 8, 235 (238).

认,并认为法院于当事人为对其不利陈述仍应依自由心证认定之。①

(二)意义

在此所谓之当事人,系指形式意义之当事人,而与实质或实体法之当事人无关。亦即民事诉讼法之当事人,系指以自己名义为积极或消极向国家请求权利保护者,依其程序态样可能被称为原告与被告,声请人与相对人,债权人与债务人等,且其应系诉讼上被代理者而非指代理人。

当事人讯问中,足以被充当讯问对象者,包括各有诉讼能力之原告、被告。于系争事件由监护人为代理人者,应注意《民事诉讼法》第四百五十五条第二项规定。② 无诉讼能力人则仅于《民事诉讼法》第四百五十五条第二项第一句情形可被讯问。无诉讼能力当事人之法定代理人,若其被代理对象非属《民事诉讼法》第四百五十五条第二项第一句情形者,亦得为当事人讯问之对象,另必要共同诉讼人与无限公司之有代理权股东等亦系当事人之定义范围内者。

所谓当事人讯问,乃指当事人在法院前就某特定事项为口头陈述(同时接受讯问),但此定义无从区别当事人讯问制度(《民事诉讼法》第四百四十五条至第四百五十五条)及当事人听取(《民事诉讼法》第一百四十一条)。③ 因此,唯有强调于当事人讯问程序中当事人地位有类似于证人角色之情况下,较易与于当事人听取制度中当事人有完全诉讼主体地位之情形相区别。④

---

① Wittschier, Die Parteivernehmung in der zivilprozessualen Praxis, 1989. Rdnr. 86 m. w. N; Musielak/Huber, ZPO, Kommentar. 1999, § 445 Rdnr. 3. Vgl. auch Polyzogopoulos, a. a. O., S. 78 f. 但 Wittschier 认为此一争议于实务上实益有限。因若于当事人讯问中,当事人为对自己不利陈述,则结果上认定与自认之结果应多趋于相同,因即使不认为其有自认效果,但在证据价值上亦会被高度评价。

② 《民事诉讼法》第四百五十五条:"当事人无诉讼能力者,于保留第二项规定情况下,应讯问其法定代理人。若存在多数法定代理人者,准用第四百四十九条。(第一项)已满十六岁之未成年人,得就关于存在于其个人行为之事实或为其所掌管之物品予以讯问。若法院依事件情状认为适当者,亦得依第四百五十二条宣誓。此亦适用于在此一诉讼中有托管人或监护人为代理之有诉讼能力人。(第二项)"

③ 《民事诉讼法》第一百四十一条规定,如为厘清事实必要,法院应命两造当事人亲自到场,但若当事人因所在偏远或有其他重要事由不能期待到庭者,则不在此限。(第一项)命令到场者,法院应依职权传唤当事人,此一传唤应通知当事人本人,即其已委任代理人者,亦同。但此一传唤无须送达。(第二项)当事人未到场者,得科以如证人未到场之罚金。(第三项第一句,其余略)

④ Vgl. Wittschier, a. a. O., Rdnr. 13.

理论上,当事人讯问与当事人听取间应有所区别,亦即当事人讯问系为证明争议事实之方法;而当事人听取,则系为事实之厘清(说明),其乃系为排除当事人陈述之漏洞、不明或矛盾。当事人听取并无使法院对一造当事人主张形成确信之目的,且亦无宣誓之问题。① 虽实务见解基本上亦认为当事人讯问与当事人听取有所区别,但因有若干联邦最高法院见解认为举证义务人未经《民事诉讼法》第四百四十八条规定接受当事人讯问之陈述,亦属《民事诉讼法》第二百八十六条自由心证审酌之列,致使前述两者间界限之区辨成为难题。②

就当事人讯问与当事人听取之区别,其可得言之者如下:③其一,当事人讯问系为提供待证事实或主张之证据;但当事人听取系为诉讼状态之确定。其二,当事人听取得于任何时间点进行,且经常系在证据调查之前;但当事人讯问,则在其他证据方法调查完之后才进行。其三,当事人讯问须经由制式证据裁定命令之,且限于《民事诉讼法》第三百五十九条第一款之特定证据主题;当事人听取(当事人到场)之命令,则仅由法院于言词辩论时为单纯之裁定(《民事诉讼法》第三百二十九条第一项),于言词辩论外,则以审判长之处分(《民事诉讼法》第二百七十三条第二项第三款、第三百二十九条第二项)命令之,其且无特定证据主题。其四,于当事人听取情形,当事人有到场义务,但无答辩义务;于当事人讯问情形,当事人无到场义务,亦无答辩义务。其五,于当事人听取情形,当事人可委任代理人(《民事诉讼法》第一百四十一条第三项第二句);于当事人讯问情形,则不可委任代理人为之。其六,于当事人讯问情形有当事人宣誓之问题;但于当事人听取,则无之。其七,当事人讯问程序有联邦律师费用法之证据费用问题(《联邦律师费用法》第三十一条第一项第三款);但一般而言当事人听取不存在此问题。

(三)种类

依《民事诉讼法》第四百四十五条、第四百四十七条规定④可知,当事人讯问基本上可区分为依当事人声请之当事人讯问及法院依职权所为之当事人讯问。其中,前者又可分为对举证义务人之相对人之讯问及对举证义

---

① Rosenberg/Schwab/Gottwald, Zivilprozessrecht, 15 Aufl., 1993, S.727.
② Z. B. BGH VersR 1965, 781 (783).
③ Wittschier, a. a. O., Rdnr. 16 ff.
④ 关于《民事诉讼法》第四百四十五条及第四百四十七条间关系,vgl. Born, Antrag auf Vernehmung des Beweisgegners, zugleich Einwilligung auf Vernehmung der beweispflichtigen Partei? JZ 1981, 775 ff.

人之讯问二者。应注意者系，法院依职权讯问所为当事人讯问之制度，于学说上及实务上均有被强调之趋势，其理由则系诉讼观念上之改变，亦即法院诉讼指挥之加强与辩论主义之相对化。①

另外，应注意《民事诉讼法》第二百八十七条第一项第三句之损害赔偿估计讯问，《民事诉讼法》第四百二十六条、第四百四十一条第三项第二句之提出讯问及第六百一十三条之关于婚姻事件之讯问。就此，均将于本编次节加以论述。

三、要件与程序

（一）依声请而为之相对人讯问（《民事诉讼法》第四百四十五条）

对举证义务人之相对人讯问乃规定在《民事诉讼法》第四百四十五条。首先，就其讯问标的而言，法律明文规定须系以事实为对象。因此，关于法律问题、经验法则等均非为当事人讯问对象。② 至于所谓之"事实"，并不限于系当事人之自己行为或所感受者，即使系消极事实、他人行为，甚至主观性问题，例如意图、善意、恶意等认识均得为讯问之标的。③ 另应注意者系，关于反对事实之证明（反证），亦即对举证义务人之主要事实证明（本证）之反驳，则非属当事人讯问之对象（但应注意对法律推定事实之相反事实证明系本证之主要事实，而非反证）。④

其次，须系基于举证义务人之声请。所谓举证义务人亦包括为推翻法律推定事实者，若法院基于声请乃误对举证义务人而为讯问者，则此一讯问结果并不能被利用，⑤即使已经具结者亦同。若举证义务人因上述程序瑕疵而遭受不利判决者，且得为其上诉第三审之理由。但应注意依《民事诉讼法》第四百四十七条规定得因合意而讯问举证义务人，因此上述程序瑕疵应

---

① Polyzogopoulos, a. a. O., S. 59 m. w. N.
② Gehrlein, Warum kaum Parteibeweis im Zivilprozess, ZZP 1997, 455; MünchKommZPO-Schreiber, § 445 Rdnr. 5; Baumbach/Hartmann, 59. Aufl., Zivilprozessordnung, § 445 Rdnr. 5.
③ Stein/Jonas/Leipold, ZPO, 20. Aufl., § 445 Rdnr. 2. 即假设性或主观事实均得为讯问对象，关于法律事实，例如租赁、买卖等，须使问题去除法律成分而还原为事实核心，始为讯问对象。Vgl. MünchKommZPO-Schreiber, § 445 Rdnr. 5.
④ Wittschier, a. a. O., Rdnr. 78; Rosenberg/Schwab/Gottwald, Zivilprozessrecht, 15. Aufl., 1993, S. 728; Musielak/Huber, a. a. O., § 445 Rdnr. 9.
⑤ MünchKommZPO-Schreiber, § 445 Rdnr. 8; Born, a. a. O., JZ 1981, 779. 不同见解，Rosenberg/Schwab/Gottwald, a. a. O., S. 731.

解释为得因当事人未异议而治愈。①

末就深具争议性之所谓补充性原则（Der Grundsatz der Subsidiarität）而言，德国民事诉讼法之当事人讯问制度，其前提要件为证据尚未完全提出及未再有其他证据方法得以利用，亦即，唯有在举证义务人所提证据未足以令法院就待证事实形成确信，而举证人未能提出其他证据方法者，方有当事人讯问制度之适用。因此，当事人讯问制度仅为一补充性之证据方法。若当事人除当事人讯问之声请外，另提其他证据方法，则应于其他证据方法调查后，再重复为当事人讯问之声请。反之，若于当事人讯问后为其他证据方法之提出，则非法所不许。②

但所谓当事人讯问制度之补充性原则，并不意谓若当事人于提出当事人讯问声请而法院就之为裁定后，若当事人于该待证事实另有证据方法提出，该当事人讯问即被认为可当然置诸不问；而是委由法院自由裁量是否停止该当事人讯问之实施(《民事诉讼法》第四百五十条第二项第一句)。若法院因此停止当事人讯问，而于其他证据方法为调查后，认为待证事实已获厘清者，则应废弃该当事人讯问之证据裁定(《民事诉讼法》第四百五十条第二项第二句)。

应注意者系，法院违反补充性原则并无救济途径，亦即无论系其准许穷尽其他证据方法前而先为当事人讯问，或系允许为反证而进行当事人讯问，均无救济方法。③

当事人讯问制度之补充性原则为德国法制特色，但受颇多批评。学者有认为：首先，补充性原则之确立，其历史性因素无非系源于所谓当事人宣誓之证明力，但此一具拘束性之证明力已不存在，而依自由心证主义已足以提供对当事人供述所可能存在之不可信度之防护，似无强调补充性原则之必要。其次，依补充性原则进行证据调查，容易造成当事人附和已调查证据之结果而为供述④，于发现真实目的可能有所妨碍；反之，若在为其他证据调查之前即为当事人讯问，则当事人须认知其供述尚须受其他证据方法之

---

① Stein/Jonas/Leipold, ZPO, 20. Aufl., § 445 Rdnr. 8; Baumbach/Hartmann, a. a. O., § 445 Rdnr. 5; Gehrlein, Warum kaum Parteibeweis im Zivilprozess, ZZP 1997, 456.

② Rosenberg/Schwab/Gottwald, Zivilprozessrecht, 15. Aufl., 1993, S. 729. 但若法院于当事人讯问后，无正当理由无视于其他证据方法之提出，则可能成为上诉第三审之事由，其中法院应注意是否有失权制度之运用可能, Gehrlein, a. a. O., ZZP 1997, 455.

③ Rosenberg/Schwab/Gottwald, a. a. O., 1993, S. 729.

④ Vgl. Münks, Vom Parteieid zur Parteivernehmung in der Geschichte des Zivilprozesses, 1992, 198 m. w. N.

监控与检验,有助于促其据实陈述。再次,坚持补充性原则可能造成诉讼延滞,尤其若法院认为经由当事人讯问即可获得确信时,却受限于补充性原则而须进行其他证据方法调查,有违诉讼经济。最后,虽补充性原则基本上系因立法者不相信当事人供述之可信度,但其与自由心证主义基本上存有冲突,因其显已限制法官之自由心证之运用。①

(二)协议(合意)之当事人讯问

《民事诉讼法》第四百四十七条②规定经当事人合意之当事人讯问,据此,若于一造当事人声请,而他造当事人同意者,法院得就待证事实讯问举证义务人。此一当事人讯问类型仍有《民事诉讼法》第四百四十五条要件之适用。至于声请及同意之内容形式则无限制,可由举证义务人声请而他造同意,或非举证义务人声请而举证义务人同意,或两造同意共同声请,均无不可。唯若无明示之同意,则不可认为有合意存在,亦即不能以沉默认为系同意。③

前述所谓之"同意"系诉讼行为,因此有律师强制原则之适用。而声请与同意于讯问后不得撤回。应注意者系,此一类型当事人讯问于诉讼上少见。因相对人不会于举证状况有利时同意对造为此一声请,而不利于己。④又虽依规定法院得裁量是否因当事人声请而为此当事人讯问,但一般法院不会拒绝,如法院拒绝经两造同意之当事人讯问声请,系因法院受不正确法律见解导引其裁量界限之确定,则可为上诉第三审理由。⑤

(三)依职权所为当事人讯问

迄 1933 年 12 月 31 日止,法院依旧《民事诉讼法》第四百七十五条条文规定于法院依审理结果及可能之证据调查不足对待证事实之真伪形成确信时,得令一造或他造当事人关于待证事实宣誓。而依旧法第四百六十三条第一项条文,法院将受此当事人誓言拘束。即此一宣誓足以形成待证事实之完全证明。但 1934 年 1 月 1 日生效之民事诉讼法,乃以奥国民事诉讼法当事人讯问为模板,取代原有之宣誓规定。而原《民事诉讼法》第四百七十

---

① Polyzogopoulos,a.a.O.,S.64ff. 台湾地区相关文献,参阅邱联恭:《当事人本人供述之功能》,载《民事诉讼法之研讨》(三),1990 年,第 649、650 页。

② 《民事诉讼法》第四百四十七条:法院于当事人一造声请,而他造同意时,亦得就待证事实讯问应负举证责任之当事人。

③ Stein/Jonas/Leipold, ZPO, 20. Aufl., §447 Rdnr. 1; Baumbach/Hartmann, a. a. O., §447 Rdnr. 4.

④ Wittschier, a. a. O., Rdnr. 88.

⑤ Gehrlein, a. a. O., ZZP 1997, 460.

五条乃修正为如今之《民事诉讼法》第四百四十八条规定。

《民事诉讼法》第四百四十八条规定,法院于审理及可能已进行之证据调查结果认不足就待证事实之真伪形成确信者,法院亦得于无当事人声请及无论举证责任何在,而命就该事实为一造或双方之当事人讯问。学者有认为此一规定属于辩论主义之例外,因其具此一例外性质,在运用上应趋于保守。① 此一规定之要件值予探讨者主要有二,其一为是否补充性原则在此有其适用,其二为是否法院须于待证事实已存在某程度盖然性时,始有发动职权当事人讯问之必要。

首先就补充性原则而言,一般认为于职权当事人讯问亦有其适用。其理由为在文义上,《民事诉讼法》第四百四十八条即有"可能证据调查结果"一语及"亦"(auch)一词,且自1931年草案之理由及相关帝国法院于当事人宣誓性质之判决见解,亦可推得职权当事人讯问亦有补充原则之适用。②

其次,颇具争议者为是否须于对待证事实具一定之盖然性时,始有职权当事人讯问之适用。就此联邦最高法院认为于法院判断是否为职权当事人讯问仅须于待证事实基于现有审理或调查证据程序结果得有初步证明(Anfangsbeweis),其且较倾向于证明主张之正确性者即可(BGH NJW-RR 1991,983f.),亦即待证事实于法院须已得相当程度盖然性(ein gewisser Grad an Wahrscheinlichkeit)始可(BGH VersR 1958,601,602)。③ 若于当事人主张完全未有证明者,即难认得依职权为当事人讯问。④ 此于学说上,

---

① Baumbach/Hartmann, a. a. O., § 448 Rdnr. 1; Zöller/Stephan, Zivilprozessordnung, 16. Aufl., § 448 Rdnr1; MünchKommZPO-Schreiber, § 448 Rdnr. 1. Hartmann 认为依职权讯问系重要但危险之证据方法,应仅为补充证据用。

② Vgl. Polyzogopoulos, a. a. O., S. 62; Gehrlein, a. a. O., ZZP 1997,461. 若当事人不提出所可被期待提出之某证据方法,则无职权讯问空间, MünchKommZPO-Schreiber, § 448 Rdnr. 2. 反对见解, Jauermig, Zivilprozessrecht, 26. Aufl., 2000, S. 220. Oberhammer, Parteiaussage, Parteivernehmung und freie Beweiswürdigung am Ende des 20. Jahrhunderts, ZZP 113. Band, 2000, 316.

③ Vgl. auch BGH MDR 1965, 287; FamRZ 1967, 473; FamRZ 1968, 592; VersR 1969, 220; NJW 1970, 896, 897; NJW 1984, 721; VersR 1984, 665.

④ Musielak/Huber, a. a. O., § 448 Rdnr. 3. 此与帝国法院关于法院依职权命宣誓之规定之相关见解不同,帝国法院曾有认为即使完全未有证据调查或无审理结果,甚至结果乃提供反面证据,均足该当法官为宣誓之负担(RGZ 35, 105, 110f.), vgl. Wittschier, a. a. O., Rdnr. 103.

其看法亦大致相同。其中区别仅在于盖然性之程度高低而已。① 其中有认为须达到虽未完全排除怀疑但属有根据假定、有认为相当于较低之盖然性。应注意者系,法院于评估是否待证事实已达到相当盖然性,此一相当程度盖然性或足够盖然性须于讯问时点时存在,不能自讯问结果嗣后溯及推论。

法院判断是否具备相当程度盖然性应考虑之因素包括:证据调查结果、当事人之行为、当事人听取之评价、经验法则,甚至相关刑事判决认定、于其他诉讼程序所提文书陈述等。如二证人为不同陈述时,则于为原告利益所为当事人讯问仅于法院相信于原告请求为有利陈述证人证词时始得为之。

若前述要件已经该当,则依《民事诉讼法》第四百四十八条规定,法院得裁量是否依职权为当事人讯问。此一裁量之行使应以其是否得使尚存之疑虑被排除。如已实施职权当事人讯问,则前开裁量理由亦应于判决中加以交代。又法院亦得无视于举证责任而依裁量决定讯问何一当事人,但法院于行使此一裁量时,仍应尽量选择拥有接近于自己知识者(证据较接近者)或于诉讼中行为被认为较具可信度者。② 另法院得依职权就同一待证事实对两造进行当事人讯问,但应注意《民事诉讼法》第四百五十二条第一项第二句规定于同一证据主题法院仅能命一造为宣誓。

上述法院裁量决定亦应受第三审法院审查。如事实审法院于《民事诉讼法》第四百四十八条规定之当事人讯问完全未予思虑及完全未行使其裁量权,则法院裁决即具有瑕疵。虽法院判决未交代其未依职权讯问当事人,不当然被认为裁量违法;但若举证人陷于证明困难并声请为当事人讯问,且其主张具正确之相当盖然性时,则法院应以得其后具被审查可能性方式交代为何不进行当事人讯问。③ 而若事实审法院于当事人主张所需具备之所谓相当盖然性为太过分要求者,亦得被认为系属违法。④

(四)其他类型之依职权当事人讯问

德国民事诉讼法除《民事诉讼法》第四百四十八条所规定之依职权为当事人讯问外,尚包括其他类型之依职权为当事人讯问,例如《民事诉讼法》第二百八十七条第一项第三句、第四百二十六条、第四百四十一条第三项第二句、第六百一十六条之规定等。

---

① 相关学说,vgl. Wittschier, a. a. O., Rdnr. 113 ff. m. w. N.有学者认为,若非举证人可归责行为造成证明困难者,则对其可于较低盖然性下进行当事人讯问,但仅须其待证事实之主张具合理性时当之。Zöller/Stephan, Zivilprozessordnung, § 448 Rdnr. 4.
② BGH VersR 1969,220. Gehrlein, a. a. O., ZZP 1997, 464 m. w. N.
③ BGH NJW 1990,1721 f.
④ BGH NJW-RR 1994,636.

《民事诉讼法》第二百八十七条第一项规定，若当事人于损害是否已发生及损害或应赔偿利益之额度有争执，就此法院于斟酌所有情事下，依自由心证决定之。是否及如何程度为证据调查或依职权指定鉴定人为鉴定，由法官裁量之。法院得就损害或利益讯问举证人。《民事诉讼法》第四百五十二条第一项第一句、第二项至第四项之规定准用之。据此，法院于损害赔偿额确定事件得就损害或利益讯问举证人，此即所谓评估讯问（Schätzungsvernehmung）。

《民事诉讼法》第四百二十六条规定，若相对人否认该文书为其执有者，应讯问相对人关于文书之所在，在讯问期日之传唤，应命其仔细调查文书之所在，其余准用第四百四十九条至第四百五十四条。若法院获得文书为相对人执有之确信时，则应命其为文书之提出。此乃为法院于文书提出与调查程序中关于文书所在之调查程序。在此，法院不能强制举证相对人受讯问，但其若拒绝，法院得依《民事诉讼法》第四百二十六条第三句、第四百四十六条、第四百五十三条第二项规定，斟酌所有情事判断待证事实是否为真。

《民事诉讼法》第四百四十一条第三项第二句系规定在该法条第一项所规定文书真正可以笔迹比对方式为证据调查情形，如相关笔迹系相对人所执有，则于举证人声请时应负有义务提出之。而第四百二十一条至第四百二十六条规定准用之。应注意者系，在此一程序中并无所谓补充性原则之适用，因在此当事人讯问为唯一合法证据方法。[1]

就婚姻事件而言，《民事诉讼法》第六百一十三条规定，法院应命配偶亲自到场及为听取并得为当事人讯问。如有共同未成年子女，亦就父母抚育听取之，及就存在之咨询机构与少年扶助权责单位服务可能性予以指示。若配偶一方不能亲自到庭或住所过远以致不能期待其到庭者，得经由受嘱托法官听取或讯问之。（第一项）对违反听取或讯问应到场之命令者，其处罚与证人于讯问期日未到场相同。但不得判处拘留。（第二项）此一条文所规定之当事人讯问与《民事诉讼法》第四百四十五条以下之当事人讯问制度并不完全相同，在此因婚姻事件具公益性，法院于实质之真实应不轻易妥协与放弃，而所谓补充性原则在此乃无适用余地。应注意者系，《民事诉讼法》第四百四十五条至第四百四十七条所规定之依声请所为之当事人讯问并不因《民事诉讼法》第六百一十三条规定而被排斥。[2]

---

[1] Rosenberg/Schwab/Gottwald, a. a. O., S. 729.
[2] Vgl. Wittschier, a. a. O., Rdnr. 195. m. w. N.

(五) 程序

当事人讯问要件若已具备,而法院欲为当事人讯问时应以证据裁定为之。此一证据裁定须符合《民事诉讼法》第三百五十九条规定之关于证据裁定之内容[按:证据裁定包含(1)待证事实之名称;(2)证据方法之名称;(3)充当证据方法当事人之名称]。据此,足见当事人讯问之证据裁定系一有证据主题取向者,若法院未为证据裁定,即进行当事人讯问,其程序具有瑕疵。但此一程序瑕疵得依《民事诉讼法》第二百九十五条规定(因责问权之丧失)获得治愈。

若于证据裁定宣示时当事人在场,则应尽速讯问之。而《民事诉讼法》第四百五十条第一项第二句并规定,当事人若于证据裁定宣示时不在场,则应由法院依职权通知以传唤受讯,而此一传唤,且应通知当事人本人。此即于有委任诉讼代理人情形,亦同。唯此一传唤无须送达。此一关于传唤送达之规定乃德国新近修法(27.07.2001)增订,其与旧法规定(此一传唤应送达本人)者不同,应予注意。当事人讯问且应遵守直接审理主义,亦即,应由受诉法院直接为之,不能于行准备之独任法官为之。受讯问当事人之对造得于当事人讯问时到场,以便得提出问题询问。当事人讯问之实施乃如证人接受讯问一般。[①] 不同处乃在于当事人无陈述与宣誓之义务,[②] 仅于其拒绝情况须负担,可能造成法官不利心证风险而已。当事人于接受讯问时,其提问可能系审判长或合议庭成员为之,亦可能来自对造或其律师,接受讯问之当事人被要求与其他证人或相对人对质亦属可能。[③]

[①] 当事人讯问开始,法官应告谕当事人据实陈述,其告谕内容视其案情可约略如下:"如您所知,您将基于原告请求,就其主张接受讯问。其主张您于缔结买卖契约时,曾被告知系争汽车公里数为十三万千米。吾人提醒您,您身为当事人无须为陈述,但您的拒绝,法院得审酌所有情事自由评价原告主张之里程数是否适当。若您决定陈述,则应据实陈述,非唯证人于虚伪陈述时应受罚,即当事人亦然。您亦得进行宣誓,若被命令宣誓仍为伪证将可能因伪证受刑事严重处罚。您得与律师就之讨论,在此,本院提问于您是否愿接受讯问,您是否愿陈述?"Vgl. Wittschier, a. a. O. , Rdnr. 202.

[②] 于民事诉讼实务,一般并不宣誓。若有下列情形,且不得于讯问当事人时要求宣誓。其一,相对人舍弃者;其二,被讯问人因故意违背宣誓义务被判决有罪确定者;其三,于禁治产程序中;其四,若二当事人同时受讯问者,于同一待证事实仅能其一被命宣誓;其五,若当事人于一审中接受讯问,并为宣誓,则第二审仅能于第一审之讯问或宣誓不合法者,始能命令相对人宣誓接受讯问。

[③] Rosenberg/Schwab/Gottwald, a. a. O. , S. 733.

四、效果

当事人因与诉讼标的具有利害关系,其乃被认为系最具有偏见及预设立场之"证人"。当事人讯问,因此常被认为属于最不可信赖之证据方法。① 但当事人可能为最接近待证事实经过之人,因而其同时亦可能为最有可能使事实真相呈现之人。现行民事诉讼法乃不再使法院受当事人供述之绝对拘束,而仅于《民事诉讼法》第四百五十三条第一项规定法院应依自由心证评价当事人之供述。基本上,若当事人为不利于己之陈述,其证据价值一般较于其有利之陈述者为高。

另若当事人拒绝陈述或宣誓者,则法院于审酌所有情事下,尤其系其拒绝之理由,依自由心证决定待证事实之真伪。至于若当事人于为讯问或宣誓所指定期日缺席者,则法院审酌所有情事(尤其系当事人所提出之缺席理由),依自由心证决定是否为当事人拒绝陈述。就此,若法院认为当事人缺席有正当理由者,则应另定期日,唯若认为当事人缺席无理由者,则应认其拒绝陈述。

五、第二审程序

第二审法院就在第一审拒绝讯问或拒绝陈述或宣誓之当事人,仅于其确信当事人有拒绝之足够理由,而其后该理由已消失者,得命当事人受讯问或宣誓。(第一项)若一当事人于第一审已被讯问且已宣誓,则第二审法院仅于第一审之讯问或宣誓被认为不合法时,始得命相对人为宣誓后受讯问。(《民事诉讼法》第五百三十三条)另外,虽第二审亦得利用第一审之证据调查结果,唯第二审法院亦得裁量是否再次讯问该当事人,应注意者系,若有下列情形法院应尽量再次讯问该当事人,亦即法院裁量空间应被缩小。其一,若第一审之记录,包括客观证据评价情状不足令第二审法院为证据评价者;其二,若基于第一审证据结果不排除个人印象可能影响第二审法院证据结果者;其三,若第一审法院不认为当事人陈述不可信,而第二审法院却认为可信者。②

---

① Pukall, Der Zivilprozess in der gerichtlichen Praxis, 4. Aufl., 1988, Rdnr. 325a.
② Pantle, Die Pflicht des Berufungsgerichts zur Wiederholung einer erstinstanzlich durchgeführten Beweisaufnahme, NJW 1987, 3160 (3164).

第三节　台湾地区有关规定的现况

一、制度目的

法院为阐明案情及整理争点，固得依"民事诉讼法"第二百零三条第一款及第二百六十九条第一款之规定命当事人本人到场，而以其陈述作为第二百二十二条第一项全辩论意旨之一部予以斟酌。但若囿于传统见解，认为当事人之陈述不能作为证据资料，则于发现真实与促进诉讼之诉讼法目的将有所妨碍。尤其，就事实审而言，因本人通常为最知悉纷争事实之人，故最有可能提供案情资料，以协助法官发现真实及促进诉讼进而达到审理集中化之目标。故为使法院能迅速发现真实，应认法院得讯问当事人本人，并以其陈述作为证据。台湾地区新增当事人讯问制度之目的，实系为使法院能尽可能于诉讼程序之前阶段及早掌握案情全貌，进而整理确定及简化争点以便拟定审理方针及调查证据之范围，以达到争点整理及集中调查证据之目标。①

二、性质与制度基本要件

(一)性质

当事人依"民事诉讼法"第一百九十三条第一项规定就诉讼关系为事实上之陈述，或依第一百九十五条第二项规定对于他造提出之事实为陈述，均在向法院提出攻击或防御方法，自应就其主张有利于己之事实负举证责任。除另有规定外，法院不得依职权斟酌当事人所未提出之事实。"民事诉讼法"第三百六十七条之一规定之当事人讯问制度，则系以当事人陈述为证据，乃属法院调查证据之方法，并非当事人就诉讼关系提出事实，两者之目的及效力并不相同，不可不辨。法院若依职权为当事人讯问，有向当事人或法定代理人告知将以其陈述为证据之义务，否则当事人之陈述仅为攻击或

---

① 当事人讯问制度之设立，是否除于发现真实目的有所促进之外，尚须背负证据目的意义以外如促进诉讼或整理争点，甚至审理集中化之目的，值予思索。相关见解及关于当事人讯问制度功能之阐述，参阅邱联恭：《当事人本人供述之功能》，载《民事诉讼法之研讨》(三)，1990年，第631页。

防御方法而已。①

(二)基本要件

"民事诉讼法"第三百六十七条之一第一项规定法院认为必要时得依职权讯问当事人,原则上讯问当事人应由受诉法院为之,唯如有特殊情形(例如有第二百七十条第三项各款情形之一者)则得由受命法官或受托法官讯问之。② 至于讯问之对象,原则上为当事人本人,至其为原告或被告,甚至参加人在所不问。如当事人无诉讼能力或为法人或非法人团体者,则应讯问其法定代理人本人。③ 至于当事人讯问之必要性要件而言,台湾地区学者论著较少着墨,有认为法院是否依本条规定行使职权应视有无必要而定,并得依其自由意见决之。④ 另学者有认为受讯问之当事人有到场义务、陈述义务及具结义务,但除违背真实陈述义务外,违背上述义务仅生诉讼上不利益之效果,尚不得对当事人处罚。⑤

为加强当事人陈述之可信度,审判长得于讯问前或讯问后命当事人具结,并准用第三百一十二条第二项、第三百一十三条及第三百一十四条第一项有关证人具结前审判长之告知义务、具结之程序及不得命具结等规定。

关于讯问证人依第三百六十七条之三规定,对于现役军人、在监所获拘禁处所之人之通知方法(第三百条、第三百零一条),对元首、不能到场证人及公务员之讯问方法(第三百零四条、第三百零五条第一项、第五项,第三百零六条),拒绝证言及不得拒绝证言之事由(第三百零七条第一项第三款至第五款、第二项,第三百零八条第二项),拒绝证言之释明(第三百零九条),拒绝证言当否之裁定(第三百一十条),隔别讯问与对质(第三百一十六条第一项),命连续陈述(第三百一十八条),法院及当事人之发问权(第三百一十九条、第三百二十条),命当事人或特定旁听人退庭之讯问(第三百二十一条)及受命、受托法官讯问证人之权限(第三百二十二条)等规定于当事人讯

---

① 吴明轩:《中国民事诉讼法》(中册),台湾三民书局 2000 年第 5 版,第 951、952 页。就当事人讯问属于证据方法性质之阐述,另参阅邱联恭:《当事人本人供述之功能》,载《民事诉讼法之研讨》(三),1990 年,第 643 页。

② 王甲乙、杨建华、郑健才:《民事诉讼法新论》,台湾三民书局 2000 年版,第 419 页。

③ 吴明轩:《中国民事诉讼法》(中册),台湾三民书局 2000 年第 5 版,第 951 页。"民事诉讼法"第三百六十七条之一"立法"理由明示法人之代表人、非法人团体之代表人或管理人及依法令得为诉讼上行为之代理人,应依第五十二条准用本项规定。

④ 吴明轩:《中国民事诉讼法》(中册),台湾三民书局 2000 年第 5 版,第 952 页。

⑤ 杨建华原著,郑杰夫增订:《民事诉讼法要论》,2001 年版,第 282 页。关于所谓到场义务、陈述义务及具结义务,参阅杨建华原著,郑杰夫增订:《民事诉讼法要论》,2001 年版,第 283 页。

问之时亦准用之。

末就讯问当事人之通知而言,法院依职权讯问当事人者,除以面告当事人或代理人或者以书面裁定外,法院书记官应依审判长或受命法官、受托法官指定之讯问期日制作通知书记载其意旨通知之。法院命当事人本人到场之通知书上应记载当事人不到场及拒绝陈述或具结之效果,其以面告当事人或代理人或以书面裁定为之者,亦应于裁定正本附记或一并告知上述不到场及拒绝陈述或具结之效果。

三、效果与处罚

(一) 当事人拒绝陈述或具结之效果

法院认为有必要依职权命具结而为当事人讯问,当事人或法定代理人即负有具结及据实陈述之"义务"。如当事人或法定代理人无正当理由拒绝陈述或具结者,法院得审酌情形判断应证事实之真伪。所谓正当理由,凡当事人或法定代理人有本法第三百零七条第一项第三款至第五款所定事由均属之。

(二) 当事人拒绝陈述之拟制

"民事诉讼法"第三百六十七条第四项规定当事人经法院命其本人到场,无正当理由而不到场者,视为拒绝陈述。据此,其效果将导致依同法条第三项论断。[①] 学者有认为适用此一条项规定时,应注意若法院通知未有同法条第五项所定事项之记载,则不生同法条第三项之效果。[②] 且于寄存送达或公示送达之情况,并不适用前述法条第四项之拟制效果。

(三) 当事人故为虚伪陈述之处罚

当事人依"民事诉讼法"第三百六十七条之一规定具结而为虚伪陈述者,辄导致法院审理方向遭误导,将致使法院难以发现真实,诉讼延滞而浪费法院及当事人之劳力时间费用,并损及司法公信力。但因现行"刑法"第一百六十八条伪证罪之主体以证人、鉴定人及通译为限,当事人之依"民事诉讼法"第三百六十七条之一具结而虚伪陈述之情形,不能以伪证罪相绳。因而"民事诉讼法"第三百六十七条之二第一项规定,依"民事诉讼法"第三百六十七条之一规定,具结而故意虚伪陈述足以影响裁判之结果者,法院得以裁定处罚新台币三万元以下之罚锾。但应注意此一规定,并不适用于"民

[①] 实务见解参阅台湾台北地方法院二〇〇一年度重诉字第二七七六号民事判决。

[②] 吴明轩:《中国民事诉讼法》(中册),台湾三民书局 2000 年第 5 版,第 953 页。

事诉讼法"第一百九十五条规定之属于诉讼数据范围之陈述。

"民事诉讼法"第三百六十七条之二第一项之裁定得抗告,抗告中应停止执行。(同条第二项)若当事人或法定代理人于第二审言词辩论终结前承认其陈述为虚伪者,诉讼系属之法院得审酌情形撤销原裁定。(第三项)此外,当事人经法院依第一项规定裁定处罚锾确定,而其陈述为确定判决之基础者,他造得据以提起再审之诉。此乃因其情节与"民事诉讼法"第四百九十六条第一项第十款所定情形相当,故为此一法定再审原因之明文。

四、实务相关见解

台湾地区新设之当事人讯问制度于实务上之见解尚属有限,在此乃拟并将当事人听取相关见解予以引介,用供比对参考。①

"最高法院"一九三九年上字第一七二七号:法院如认为须就应证事实讯问当事人"本人",以期发现真实,亦得依"民事诉讼法"第二百零三条第一款命当事人本人到场,当事人本人不遵命到场者,法院于依自由心证判断事实之真伪时,自得斟酌其不到场之情形,为该当事人不利益之认定。

"最高法院"一九九七年度台上字第二九七五号:证人为不可代替之证据方法,如果确系在场闻见待证事实,而其证述又非虚伪者,纵令证人与当事人有亲属、亲戚或其他利害关系,其证言亦非不可采信。又证言之证据力固依法院自由心证认定之,唯法院取舍证言,应就证人之观察力、记忆力、陈述力及其与证言之利害关系而斟酌之,尚非得仅因证人彼此陈述偶有分歧,即认其全部均为不可采信。如认须就应证事实讯问当事人本人以期发现真实,亦得依"民事诉讼法"第二百零三条第一款命当事人本人到场。

较值得注意者系,"最高法院"二○○五年度台上字第一八八九号民事判决,该判决对于当事人听取中之供述及当事人讯问二者,其于证据能力之层次之区别,有具体说明。该判决认为:"按证人系依法院之命,于他人间之诉讼,陈述自己观察具体事实之结果之第三人,当事人或与当事人同视之法定代理人非第三人,自不得为证人。'民事诉讼法'于二○○○年二月修正,增列当事人讯问制度之规定,使法院认为必要时得依职权讯问当事人或当事人本人同视之法定代理人,以其陈述为证据方法,唯审判长应于讯问前或讯问后命当事人或法定代理人具结,始得以其陈述为证据资料。原审系

---

① 另可参台湾台北地方法院二○○一年度诉字第四二四五号民事判决、二○○三年度简上字第二二号及二○○三年度诉字第二六八号民事判决、台湾"高等法院"二○○二年度上字第五二四号民事判决。

依上诉人之声请,通知被上诉人之法定代理人许×祥为证人受讯问,非依'民事诉讼法'第三百六十七条之一以下关于当事人讯问制度之规定讯问许×祥,且未命许×祥于讯问前或讯问后具结,竟以许×祥之陈述为认定两造间序号六六之工程范围之证据,践行之调查证据程序已有不合。"

台湾台北地方法院二〇〇〇年度婚字第一三三号民事判决:就事实审理而言,当事人本人通常为最知悉纷争事实之人,故最有可能提供案情资料以协助法官发现真实及促进诉讼进而达到审理集中化之目标。故为使法院能迅速发现真实,应认法院得讯问当事人本人并以其陈述作为证据。是"民事诉讼法"此次修正即于证据章中增列第五目之一即第三百六十七条之一、第三百六十七条之二、第三百六十七条之三等条文有关讯问当事人之规定(参见"立法"理由明确表明当事人之陈述得为证据,即有证据能力)。次按文书依其程序及意旨得认成公文书者,推定为真正,是公文书本即有证据能力。综上民事诉讼中,无论是当事人陈述或公文书均有证据能力,得为证据。至该等证据之证明力,则依前述应由审理事实之法官依各种证据作用而引起之倾向,即"全证据力之决算量",判断事实之真伪。

此外,台湾"高等法院"二〇〇〇年度上字第八四六号民事判决、台湾台北地方法院二〇〇〇年度诉字第四二九二号民事判决中上诉人、原告分别主张讯问当事人,于判决理由未表示意见。前者上诉人主张"原审于上诉人抗辩金××应以当事人应讯后,并未就此有所裁决,致未能区别金××如以证人身份应讯,依'民事诉讼法'第三百一十四条第二项规定得不令其具结。但如依修正民事诉讼法规定以当事人身份应讯应命具结。原审疏忽,致将来纵证明金××陈述不实,法院亦无从依'民事诉讼法'第三百六十七条之二第一项处罚。上诉人亦无从依同条第四项提起再审,原审所行诉讼程序显有重大违失"。后者之原告主张"再查'法院认为必要时得依职权讯问当事人。前项情形审判长得于讯问前或讯问后命当事人具结'、'依前条规定具结而故意为虚伪陈述,足以影响裁判之结果者,法院得以裁定处新台币三万元以下之罚锾','民事诉讼法'第三百六十七条之一第一项、第二项前段及第三百六十七条之二第一项亦有明文。本件被告为逃避债务而意图延滞诉讼,其所为虚伪陈述已属空前。原告为求诉讼促进,恳请钧院命被告就其所为之陈述为具结,并裁定处以一定之罚锾"。

第四节　台湾地区有关规定之发展评估——代结论

一、与德国法异同

台湾地区新增订之当事人讯问制度与德国民事诉讼法所规定之当事人讯问制度并不尽相同,其主要差别在于:其一,台湾地区"民事诉讼法"第三百六十七条之一第一项明文规定之当事人讯问类型乃为法院依职权讯问当事人之类型,但不及当事人声请或当事人合意之类型。其二,德国民事诉讼法所规定之当事人讯问制度有补充性原则之适用,但台湾地区法则未为如此规定。其三,德国民事诉讼法规定法院命为当事人讯问须以证据裁定为之,台湾地区法则许可以裁定或通知书为之。其四,在具结要件上,台湾地区法除准用人证若干限制外,未在当事人讯问另为限制规定;于德国法则另有限制要件。其五,当事人经法院命其到场无正当理由而不到场者,台湾地区"民事诉讼法"第三百六十七条之一第四项系规定视为拒绝陈述;但德国法系规定由法官自由裁量是否视为拒绝陈述。其六,德国民事诉讼法于第二审,有另就当事人讯问为特别规定;台湾地区法则无之。其七,台湾地区法于当事人具结而故意为虚伪陈述者有明文处罚及救济途径,此亦为台湾地区法之特色。

二、德国法制之批评

当事人讯问具有真实发现之功能,但因德国《民事诉讼法》第四百四十五条至第四百五十五条之规定有颇多要件与原则设定,其功能向来颇受质疑。就当事人讯问制度历史发展而言,奥地利乃欧陆最早制定当事人讯问制度之国家,其于1873年即就其小额诉讼引进当事人讯问制度,其后于1895年并以补充性原则作为当事人讯问制度之立法基础。随后日本于1898年、匈牙利于1911年、挪威于1915年、丹麦于1919年、南斯拉夫于1929年、波兰于1930年分别跟进,而德国则于1933年以奥地利法为范本引进。① 但随时代变迁，各国法制亦多所更易。例如挪威、瑞典、巴西之民事诉讼法及奥地利1983年法案均排除所谓补充性原则，②但德国法于此乃仍维持旧制，学者就此亦多有批评。

德国当事人讯问制度之实效性，其所被质疑者可有下列数端：其一，依当事人声请之当事人讯问制度，基本上系以讯问一造为原则，但基于诉讼当事人自利心理及诉讼攻防技巧之运用，尤其系其采取补充性原则，乃使其实效性深受质疑。一般而言，于德国实务，依声请为当事人讯问者并不多见。反之，法院依职权讯问当事人制度，较常被运用。③ 而一造讯问，较诸两造接受讯问，当以后者较能令法院就待证事实获得适切心证，故而德国较常为两造之讯问，并以此缓和相关条文缺点。④ 其二，究竟当事人讯问制度应否视为辩论主义之例外，而以严格解释方法运用，将影响当事人讯问制度之落实程度。其三，若两造接受讯问，而仅能一造宣誓，则如何避免偏见及心证预断，须进一步厘清。其四，依《民事诉讼法》第一百四十一条第三项规定，若当事人违背到场命令者得科罚锾；但于当事人讯问制度，却未有相当之强制规定，理由何在？其五，采取补充原则将造成诉讼迟延，及令当事人呼应已调查结果为陈述而与发现真实目的亦有违。其六，于婚姻事件中（《民事诉讼法》第六百一十三条）当事人讯问制度并无补充性原则之适用，则于一般案件又何须加以限制？⑤ 其七，《民事诉讼法》第四百四十五条、第四百四十八条是否于两造之武器平等已兼顾，而对于反对事实已获证明可排除当事人讯问及《民事诉讼法》第四百四十八条所要求之法院须已就待证事实有一定盖然性心证，是否与不偏私心证禁止之宪法要求有违，亦受质疑。⑥

---

① Nagel, Kann die Subsidiarität der Parteivernehmung in der Deutschen ZPO noch vertreten werden? F. S. f. Habscheid, 1989, S. 195.

② Nagel, a. a. O., S. 198ff. m. w. N.; Oberhammer, Parteiaussage, Parteivernehmung und freie Beweiswürdigung am Ende des 20. Jahrhunderts, ZZP 113. Band, 2000, 300. 关于瑞士法之相关争议，vgl. Sutter-Somm, Parteianhörung und Parteivernehmung am Ende des 20. Jahrhunderts aus schweizerischer Sicht, ZZP 113. Band. 2000, 339f.

③ Wittschier, a. a. O., Rdnr. 306; Gehrlein, a. a. O., ZZP 1997, 465.

④ Rosenberg/Schwab/Gottwald, Zivilprozessrecht, 15. Aufl., 1993, S. 731.

⑤ Nagel, a. a. O., S. 196ff. m. w. N.

⑥ Gehrlein, a. a. O., ZZP 1997, 466ff. 其他批评，vgl. Münks, Vom Parteieid zur Parteivernehmung in der Geschichte des Zivilprozeeses, 1992, S. 195ff. m. w. N.

三、台湾地区法之发展评估

(一) 当事人讯问与当事人听取

就台湾地区法目前发展而言,当事人听取与当事人讯问仍有所区别,其理由为:首先在民事诉讼法上,二者各有不同之任务,前者主要系解明事实、提供诉讼数据,①而后者则系为提供证据数据;其次,二者所涉规范之法条于诉讼法上亦不相同,前者乃"民事诉讼法"第一百九十五条及第二百零三条第一款等,至于后者则系规定在"民事诉讼法"第三百六十七条之一至第三百六十七条之三;再次于讯问程序之发动及具结程序,二者显有不同;此外,于"民事诉讼法"第三百六十七条之二之立法理由,于二者亦加以区别。足见二者在台湾地区法应非同一,于其程序及效力应各为不同评价。②

(二) 当事人定义

当事人讯问程序之被讯问人,系指以自己名义为积极或消极请求权利保护者,依其程序态样可能被称为原告与被告、声请人与相对人、债权人与债务人等,但诉讼代理人则不属之。其中各有诉讼能力之原告、被告固得为讯问对象;即必要共同诉讼人与无限公司之有代理权股东等亦应属之。无诉讼能力人之法定代理人、法人之代表人、非法人团体之代表人或管理人及依法令得为诉讼上行为之代理人,应依"民事诉讼法"第五十二条准用第三百六十七条之一第六项规定处理。至于无诉讼能力人本身虽有学者认为可为当事人讯问对象③,但本书认为在平衡真实发现与未成年人之保护前提下,及参考"民事诉讼法"第三百六十七条之一第二项准用第三百一十四条

---

① 当事人听取主要系为厘清当事人之事实主张,并给予补充及排除不明与矛盾之机会,尤其在此阶段可用以整理争点。Schlosser, Zivilprozessrecht I, 2. Aufl., 1991, Rdnr. 357. 但依据学者观察,当事人听取制度于德国 1976 年法案后,增加其重要性,对其与当事人讯问之界线亦滋争议;即于国际上若干国家之诉讼法,亦有将当事人听取制度往证据调查方向靠近之趋势(其中希腊实务学说且已舍弃初始证明必要性之见解)。Vgl. Coester-Waltjen, Parteiaussage und Parteivernehmung am Ende des 20. Jahrhunderts, ZZP 113 Band. 2000, 270f., 287f., 289.

② 实务见解例如台湾台北地方法院二〇〇〇年度简上字第六五四号民事判决。

③ 陈荣宗、林庆苗:《民事诉讼法》(下),台湾三民书局 2001 年版,第 664 页。

第一项之规定,似应认为未满十六岁者应非当事人讯问对象。①

(三)与自认之关系

当事人讯问中若当事人为不利于己之陈述,是否得发生自认之效力,在当事人讯问与当事人听取之程序并不相同之前提之下,本书认为当事人讯问主要系为提供证据资料,而当事人听取则系当事人为提供诉讼数据所为行为。当事人于接受当事人讯问时,应无对相对人于其不利主张为自认之意思;而当事人听取与当事人讯问之当事人,在其程序上之身份认知及功能应有所区别。②若当事人未跳脱当事人讯问程序而回复一般当事人身份为主张时,似不宜认为当事人讯问中当事人所为于己不利陈述具有自认之效果。

(四)补充性原则

就补充性原则之采取而言,依台湾地区"民事诉讼法"第三百六十七条之一规定观之,台湾地区法似未采取补充性原则,其立法似较德国法符合国际立法趋势。但在法院依职权发动当事人讯问之情形,如何在法院职权介入发现真实及促进诉讼与辩论主义之诉讼法基本原则间寻求平衡点,仍属难题。本书固认同对补充性原则将导致诉讼延滞与真实发现障碍之批评,但补充性原则所彰显之当事人本身之不可信性及职权介入之例外性,仍非全无深思价值。法院决定是否为当事人讯问时,应就补充性原则之背景原理考虑与职权发动目的(真实发现与促进诉讼)予以适度权衡,始能得法理之平。尤其,若能就个案依其具体情形决断,例如视个案当事人亲闻之不可取代性(案件类型)及诉讼数据与证据数据之呈现情形等因素,综合考虑,以决定是否发动当事人讯问及发动之时点,应较妥适。

(五)类型考虑

台湾地区"民事诉讼法"第三百六十七条之一第一项系规定法院依职权讯问当事人之类型,至于是否承认当事人得声请法院进行当事人讯问则未有明文。就此,当事人声请法院为当事人讯问之声请权利应受保障,唯有如

---

① 于德国,基本上除有《民事诉讼法》第四百五十五条第二项情形外,未成年人并不能以当事人身份被讯问,但可以为证人。Baur/Grunsky, Zivilprozessrecht, 9. Aufl., 1997, Rdnr.195. 台湾地区"民事诉讼法"第三百六十七条之一第六项规定,是否有排除未成年人以当事人身份接受讯问意旨,值得推敲。因未成年人之于待证事实之关系,可能较法定代理人密切,且其情形亦可能与法人须以法定代理人为诉讼行为之情形有所不同,而在法人情形,如无代表权之股东即可为证人。但未成年人是否应为如此,似有疑问。

② 当事人讯问提供者乃为法院于事实主张真伪形成确信之证据,而非诉讼行为,自无自认效力,vgl. MünchKommZPO-Schreiber, §445 Rdnr.3.

此,当事人之证明权始能获得确保。据此,法院于当事人声请进行当事人讯问时,若不实行,固得裁定驳回或至少在判决理由中交代之。尤其,法院应就其不采之裁量基础清楚交代,以免因法官恣意而侵害当事人之证明权。

(六)相当盖然性

就台湾地区法所规定之法院依职权为当事人讯问,是否应具备法院于待证事实已有相当盖然性之要件问题,本书认为,此一要件将使法院发动当事人讯问机制受到过大牵制,不宜将此作为发动职权之绝对前提性要件,① 而应由法院视个案情形而定,例如,在当事人之亲身见闻有不可取代性,而一般证人难以亲临情形(例如性侵害之侵权行为等),若强令当事人须提出初始证据,以使法院获得一定之心证,法院始发动当事人讯问,似非妥适。但若在当事人甚易举出其他证据类型,则将当事人讯问置于相对例外之位置,而在运用上趋于保守,以避免法院"歧路亡羊"(尤其,当事人讯问欲发生效力,仍须其他制度配合使能令当事人陈述可检验性增高,其成本颇高,应予注意),似无可厚非。

(七)必要性要件

就"民事诉讼法"第三百六十七条之一第一项之必要性要件而言,基本上其解释方法之宽严,系于论者对当事人讯问目的(亦即发现真实与诉讼促进),及诉讼法基本原则(亦即辩论主义与当事人提出主义)二者之比重权衡。

理论上,若就本证认为即使对讯问结果全部相信,亦无法就待证事实形成确信者;而于反证情形,若经讯问于其结果予以全信,亦不能动摇法院于本证事实之确信者,则为无必要。但就此定义,具有其危险性,亦即,法院如何判断始不致造成心证之预设偏见,即属难题,而不公正心证亦为法治国司法所不容。

本书认为,法院于判断是否有发动职权必要性时,其考虑因素主要为:拟受讯当事人于证据接近度、证据之不可替代性及举证人对提出其他证据方法之可期待性。若拟受讯人于证据接近度及其证据不可替代性越高,或举证人提出其他证据越不具期待性者,则法院于前述所谓盖然性之要求应越低,而发动当事人讯问之必要性自越高;反之,若拟受讯人于证据接近度及其证据不可替代性越低,或举证人提出其他证据越具可期待性,则法院于

---

① 采反对说者,Wittschier, a. a. O., Rdnr. 307. 又德国法于声请类型(第四百四十五条)与依职权类型就是否以对待证事实已具相当盖然性为要件乃为不同对待,即前者并不要求之。Vgl. MünchKommZPO-Schreiber, § 445 Rdnr. 6; § 448 Rdnr. 3.

前述所谓盖然性之要求应越高,而发动当事人讯问之必要性要件越难该当。

此外,法院亦得将当事人愿为当事人讯问提供之成本支出(例如具有诘问能力之律师)、当事人已提主张及证据资料质量、当事人之声请行为(所彰显之意愿)、对质之可能性、预计之证据价值如何、基于当事人主张对其受讯问可能性及本身可信度之判断等因素列入综合考虑因素。①

(八)陈述与到场之义务或负担

就当事人是否有所谓陈述或到场"义务"而言,本书认为,因民事诉讼法于当事人到场与拒绝陈述并未有处罚规定,②而仅使生可能发生诉讼上不利之效果,因此,似不能认为于当事人讯问程序中当事人负有陈述义务或到场义务,而应认为系存在陈述负担或到场负担而已。但因"民事诉讼法"第三百六十七条之二有就当事人具结而为虚伪陈述,足以影响裁判结果者,有科罚规定。因此可认为当事人于依法具结情形下,于待证事实有真实陈述义务。

但就前述规定之要件解释而言,当事人之具结,应注意"民事诉讼法"第三百零七条第二项及第三百一十条第二项之适用。又在此所谓足以影响裁判结果之前提,应以法院进行当事人讯问时,其初始宜具有证据主题。而此一证据主题,乃用以彰显此一证据方法与待证事实及判决之重要关联性。法院于认为已经具备此一前提时,乃有发动职权进行讯问之必要。应注意者系,具备前一要件后,于讯问时应容许就当事人人格信用证据进行诘问。至于前述条文第四项之再审规定是否妥适,亦值思虑。此乃因"立法"理由

---

① 法院裁量具有界线,因此法院于必要性考虑,应具有事后被审查可能性。于法院裁量空间越趋于零之情形,法院即由"得"发动职权而倾向于"应"发动职权。学者对职权发动考虑因素认为可有下列数端,即当事人声请、举证人陷于证据困难、举证人主张之真实性具一定盖然性、法院于当事人讯问具有确信价值之期待等,Wittschier, a. a. O., Rdnr. 310ff. 台湾地区实务见解有以"被上诉人既否认上诉人之主张,不可能期待被上诉人到庭后,会为不利于己之陈述",而认为无依职权为当事人讯问之必要者(台湾"高等法院"二○○三年度上易字第四六○号民事判决参照)。此判决之理由固不符本书之考虑基础,且论证上有违反"证明预断禁止"之虞。

② 于德国,一般认为当事人讯问并不能强制到场或陈述甚至宣誓(如此自不能认为当事人有所谓义务存在),Thomas-Putzo, ZPO, Kommentar, 1995, § 446 Rdnr. 1; Musielak, Grundkurs ZPO, 4. Aufl., 1998, Rdnr. 442; Schilken, Zivil-prozessrecht, 3. Aufl., 2000, Rdnr. 553; Baur/Grunsky, Zivilprozessrecht, 9. Aufl., 1997, Rdnr. 19; Arens/Lüke, Zivilprozessrecht, 6. Aufl., 1994, Rdnr. 315. 此与荷兰、瑞典法相同,但与英美法不同 Coester-Waltjen, Parteiaussage und Partei-vernehmung am Ende des 20. Jahrhunderts, ZZP 113 Band. 2000, 288f.

将须经严格调查审理刑事程序之伪证罪判决与"民事诉讼法"第三百六十七条之二第一项裁定相提并论,实具有危险性。如何于裁定程序中保障当事人合法听审等诉讼权,使当事人不致被突袭,或因此动辄造成判决之不安定性,应谨慎应对。

(九)讯问过程之精致化

为使当事人讯问功能发挥,应于讯问程序中加强对质与诘问程序,俾使当事人之人格图像清晰呈现及当事人陈述之证据价值形成。若实务于讯问当事人时,疏于用心,则当事人讯问程序,将反而成为紊乱法院思绪之战场,于发现真实及促进诉讼目的将有所妨碍。另法院于待证事实,若证据于双方均有说明可能者,应注意善加利用对两造为当事人讯问;①而就反证事实,亦无妨准许就之为当事人讯问。

(十)效果

对当事人讯问中当事人之陈述,法院固应依自由心证判断事实之真伪,此于台湾地区,虽未如德国法之明文规定,但应属自明之理。

另依"民事诉讼法"第三百六十七条之一第三项规定,当事人无正当理由拒绝陈述或具结者,法院得审酌情形判断事实之真伪。其立法理由且指出,法院于此时仍应查明其他可供使用之相关证据,并审酌当事人拒绝陈述或具结之理由,及其他相关情形,依自由心证判断当事人关于讯问事项所主张之事实或法院依职权调查之应证事实之真伪,以求发现真实。在此,应注意若认为此一条文具有惩罚性质,则于审酌时即得偏重当事人拒绝陈述或具结理由之审查。但本书认为在此法院仍有依证据论断事实之义务,则法院于当事人已提出证据资料、依职权所取得证据资料及当事人之拒绝陈述或具结之表现等均应详加审酌。应注意者系,在此是否得使法院于认定事实所需证明度降低?就此,除非将前述条文强化(绝对化)其惩罚性质与目的,否则,基于当事人讯问中,在立法上于惩罚性质已有被淡化之倾向,似应

---

① Vgl. Rosenberg/Schwab/Gottwald, a. a. O., S. 731; Thomas-Putzo, ZPO, Kommen-tar, 1995, § 448 Rdnr. 4; Jauernig, a. a. O., S. 220 vgl. Sutter-Somm, a. a. O., ZZP 113. Band. 2000, 345. 另学者有主张,基于武器平等与公正义务等原则,应尽量讯问双方当事人。唯有在基于一造行为认为其不具可信性时,以及一造当事人主张迄今完全无证据或不可能时才讯问一造,Musielak/Huber, a. a. O., § 448 Rdnr. 8. 持保留见解者认为两造讯问仅于可期待两造可提供几近相当之证据时才可能,Baumbach/Hartmann, a. a. O., § 448 Rdnr10. 另德国实务有认为,法院于裁量讯问何一当事人时,应审酌何一当事人于待证事实得以亲身见闻作证,而依迄目前行为判断,何一当事人较可期待其较高可信性,BGH VersR 69,220; Zöller/Stephan, a. a. O., § 448 Rdnr. 5.

认当事人讯问并无如证明妨碍般之减轻举证责任之目的,似无认为有须降低证明度之必要。唯在实务操作,若当事人讯问被合法命令,当事人无正当理由不为陈述与具结者,则法院斟酌此一事实,除非其他证据会令法院为不利于被讯问者之认定呈现明显不合理性推断情况,否则,法院若于审酌当事人之拒绝行为之前提下判断事实真伪,固即较容易对该拒绝讯问者为不利之推断,①此与证明度降低情形,即可能有类似之结果。但法院于适用时应注意,在为认定时仍应于判决中善尽论证义务。

又"民事诉讼法"第三百六十七条之一第四项规定当事人经法院命其到场无正当理由而不到场者,视为拒绝陈述。据此,其效果自应依同条第三项论断。此一规定显较德国《民事诉讼法》第四百五十四条规定严格。但因台湾地区"民事诉讼法"第三百六十七条第四项但书复规定,命其到场之通知书系寄存送达或公示送达者不在此限。其中尤其系寄存送达之排除,将易启当事人逃避受不利拟制之门,于实务上易形成操作困难。

(十一)实务见解分析

台湾地区实务于当事人讯问制度之运用,尚在摸索与试验阶段,成熟之见解并不多见。前述所提及实务见解,"最高法院"之见解系关于当事人听取者,其中"最高法院"一九三九年上字第一七二七号判决认为,法院如认为须就应证事实讯问当事人本人,以期发现真实,亦得命当事人本人到场,当事人本人不遵命到场者,法院于依自由心证判断事实之真伪时,自得斟酌其不到场之情形,为该当事人不利益之认定。自此一判例,基本上无法分辨实务是否将当事人听取结果视为证据方法之一。若其将之视为证据方法,则其论断似乏依据。② 而在此若系当事人听取,则虽自由心证之评价数据范围不排除当事人听取中当事人之诉讼行为,③但因无证据而仅以当事人主

---

① 德国学者分析当事人讯问结果之证据评价,认为若系举证责任人之相对人之陈述,则就有利于举证人者即可采为认事基础;但若系不利于举证责任人,则该举证即属失败。就举证义务人为讯问时,于其讯问结果通常较保留,尚须配合旁证。若当事人无理由拒绝接受讯问,则通常为有所隐瞒,则属对于相对人主张之有利间接证据。若法院仍存疑,即得利用职权就相对人讯问之。Vgl. Schellhammer, Zivilprozess, 6. Aufl., 1994, Rdnr. 671. 同时,法院于证据评价时,一般会自经验法则推论,即认为若当事人能对其有利作证自会出庭及陈述,Musielak, Grundkurs ZPO, 4. Aufl., 1998, Rdnr. 442.

② 但应注意,即在德国,法官为促进诉讼,亦辄于第一期日即命当事人到场。若判决以其陈述为据,亦难以判断其性质为当事人听取或当事人讯问。Baur/Grunsky, a. a. O., Rdnr. 193.

③ Vgl. Schellhammer, a. a. O., 1994, Rdnr. 529, 665.

张为评价唯一资料,终究属于例外情形,其运用须多加审慎,不宜径作推论。此外,就当事人为当事人讯问之声请时,其拒绝,实务中有怠于理由说明者,其于当事人之证明权有所妨碍,似有检讨之必要。

(十二)制度发展前景

台湾地区学者于当事人讯问新制固有极力肯认其价值者,但亦不乏批评者。姚瑞光认为,欲令此一制度成为合乎法理的证据方法之一,必先解决二问题:其一,须不限于在他人诉讼陈述闻见之应证事实者始为证人,在自己之诉讼陈述所述之事实者,亦为证人。其二,当事人于言词辩论时为事实之陈述后,因他造否认须声明证据时,若无其他证据方法可供声明,得声明自己为证人。依其见解,立法者于此并无提供足以令人信服之理由,另具有诉讼常识之法官不可能以当事人本人之陈述为判断诉讼胜败之主要证据,且依其专办民事事件三十年之经验,并无不能认定事实,而有讯问当事人本人始明事实真相情事。故推论新法制定乃向下沉沦之修法,而断言必成具文。①

台湾地区学者基于实务经验观察或基于诉讼当事人人性考虑,②认为当事人讯问制度在理论上及实务上仍有补强余地,固非无见。但值予注意者乃,就前述学者所认为欲令当事人讯问制度成为合乎法理之证据方法所须解决之二问题,本书认为,其乃将当事人讯问之当事人与证人讯问之证人,二者视为同一,而得之推论。③ 但适因当事人本身之特殊性,故而一般并不将当事人讯问之当事人与证人视为同一性质,至多仅将当事人视为"类似证人地位"而已。据此,于制度设计时,乃将得予准用规定予以准用;至于对证人较严格之处罚规定及基于证人特殊性质之规定,于当事人讯问制度基于当事人诉讼地位及自利性质,乃为较谦抑之规定。足见立法者就二者在证据法上地位已作区别,故而上述学者之质疑,似非完全妥适。

至于当事人讯问所得陈述或拒绝陈述等数据之证据价值,乃属于法院自由心证范围。法院经由以准证人身份方式对两造于法庭上应付双方律师

---

① 姚瑞光:《民事诉讼法论》,2000 年自版,第 445~447 页。认为效果不彰者,吴明轩:《中国民事诉讼法》(中册),台湾三民书局 2000 年第 5 版,第 956 页。

② 于德国,亦认为当事人讯问并非甚值信赖之证据方法,Musielak, Grundkurs ZPO, 4. Aufl., 1998, Rdnr. 439. 亦有称之为最恶劣之"证人"者,Jauernig, a. a. O., S. 219.

③ 但在英美法,则承认每个人均得以自己或相对人为证人,予以传唤;且无须初始证明,亦无补充性原则之适用。当事人并有到场及陈述之义务。Vgl. Coester-Waltjen, a. a. O., ZZP 113 Band. 2000, 270f., 278f.

及法官之诘问时之表现,察言观色,并审视其陈述之一致性与合逻辑性,应有助法院形成心证。而多此一证据方法,于法院为查得真实之论理,自有帮助。

　　本书认为,此一制度之有效性,须建立在法官于制度之充分认识上。其于案情若能多加准备,而于当事人有委任律师之诉讼,促使律师为充分准备,以极尽诘问之能事(另若配合笔者向所主张,于地院复杂及一定金额以上诉讼事件应修法改为律师强制代理制度,而"高院"之事件亦应采之,当更能使相关制度易于运用),应能使当事人讯问制度之优点发挥。若能如此,制度之有效性,当属可期。

第四章 证据契约

第一节 前言

在德国,关于证据契约(Beweisverträge)之研究,由来已久,文献累积固颇有可观。即在台湾地区,学者就此问题亦予以相当之关注,虽专论尚属鲜少,但学者之相关见解均具启发性,值得重视。

一般而言,关于证据契约之研究,固难免与所谓民事诉讼追求之真实学说论辩具基础性之关联。但本书鉴于实质真实说、形式真实说与信赖真实说之诸般见解,于台湾地区正处于激烈互动之情境,后续进展仍待观察,故而暂不以此等角度作为本书之论说基础,先予叙明。

证据契约之讨论,基本上涉及实体法私法自治原则(暨自有财产处分之基本权利)、诉讼法上辩论主义、处分权主义及举证责任分配理念与证据调查制度之目的等制度价值。其中价值之冲突与选择,即证据契约制度存在论辩所须面对之问题。亦即,愈强调个人有处分与形塑其权利义务自由者及强调诉讼上辩论主义与处分权主义之典型理念者,即愈易接受证据契约。但若愈强调诉讼中法院于真实探求之权限及举证责任所意涵之公平概念者,则于证据契约(及其所可能隐含造成所谓协议程序)之接受性,即易趋于低度。

本书原则上认为,程序法上诸等原则之承认,并非对客观事实之预先让步。反之,该等原则实系因认为当事人基于私利,当致力为自己利益而奋斗,故理应能尽力提出诉讼资料,以促成事实之还原与利益归属之确定。唯因基于私法自治与个人财产权处分自由之基本原则,因而于例外情形,当事人基于种种原因就诉讼资料予以保留时,并不似采职权调查原则之诉讼制度,而未径就非属公益性质之私人权利义务关系进行逾越之介入。其中,应存在原则与例外之制度设计理念。因此,就证据契约制度之建构,似亦应从此角度切入较属妥当。

第二节　定义与性质

一、定义

(一)一般性定义

基本上,就证据契约为一般性定义,并非容易之事。实则,在文献上,不少系未就证据契约为一般性定义,而乃直接就证据契约予以分类,并逐一阐释其定义者。但学者就证据契约尝试为一般性定义之努力,亦不容忽视。兹就证据契约之一般性定义之相关见解分述如下:

就台湾地区的有关规定而言,于文献上就证据契约予以深论者,并不多见。但为一般性阐释者,则尚非属绝无仅有。诸等论述,均具高度启发价值,应值予肯定。

邱联恭认为,所谓证据契约系指就有关证明之事项,两造成立与法律规定不同之合意。[①] 例如当事人间成立之自认契约(承认某事实而不予争执之合意)、仲裁鉴定契约(将某一事实之确定委诸第三人之合意)、两造发生纷争时由某一造负举证责任之合意。此等均属广义之证据契约。简言之,当事人间就有关诉讼标的权利义务关系内容存在与否之事实之确定方法,加以合意,均属广义之证据契约。狭义之证据契约系指有关证据方法之提出或不提出之约定,称此为证据方法契约。例如当事人间约定发生纷争而涉讼时,仅能使用契约书,不能使用证人。

陈荣宗将证据契约定义为:"当事人之间以合意就特定诉讼定其事实之证据方法。"[②]陈计男则认为,所谓证据契约系指以左右诉讼上事实之确定为目的之诉讼当事人间之合意。[③] 姚瑞光认为当事人就特定诉讼标的所为关于如何确定事实或以何种方法确定事实之合意,谓之为证据契约。[④] 吕太郎则认为证据契约包含当事人就一定事实之确定所为之合意,以及对证据方法予以限制之合意二者。[⑤]

---

① 邱联恭讲述,许士宦整理:《口述民事诉讼法讲义》(三),2000年版,第161页。
② 陈荣宗、林庆苗:《民事诉讼法》,台湾三民书局1996年版,第516页。
③ 陈计男:《民事诉讼法论》(上),台湾三民书局1999年版,第445页。
④ 姚瑞光:《民事诉讼法论》,1999年自版,第364页。
⑤ 吕太郎:《民事诉讼之基本理论》(一),1999年版,第328页。

在德国,一般认为,证据契约乃为上位或集合概念(Sammelbegriff),而就之为一般化定义及赋予精确之内容并不容易。① 德国1888年民法草案中,曾试图就证据契约亦即法院外(裁判外)之自认予以规范。在当时民法典草案之立法理由(动机)中有如下描述:"若契约仅为确认某积极或消极之事实,以使在将来之诉讼中,对自认之相对人而言不须举证,而就自认之当事人而言,就相关事实不能争执或主张,则此一契约依其内容为证据契约。"②

至于在文献上就证据契约之定义方式,则不一而足。其定义之困难,原因乃在于:证据契约所指涉内容范围可能有宽广不同之差异、证据契约性质之不同见解、是否将仅实体性之可能影响法院就待证事实认定之权限相关契约纳入、是否应仅限于关于证据方法限制之契约,或就被认为不合法之证据契约是否亦得纳入证据契约之范围等问题,均使证据契约之定义困难化与复杂化。

Baumbach等区分证据契约(Beweisvertrag)与举证责任契约(Beweislastvertrag)二者,前者系指就法官证据评价自由之契约限制,至于后者乃系指依据该契约将使某当事人于事实不明时负担其不利益者。③

而就证据契约与举证责任契约之区分必要性,固非无讨论之余地。唯就此,德国重要之证据法学者Rosenberg与Baumgärtel则在定义上将其区分。Rosenberg认为举证责任契约,系指当事人以法律行为规定举证责任之分配,而证据契约则系指意欲借以限制法官自由证据评价之契约,例如仅限定某特定证据方法可被提出或排除某特定证据种类,或规定个别证据方法之证明力或强制法官直接将某待证事实视为真实或非真实,或依据某事实存在而推得某待证事实之真伪。④ Baumgärtel认为,若当事人之协议直接或间接对举证责任予以影响,即以举证责任为契约内容者即为举证责任

---

① Eickmann, Beweisverträge im Zivilprozeβ, 1987, S. 9.

② Motive zu dem Entwurf eines Bürgerlichen Gesetzbuches für das Deutsche Reich, Bd. I Allgemeiner Teil, S. 385. 另,北意意志联邦民事诉讼法草案制拟委员会(1968年),亦就裁判外书面自认以具诉讼上自认效果之诉讼证据契约予以规范,例如该草案第563条规定、第564条规定,vgl. Eickmann, a. a. O., S. 9.

③ Baumbach/Hartmann, Zivilprozeβordnung, 56 Aufl., 1997, Anh. § 286, Rdnr. 6f.

④ 亦即证据契约系为事实确认之减轻,但举证责任契约则系在解决事态不明时之法规运用,亦即决定某待证事实于事态不明时之不利益归属,Rosenberg, Die Beweislast, 5 Aufl., 1965, S. 86f. ; Rosenberg/Schwab/Gottwald, Zivilprozeβrecht, 15. Aufl., 1993, S. 659.

契约。若系以举证与证据评价为契约内容者,例如约定当事人一造于某事实不为争执,即属证据契约。①

Eickmann虽不认为就证据契约之内涵指涉,于学说上已获共识,唯其指出,当事人间所借用以为影响事实确认之协议,迄今被置于证据契约概念下讨论。② Wagner于其论述诉讼契约一书中,则就其文中证据契约之讨论标的为如下说明:当事人以协议就法院于待证事实之确认与评价予以影响者。③

(二)类型化定义

虽于证据契约之定义,可能依文献行文目的而有不同之内涵赋予,但不容讳言,以区分类型并分别予以定义之方式,亦为以证据契约为研究对象之文献之重要定义方法。

证据契约之类型为何,于文献中依作者对证据契约之定义了解与界定,可能有不同之见解。陈荣宗认为,证据契约之种类有多种,双方当事人约定仅得提出特定之证据方法而不许提出其他证据方法者,称为证据限制契约;双方当事人约定就特定事实承认其为真实或承认其为非真实者,谓之自认契约(Geständnis-verträge);双方当事人合意约定,将关于任意规定之举证责任分配原则为变更者,称为举证责任契约。④

于德国讨论证据契约之相关文献,其论述标的有以最广义理解以研究关于证据契约之相关问题者,如此,其研究范围将包括实体法确认契约、程序上自认契约、举证责任契约、推定契约与证据方法契约。至于狭义之证据契约定义则认为证据契约之类型可包括自认契约、推定契约(Vermutungsverträge)、证据方法契约(Be-weismittelverträge)。虽主要学者于文献中,将证据契约与举证责任契约予以区分,已如前所述。但在相关文献论述时,一般就举证责任契约,甚至实体法性之确认契约,亦多并予论述,以求周全。

以狭义之证据契约而言,其类型包括自认契约、推定契约与证据方法契约。所谓自认契约,系指以就某事实以不许反驳(反证)或至少若相反事实未被证实时不容争执而被确认,为契约内容者。所谓推定契约,则系指如另

---

① Baumgärtel, Beweislastpraxis im Privatrecht, 1996, Rdnr. 171.
② Eickmann, a. a. O., S. 2. 又其于论文中第41页补充认为证据契约与实体法性确认契约有所区别,Eickmann, a. a. O., S. 41.
③ Wagner, Prozeβverträge, 1998, S. 608.
④ 陈荣宗、林庆苗:《民事诉讼法》,台湾三民书局1996年版,第516页。

一事实已被证明者,以附相对事实证明保留,或不保留相对事实之证明,而将某事实认为系属真实。至于证据方法契约,系指以证据提出之限制为契约内容,如将特定证据方法予以排除,或仅许可提出某特定之证据方法。①

所谓举证责任契约,乃指以举证责任分配为契约之内容者,其乃为解决某待证事实呈现事态不明情况时之法律适用问题,即事态不明之不利益归属问题。② 而所谓实体法性质之确认契约,依 Wagner 见解包括以协议确认债权之请求权、个别要件特征(或事实)等。③ 但 Baumgärtel 则将认诺契约与确认契约定义为就某法律关系之认诺(Das Anerkenntnis eines Rechtsverhältnisses)及就已存在法律关系确切内容之确认。④ Eickmann 指出实体确认契约与证据契约有明显差异,前者,例如当事人双方成立和解之情况下,该和解内容即成为判决之基础。但证据契约中确认之事实,则仅为权利成立要件、权利障碍要件或权利消灭要件;而判决之基础仍为原法律关系。且实体法之确认契约足以成为另一请求权,并可据以主张与贯彻。至于证据契约则仅能以诉讼中抗辩方式主张之。⑤

---

① Baumgärtel, Wesen und Begriff der Prozeβhandlung einer Partei im Zivilprozeβ, 2. Aufl., 1972, S. 249; Eickmann, a.a.O., S. 8.

② Rosenberg, Die Beweislast, 5 Aufl., 1965, S. 86f.; Rosenberg/Schwab/Gottwald, a.a.O., S. 659. 骆永家将举证责任契约定义为当事人间以契约约定举证责任之分配者,骆永家:《民事举证责任论》,1995 年版,第 93 页。但应注意 Baumgärtel 将推定契约,亦认为举证责任契约之一种,Baumgärtel, Beweis-lastpraxis im Privatrecht, 1996, Rdnr. 173. 相同见解,vgl. Eickmann, a.a.O., S. 39. 唯学者亦有将推定契约归类于证据契约,甚至类推自认契约者。Vgl. Wagner, Prozeβ-erträge, 1998, S. 650 m.w.N., Baumbach/Hartmann, Zivilprozeβordnung, 56 Aufl., 1997, Ahn. § 286 Rdnr. 6.

③ Wagner, a.a.O., S. 620. 应注意确认契约之存在,可能与民法中债务承认或和解契约相结合。

④ Baumgärtel, Wesen und Begriff der Prozeβhandlung einer Partei im Zivilprozeβ, 2. Aufl., 1972, S. 251.

⑤ Eickmann, a.a.O., S. 36. Eickmann 并认为,区别证据契约与确认契约之标准,乃为二者之功能差异,亦即前者乃为规范诉讼中之权利义务,后者乃与实体法权利义务关系之改变有密切关系。因此,于证据契约之认定应注意其功用(Funktion)取向与目的,并注意依民法第一百三十三条(解释意思表示,应探求当事人真意,不得拘泥于所用之文句)、第一百五十七条(契约之解释应遵守诚实信用原则,并考虑交易上之习惯),而依个案解释确认之。Eickmann, a.a.O., S. 37f. 若当事人约定:我确认自 X 收到充当贷款之 2000 元马克,或若当事人约定:我二人达成一致合意,认为房屋无瑕疵,且屋主尚须给付 5000 元马克。其认为二者,均属实体法性确认契约。Eickmann, a.a.O., S. 32, 38.

(三)相关案例

就证据契约之相关案例,在此聊举数则,[①]俾供参酌。

[案例一]在一中古汽车买卖契约中附加"契约当事人双方合意认为汽车于无瑕疵状态下被交付",嗣后于买受人请求返还价金之诉时,被告即出卖人援引上述条款抗辩。

[案例二]于一车祸事件发生后,当事人双方争执损害发生之原因与额度,为节省费用,双方约定于诉讼中应以五万元之损害为基础,讵原告于诉讼中乃主张七万元。

[案例三]于一租赁契约中附加一手写约款"契约当事人于可能发生之诉讼中,不能就契约中记载之事实争执,亦即不能提出相反事实"。但承租人于嗣后发生之修缮诉讼时,主张被告交付之房屋不堪居住等情。

[案例四]某甚为复杂之建筑诉讼中,当事人于诉讼外为节省鉴定费用,合意被告舍弃某四项主张,而被告舍弃其某三项主张,于诉讼中被告拒不遵守前述协议。

[案例五]于一不动产租赁契约中,当事人为如下约定:"于终止期限届至三日前寄送终止意思表示之信件已被证明情况下,于保留反证可能之条件下,推定终止意思表示已适时到达。"于诉讼中承租人抗辩其未收到终止之信件。

[案例六]于离婚事件中,双方当事人均称彼等已分居二年,但法院质疑此项说法,乃欲传唤某二证人作证,当事人反对并合意就该二证人不进行讯问。

[案例七]于房屋买卖减少价金之诉中,原告提出证人与当事人讯问之证据方法,法院为一勘验之裁定,当事人为节省费用,乃协议不进行履勘,而由详细之照片充当证据方法代替之。

[案例八]于某复杂损害赔偿案件中,某为两造所传唤证人迁移不明,于言词辩论(同时进行证据调查者)终结前,当事人得知该证人住址,双方乃协议以电话讯问方式代替直接于法庭上讯问。

[案例九]原告公司藏书在被告公司处保险,该等藏书因一次大火而付诸一炬,其中包括尚未编造目录者。唯保险契约中包括如下约款:损失仅能经由目录证明之。原告就尚未编就目录之书籍,拟提出证人以证明之。

[案例十]于一审程序中,法院基于当事人协议,就某事实经由书面与电话方式以自由证明进行调查,调查结果已于言词辩论中讨论并引以为判决

---

① 此处所举案例一至案例十二,可参阅 Eickmann, a.a.O., S.32f., 41f., 56.

基础,于上诉审,败诉当事人拟传唤证人到庭讯问。

〔案例十一〕当事人双方乃长久经营生意之商人,双方同意将其争执之债权债务关系及数额多寡,交由一鉴定人对账作成鉴定意见,并据以确认争点事实。讵原告未遵协议,径自起诉主张其所认为之数额,唯于起诉状上原告提及存在前述仲裁鉴定协议情事。

〔案例十二〕法院已经进行证据调查后,当事人协议就个别证据调查结果进行确认,并要求法院依其协议确认之证据调查结果以确认待证事实。

〔案例十三〕台湾"高等法院"一九九九年度上更(一)字第二八三号民事判决:两造签订之系争抵押权设定契约书载明"于实际贷放时,另立借据或本票"之字样,有土地抵押权设定契约书为凭。此项约定系属证据契约之性质,并不侵害自由心证主义,两造应受该项约定之拘束。①

〔案例十四〕于某定型化契约条款中约定,于发生债务不履行之诉讼中,应由债权人就债务人之可归责性负举证责任。

〔案例十五〕台湾台北地方法院一九九九年度重诉字第二二二九号判决:按当事人就特定诉讼标的为关于如何确定事实,或以何种方法确定事实之合意,谓之证据契约,两造既于系争委任契约书第八条约定"因本约所生之争执,悉依受任人加入之建筑师公会公断之,并即为裁判之基础",则两造已就因委任契约所生酬金之争执,如何确定事实,或以何种方法确定事实,合意由第三人即原告加入之台北市建筑师公会公断,此约定并不妨害公益;且当事人对之原亦有自由处分之权限,此约定自有拘束双方当事人之效力;且此约定系在争讼发生前,限制将来欲声明之证据方法,与法院心证形成之过程无关,对法院亦有效力。

(四)本书见解

首先应指出,举证责任契约定义可有广义与狭义之分。所谓狭义之举证责任契约,乃指明示直接以待证事实于事态不明时,不利益归属决定之约定,例如契约中明订给付不能或不完全给付之可归责性要件归由债权人负举证责任。广义举证责任契约,则除狭义举证责任内涵外,尚可包括可反证之自认契约与推定契约,因该等契约某程度上将使举证责任被改变。

就证据契约之定义而言,本书综合文献上论述认为:

最狭义之证据契约乃指以证据提出之限制为契约内容者,亦即证据方

---

① 但台湾"高等法院"似应再叙明其认定当事人有以系争约定为证据方法限制契约之合意,关于此项合意认定,须为真意之探求,始能作出适切之解释与认定。以上述契约文字为认定基础,似有不足。

法契约。

狭义之证据契约则仅系指诉讼法性质之契约,且不包括举证责任契约。其内涵则可能包括自认契约、推定契约与证据方法契约。但此应注意,就可反证之推定与自认契约可能被归类于举证责任契约,因其举证责任可能已因当事人之约定而被反置。此定义方法之优点,系其尝试就实体法性与诉讼法性之相关契约作区别,并试图就处理待证事实状态之不利益归属约定,与其他关于待证事实确定之合意进行分辨。

广义之证据契约则认为证据契约固不包括确认与承认等实体法契约,但包括举证责任契约。

最广义之证据契约系指所有关于确定事实或以何方法确定事实之约定,包括实体法与诉讼法性质之契约,即除狭义证据契约外,并包括举证责任契约、实体性确认契约与承认契约等。

本书固认为,严格而论,证据契约与举证责任契约应有所区别。因而,狭义证据契约理论似较为可采。但实质而论,其区别实益并不明显,且在效力控制上似亦有其共通处。因而于本书中,基本上亦将举证责任契约纳入讨论对象。

在上述案例中,有属于证据必要性之协议者(例如案例一至案例七),有关于证据调查者(例如案例八至案例十一),有关于证据评价者(例如案例十二),有关于举证责任契约者(例如案例十四)。而此等案例有属于自认契约者(例如案例二、案例三、案例四),有属于推定契约者(例如案例五),有属于排除直接审理主义之证据契约者(例如案例七、案例八),有属于证据方法契约者(例如案例六、案例九、案例十),有属于仲裁鉴定契约者(例如案例十一),有关于法院证据评价结果之合意者(例如案例十二)。至于案例一、案例十三均须就契约进行解释始得适当予以定性,亦即案例一是否为自认契约或实体确认契约;案例十三是否为证据方法契约,应经细究契约内容与当事人真意始能妥适定性。至于案例十四则为举证责任契约,案例十五则主要系属于仲裁鉴定契约。应注意者系前述列举,仅为辨明意义而设。其合法性(有效与否),仍应逐一为具体审查。

二、性质

一般而言证据契约之缔结,系发生于诉讼开始前。[①] 但理论上而言,诉

---

① Baumgärtel, Wesen und Begriff der Prozeβhandlung einer Partei im Zivilprozeβ, 2. Aufl., 1972, S. 248 m. w. N.

讼契约仍有可能在诉讼中,法庭内或法庭外被作成,而就诉讼前之证据契约之缔结,即甚容易有缔约双方地位不平等之情况,尤其系若配合定型化契约条款之运用,甚易造成经济弱势者受到不公平之对待。就诉讼中缔结之证据契约,其当事人间欲以解决诉讼事件之真意,较易探求。但于诉讼前作出者,是否当事人欲使该契约直接发生诉讼效力,则有契约之解释空间。

证据契约之性质与其定义内涵广度应有所关联,因若将证据契约以最广义方式理解,则实体法性质之确认契约(materiellrechtliche Feststellungsverträge)亦为证据契约。但一般就证据契约与实体法确认契约仍多予以区别,并不视为同一。至于其他诸如自认契约、推定契约、证据方法契约、举证责任契约之性质如何定性,于学理上存有争议。于台湾地区有关文献中,陈计男认为证据契约系诉讼行为之一种;①邱联恭认为证据契约具诉讼法上契约之效力;②王甲乙、杨建华、郑健才则认为,有效之证据契约既发生诉讼法上之效果,自系诉讼契约之一种。③

就狭义或最狭义定义下证据契约之法律性质,于学说上固存在不同见解,有认为纯私法契约,而无诉讼法之强制力,但违反将造成损害赔偿义务者,④亦有认为系纯诉讼契约者,⑤亦有认为证据契约之性质为可经由诉讼强制之实体法契约者。⑥虽实体法说已较少获得共鸣,但不容忽视者乃虽属于狭义或最狭义之证据契约,于契约自由原则下,是否无混合并存之可能,仍值探究。亦即,虽可认为,原则上证据契约系具有诉讼契约之性质,但仍应依个别契约逐一探求。

又举证责任契约如前所述,可能有广义与狭义之分,如举证责任契约系指涉及就实体法规范之请求权要件、抗辩或其他要件要素之举证责任,以约

---

① 陈计男:《民事诉讼法论》(上),台湾三民书局1999年版,第445页。
② 邱联恭讲述,许士宦整理:《口述民事诉讼法讲义》(三),2000年版,第162页。
③ 王甲乙、杨建华、郑健才:《民事诉讼法新论》,台湾三民书局1999年版,第341页。
④ Niese, Prozeßhandlungen und Verträge über Prozeßhandlungen, 1931, S. 75f., 83, 86; Schüller, Die Wirksamkeit von Beweisverträgen nach geltendem Prozeßrecht, 1932, S. 28. 35.
⑤ Schiedermair, Prozeßvereinbarungen im Zivilprozeß, 1935, S. 80ff., 119ff.; Knecht, Die Beweisverträge im Zivilprozeß, S. 57ff.; Dickhoff, Die Rechtsnatur und Wirksamkeit von Beweisvereinbarungen im Zivilprozeß, 1941, S. 33; Rosenberg/Schwab/Gottwald, a. a. O., S. 658.
⑥ Tägert, Beiträge zur Theorie des Feststellungsvertrages, 1934, S. 54.

定方式加以变更。于学说上，颇多认为系实体法性质之法律行为（契约）者。① 但若系关于可以反对事实反驳之自认契约，亦即当事人约定于相反事实被证实前，双方不争执某事实，其亦被称为不争执协议（Nichtbestreitungsvertrag），乃于当事人未提相反事实证据时，以当事人自认为判决，则似属于当事人程序上主张、陈述处分权能，是否非属诉讼法之性质，非无讨论余地。

另，仲裁鉴定契约（Schiedsgutachtenvertrag）②系指当事人约定将事实确定委由法院外第三人确定之契约，其显与程序上之证据调查程序进行有关，而就仲裁鉴定契约之法律性质，亦存有争议。③ 尤其仲裁鉴定契约，不仅包括以事实确认为契约标的者，当事人亦可能约定就其契约意思之补充，或契约所存在不明内容交由第三人厘清，或委由第三人确定具法律效果之事实上与法律上请求权要件或其他要件特征。就不同约定内容之契约，即可能有不同之评价。④

第三节　证据契约之合法性

关于证据契约之合法性问题，学说就此存有争议。邱联恭认为在辩论

---

① Baumgärtel, Wesen und Begriff der Prozeβhandlung einer Partei im Zivilprozeβ, 2. Aufl., 1972, S. 249f. m. w. N.; Wagner, a. a. O., S. 697m. w. N.; Baumgärtel, Die Auswirkungen von Parteivereinbarungen auf die Beweislast, FS. f. Fasching, S. 67; MünchenKommZPO-Prütting, § 286 Rdnr. 154; Rosenberg, Die Beweislast, 5 Aufl., 1965, S. 87.

② 仲裁鉴定契约与仲裁鉴定人契约（Schiedsgutachtervertrag）不同，后者涉及当事人与仲裁鉴定人之权利义务问题，关于二者之关系，Vgl. Bettina Meyer, Der Schiedsgutachtervertrag, 1995, S. 42ff.

③ 有认为实体法性质者，有认为诉讼法性质者，亦有采二者之折中见解者，Vgl. Baumgärtel, Beweislastpraxis im Privatrecht, 1996, Rdnr. 188 m. w. N. 就仲裁鉴定契约之类型与性质，台湾地区学者有认为可区分为权利形成型仲裁鉴定契约、权利变更型仲裁鉴定契约与确定型仲裁鉴定契约，并认为权利形成型仲裁鉴定契约乃实体法契约，而权利变更型仲裁鉴定契约与确认型仲裁鉴定契约则具有实体法契约及诉讼契约之双重性。沈冠伶：《仲裁鉴定制度之研究》，载《民事诉讼法之研讨》（十），2001年，第307页。

④ 就不同见解，vgl. Eickmann, a. a. O., S. 44ff. 关于仲裁鉴定契约之效力，参阅沈冠伶：《确定型仲裁鉴定契约于诉讼程序上之效力》，载《台湾本土法学杂志》2001年第22期；沈冠伶：《仲裁鉴定制度之研究》，载《民事诉讼法之研讨》（十），2001年，第308页。

主义之适用范围内,应该可以认为有效。① 但若法律规定法官可依职权调查证据之情形,即不能订立证据契约,例如第二百八十九条、第三百五十五条第二项、第三百五十六条、第三百六十五条、第三百七十二条等。总之,证据契约在性质上亦具有诉讼法上契约之性质,在处分权主义、辩论主义之架构下,不能完全否认其效力。因此亦能节省劳力时间及费用,并可尊重当事人之意思,故在不违反强制规定之情形下,仍然可以成立证据契约。此项立论,自2000年2月11日新法施行以后,更可肯认。因为其于第二百六十八条之一第二项及第二百七十条之一②明文要求法院应运用诉讼指挥权致力于促成简化争点(含证据上争点)之协议,又以第三百七十六条之一第一项承认当事人两造于本案尚未系属以前,亦得于保全证据期日,就事实、证据成立协议(如事实上或证据上争点之协议)。可予以评价为系正面肯认证据契约对法院及当事人具有拘束力。宜并留意者为,关于上述契约(协议)存否之审理,应适用辩论主义为之,亦即认为该合意存在之当事人,应予以主张、证明,而他造亦得就该主张事实加以自认。

此外,学者于证据契约之合法性,有采较宽松承认见解者,例如陈荣宗认为:在辩论主义之原则下,当事人间之证据限制契约得承认其有效力。③盖于诉讼上既然承认当事人有提出证据及撤回证据声明之自由,从而以此契约限制自由心证之证据而左右审判结果,亦无不许之理由。又当事人既然得自由处分财产权利关系,则双方约定就其财产权利关系存否之前提事实以一定方法加以认定,此不外间接地自由处分其财产权利关系,故当事人间之自认契约应认为有效。除此之外,基于相同之理由,举证责任契约之约定于双方当事人之间,亦应认为有效。

姚瑞光则认为,证据契约内容,若系限制法院依自由心证判断事实之真伪,或得依职权调查证据之权限者,对于法院不生效力,例如就有争执之主要事实,法院已调查证据完毕,当事人就此调查完毕之证据,为舍弃之合意,

---

① 邱联恭讲述,许士宦整理:《口述民事诉讼法讲义》(三),2000年版,第161、162页。

② 学者沈冠伶亦认为,台湾地区有关证据契约(包括仲裁鉴定契约)的规定,可为"民事诉讼法"第二百七十条之一、第三百七十六条之一。沈冠伶:《确定型仲裁鉴定契约于诉讼程序上之效力》,载《台湾本土法学杂志》2001年第22期。

③ 陈荣宗、林庆苗:《民事诉讼法》,台湾三民书局1996年版,第516、517页。另吕太郎认为,现行法因采辩论主义,故于辩论主义适用之范围内,可承认证据契约之效力。但若逾此范围,而与法院应依职权探知之事实相违,或与法院自由之心证相冲突时(例如合意某证据之证明力如何,或合意某一间接事实是否成立),即不能承认其效力。吕太郎:《民事诉讼之基本理论》(一),1999年版,第328、329页。

若其契约不妨害公益,且当事人原有自由处分之权者,应认为有效。① 例如约定(1)关于一定事实,须提出一定之证据(如公证书),始有证据价值;(2)关于一定之事实,不问是否符合真实,均须承认而不得争执(如需以甲方账簿之记载为准);(3)火灾、海难等一定损害之原因或损害额之算定,须以一定第三人之鉴定为准;(4)关于非明文规定的举证责任之变更(如欠租若干须由出租人举证),均应依其约定。

另亦有学者采较严格承认见解者,例如陈计男认为,证据契约中,只约定限制或特定证据方法(例如关于提出或不提出特定证据方法之合意),或以变更举证责任分配原则为目的之合意,此类合意足以影响法官之心证之自由形成,违反自由心证主义之原则,应不准许。② 唯当事人既能自由处分诉讼标的之法律关系,则约定以一定之事实为前提,决定其存否之内容,应予准许。从而关于特定之诉讼,无论其真否,而承认与诉讼标的之判断有直接关系之事实(例如自认契约),或将其事实委诸第三人判断(仲裁鉴定契约)等合意,应属有效。而王甲乙、杨建华、郑健才亦认为证据契约之内容,如系限制法院依自由心证判断事实之真伪者,对于法院自不生效力,例如合意约定一定证据之证明力,又如合意约定由某事实之存在推定他事实之存在(事实推定契约)等。③ 证据契约之内容如不侵害自由心证主义,且在辩论主义适当领域内者,应认为有效,例如自认契约,既承认诉讼上自认,应认其为有效;仲裁鉴定契约得视为自认之变形,亦应认为有效。证据方法契约或证据限制契约是否有效,学者间不无争执,有承认其效力者,有认为此种契约影响真实之发现与依职权调查证据,似不宜承认其效力。舍弃证据应于该证据未经调查完毕以前为之,若已经调查完毕,法院既已形成心证,自无舍弃证据之余地,故证据调查完毕后所为之证据契约,当应否认其效力。

于德国,就证据契约之合法性亦具有争议,在学说上,于较早期有采否定说者,亦有就证据方法契约或举证责任契约个别肯认其合法性者。④ 即于近数十年间之较重要文献,就此问题之观察亦非全然一致。Rosenberg 于其权威举证责任著作中,虽认为举证责任契约在当事人就契约标的得处分之情形,或不违反强行规定者应属合法有效。但证据契约,则因干预法官

---

① 姚瑞光:《民事诉讼法论》,1999 年自版,第 364 页。
② 陈计男:《民事诉讼法论》(上),台湾三民书局 1999 年版,第 445、446 页。
③ 王甲乙、杨建华、郑健才:《民事诉讼法新论》,台湾三民书局 1999 年版,第 341 页。
④ 相关争议,vgl. Baumgärtel, Wesen und Begriff der Prozeßhandlung einer Partei im Zivilprozeß, 2. Aufl., 1972, S. 248 (Fn. 396) m. w. N.

判决行为,且法院确信不能成为当事人协议标的,故应属无效。① 但Rosenberg等在其权威民事诉讼法教科书中则认为:若当事人之协议规定法官应如何评价某一特定证据调查结果,及对法官自由心证予以限制者,应认为不合法。但证据调查之范围与结果则可经由证据契约而影响,证据契约系诉讼契约,因其效力主要作用在程序领域,在辩论主义与处分权主义范围,应认证据契约有效。理由系因在此范围,证据提出与自认乃为当事人所得决定。但若系合意排除法院所得依职权利用之证据方法,例如《民事诉讼法》第一百四十四条(按:其第一项规定:法院得命令进行勘验或由鉴定人为鉴定,第二项内容暂略)、第二百七十三条第二项第四款(按:指审判长或其指定之成员为准备每一期日而得传唤证人与鉴定人参与言词辩论及为《民事诉讼法》第三百七十八条之命令)、第三百五十八条a[按:法院得于言词辩论前为证据裁定该裁定,且得于言词辩论前实施之,若其系:(1)命受命法官或受托法官进行证据调查;(2)取得公务资料;(3)依《民事诉讼法》第三百七十七条第三项就证据问题为书面答复;(4)经由鉴定人鉴定;(5)进行勘验]、第四百四十八条(若法院认为审理与证据调查结果不足令其就某待证事实之真实或非真实形成确信,就之,法院于未有当事人声请及无视举证责任情况下,亦得命为一造当事人或两造当事人之讯问),则不应准许。②

Schellhammer则认为,当事人固不得规定法院应如何评价证据,但当事人可于诉讼中或诉讼前经由证据协议,就某特定事实不争执、不予审酌,以妨碍法院之证据评价。当事人亦得以契约限制证据方法,而任意法规与其举证责任均得经由契约而变更。③

另,Eickmann认为在辩论主义与处分权范围内,排除特定事实证据必要性之契约,若系争事实于契约缔结前或于契约缔结时有争执之情况,应被准许。但若属职权探知之适用范围,证据契约即为不合法。依《民事诉讼法》第一百四十二条第一项(按:法院得命当事人提出存在于其手中而与其有关之文书,例如家谱、设计图等)所为文书提出之命令,仅能间接经由基础事实之排除以阻止。《民事诉讼法》第一百四十三条(按:若档案中包含关于事件之审理与裁判相关之文书,法院得命当事人提出置于其手中之档案)、

---

① Rosenberg, Die Beweislast, 5 Aufl., 1965, S. 86f.
② Rosenberg/Schwab/Gottwald, Zivilprozeβrecht, 15. Aufl., 1993, S. 658. 就证据方法之合意排除之不同观点, vgl. Schlosser, Einverständliches Parteihandeln im Zivilprozeβ, 1968, S. 24ff., 86ff.
③ Schellhammer, Zivilprozeβ, 6. Aufl., 1994, Rdnr. 557.

第一百四十四条,不得经由证据契约限制,于《民事诉讼法》第四百四十八条之运用范围不能成立证据契约,就《民事诉讼法》第三百五十五条第一项(按:证据调查于诉讼法院前实施。其仅于本法规定之特定案例得委托诉讼法院之成员或他法院成员为之)之直接审理原则亦可经由证据契约变更,但以法院认为当事人约定具合理正当性为前提。当事人之证据方法契约,如不侵害法院权能,应认为得被许可,当事人亦得约定证据方法以自由证明方式处理,但若当事人证据契约直接干预法院之证据评价者应不受允许。①

此外,Baumgärtel乃就不同契约类型予以分析,其主张于德国法学者与实务,就证据契约合法性评价,似可认为,就举证责任契约而言,早期因以其干预法官自由心证,乃以其不应被允许。但近来通说认为如当事人就系争法律关系得予以处分者,即得认为举证责任契约有效。② 推定契约之合法性亦存有争议,其中可反驳之推定契约依通说系为合法,③例如契约约定"以邮务单据代替收据",其目的即系在相反事实证明以前,以向邮局付款之证据代替相对人(即收款人)之收据,并以之推定已付款之事实。④ 同理,可反驳之自认契约(widerlegbare Gestaendnisvertraege)应亦具有合法性。证据方法契约乃以契约排除或限制特定证据方法,依通说于辩论主义之范围若当事人得处分其实体权利应属有效。持少数说者,或基于违反证据法之强制性格,或基于侵害法官自由心证,或因其违反真实发现要求,而认为证据契约无效者,实乃忽略辩论主义之真义。⑤ 又当事人亦不得以协议排除直接审理主义之运用或合意以自由证明代替严格证明。⑥若当事人约定法院应为一定之证据评价,依通说亦应不被允许,因自由心证乃证据法之支柱,优先于当事人个人利益。⑦ 至于不可反驳之推定契约应属不合法,而通

---

① Eickmann, a. a. O. , S. 72ff.
② Vgl. Thomas-Putzo, ZPO, 19. Aufl. , 1995, Vor. § 284 Rdnr. 38;Baumgärtel, a. a. O. , 1996, Rdnr. 172 m. w. N.
③ Brüggemann, Judex statutor und judex investigator, 1968, S. 406;Baumgärtel, a. a. O. , 1996, Rdnr. 175 m. w. N; Eickmann, a. a. O. , S. 39. Baumgärtel认为可反驳之推定契约与可反驳之自白契约或认诺契约均属举证责任契约,Baumgärtel, a. a. O. , 1996, Rdnr. 175, 177.
④ Brüggemann, a. a. O. , S. 406.
⑤ Baumgärtel , a. a. O. , 1996, Rdnr. 181 m. w. N.
⑥ 但于为诉讼促进与费用节省之目的,法院经当事人同意,亦有可能排除直接审理主义之运用。Baumgärtel , a. a. O. , 1996, Rdnr. 189.
⑦ Baumgärtel , a. a. O. , 1996, Rdnr. 190.

说并认为仲裁鉴定契约系属有效。①

　　本书认为在辩论主义与处分权主义范围内，应尽量承认证据契约之效力。其理由主要系基于就属于当事人得处分之诉讼标的，尤其并不具公益之性质事件，当事人就诉讼标的，于实体法上，基于私法自治，且得自由处分；而于诉讼上，亦得自由决定是否提出某诉讼数据，甚至以自认方式达到权利处分之目的。如此，举重以明轻，自得推出就证据契约应有受较大范围承认之理由。除非系在较极端之事例，譬如于证据调查后，要求法院应依当事人所为证据评价进行心证形成过程等，否则当对证据契约之合法性采取较宽大之态度，俾能符合私法法理体系之一贯性。因此就举证责任契约、可反驳自认契约、可反驳推定契约、证据方法契约、仲裁鉴定契约等均应承认其合法性。但就不得反驳之自认契约或不得反驳之推定契约与限制（排除）直接审理主义及严格证明原则之约定，其合法性易滋疑义。本书认为仍以合法说为可取，以兼顾私法自治原则、处分权主义与辩论主义之精神。仅于当事人直接约定限制法官就具体调查证据结果应为如何证据评价时，始认为契约不合法。

　　对此，实务上近年来亦已陆续表示相关见解，例如"最高法院"二〇〇七年度台上字第二九〇七号民事判决指出："按'民事诉讼法'第三百七十六条之一既于保全证据程序，设有两造得就诉讼标的、事实、证据或其他事项成立协议等'证据契约'之具体明文。是凡当事人间以合意就特定诉讼标的及其原因事实确定其证据方法之证据契约，倘其内容于公益无妨害，不侵害自由心证主义，并在当事人原有自由处分之权限及辩论主义之适当领域内者，本于私法自治原则，自应承认其效力。"就仲裁鉴定契约而言，"最高法院"二〇〇八年度台上字第二五六号民事判决认为："当事人约定委由法院以外之第三人就法律关系存否之事实或构成要件要素作成判断，并愿受该判断结果所拘束之仲裁鉴定契约，其性质具有诉讼契约中证据契约之性质，本于辩论主义之事实处分自由及自主选择纷争解决程序之综合评量，在辩论主义之范围内，固得承认其效力。"但实务偶有将合意选定鉴定人契约与仲裁鉴定契约相混淆者，理论上前者之鉴定结果，应无拘束两造及法院之效力，"最高法院"二〇〇九年度台上字第一一三一号民事判决乃较为正确地指出："按鉴定为一种调查证据方法，所得结果系供作法院依自由心证判断事实真伪之证据资料。当事人就其可处分之事项，对于鉴定人之人选、鉴定结果及于事实认定之效力，本得于起诉前以证据契约之形式为约定，于证据保

---

① Baumgärtel，a. a. O.，1996，Rdnr. 191.

全程序中依'民事诉讼法'第三百七十六条之一第一项规定成立协议,或于诉讼进行中依同法第三百二十六条第二项前段、第二百七十条之一第一项第三款规定达成指定合意或争点简化协议。倘无此证据契约、指定合意或争点简化协议,法院即不受鉴定结果之拘束,仍应践行调查证据之程序而后定其取舍。"

第四节　证据契约合法性之界限

就实体法性质之确认契约而言,若为法律关系之确认(如以和解或债务承认方式为之者),则主要系指权利义务关系之确认,因其权利义务关系已经确认,法院审判基础即应以该权利、义务关系确认契约为依据。[①] 就举证责任契约与证据契约而言,若当事人于诉讼中主张之,法院应受其拘束。

但证据契约之被承认仍具其界限,就此,可确定者为,证据契约之被承认前提,一般系设定在当事人就诉讼标的具有处分权。若当事人就诉讼标的并无处分权能,原则上,即应对证据契约之承认采取保留之见解。同时,若诉讼标的非属辩论主义与处分权主义适用范围之程序,即不认为有承认证据契约之余地。故而,就职权探知主义适用之程序,例如亲子事件等具公益性之程序,就证据契约之承认乃应采消极之见解。另就具公益性之强行法规,在其举证责任契约之成立限制,亦应采取相同标准。[②]

又证据契约之承认,尚应注意是否违反诚实信用原则(Treu und Glauben)及公序良俗。[③] 若违反诚信原则或公序良俗,该证据契约应被认为无效。此外,学者多认为就民事诉讼法中若干法院得依职权调查之事项,当事人亦不得依约定限制之。例如 Rosenberg 所举出之德国《民事诉讼法》第一百四十四条、第二百七十三条第二项第四款、第三百五十八条 a、第四百四十八条等;或如邱联恭所举之台湾地区"民事诉讼法"第二百八十九条、第三百五十五条第二项、第三百五十六条、第三百六十五条、第三百七十二条等。

就证据契约合法性之限制,尤应特别注意者,乃定型化契约条款之特殊

---

① 理论上,亦可能存在就待证事实为实体法性确认契约之约定,则其可能仅以债务履行方式及以之为待证事实之证据方式,作为其契约之衍生效果。
② Vgl. Baumgärtel, a. a. O., 1996, Rdnr. 172.
③ Thomas-Putzo, ZPO, 19. Aufl., 1995, Vor. § 284 Rdnr. 38.

限制问题。在德国,就存在于定型化契约条款之证据契约,其审查之主要法律依据,乃《一般交易条款法》(AGB-G)第十一条第十五款及第九条。① 前者规定:于一般交易条款约定,利用人借此而为不利益他造目的,将举证责任予以改变者,无效。特别系 a 将存在于利用人责任领域中之情事之举证责任归负于他方,b 使他方确认某特定事实。后者乃指一般交易条款之审查。其第一项规定:若一般交易条款中约定,依诚信原则对于利用人之他造有不适当之不利者,无效。(另第二项略)就台湾地区而言,若定型化契约条款中出现证据契约,则法院除前述诸般限制之审查外,应特别注意"消费者保护法"第十一条、第十二条之规定。② 前者规定:"企业经营者在定型化契约中所用之条款,应本平等互惠之原则。(第一项)定型化契约条款如有疑义时,应为有利于消费者之解释。"后者规定:"定型化契约中之条款违反诚信原则,对消费者显失公平者,无效。(第一项)定型化契约中之条款有下列情形之一者,推定其显失公平。一、违反平等互惠原则者。二、条款与其所排除不予适用之任意规定之立法意旨显相矛盾者。三、契约之主要权利或义务,因受条款之限制致契约之目的难以达成者。"

  本书认为,既然证据契约得于私法自治原则、辩论主义、处分权主义等制度思想基础与价值获得其存在之合理性基础,且台湾地区"民事诉讼法"第三百七十六条之一之规定,尤其可认为系承认证据契约之明文化。本书乃认为,原则上应尽量承认当事人就证据契约所为之约定合法性(与有效性),但在审查证据契约之合法性与有效性时,应首先注意,在证据契约之定性③时,须特别注意应探求当事人之真意及依诚信原则与交易习惯进行解释。④ 若属于证据契约(包括举证责任契约),则除非其非属辩论主义与处分权主义适用范围之诉讼标的,或其显然系为拘束法院于证据调查后就证据评价之自由⑤,否则似应尽量认为系争契约具合法性。其次,乃应再进行

---

① 其他应审查之条文规定,vgl. Wagner, a. a. O., S. 700ff.

② 另就"行政院"版"消费者保护法修正案"对契约无效之例示规定(包括其中第十四条之二第八款规定:依法应由企业经营者负举证责任之事项,约定由消费者负举证责任或确认其事实存在或不存在者,无效)之内容与影响,参阅黄立:《民法债编总论》,1999 年第 2 版,第 109 页。

③ 亦即,确定系争契约究为实体性确认契约或诉讼契约及其具体种类。

④ Baumgärtel, a. a. O., 1996, Rdnr. 178.

⑤ 至于学者所认为不可就法律规定法官可依职权调查证据之情形订立契约之见解,基本上不能就此见解为无限制延伸,例如不应将"民事诉讼法"第二百八十八条规定列入此禁忌中,否则将易造成证据契约效力被架空。

实质审查,亦即,如诚信原则、公序良俗,甚至如属于定型化契约条款情形,乃应基于定型化契约类型特殊考虑进行有效性之审查。

第五节　结论

就证据契约之定义、性质、合法性与承认证据契约之界限等问题,本书已分别予以探讨,并采取一定之立场,均已如前述。则若依本书所采见解,就合法性而言,本书所举相关案例,除案例六与案例十二分别可能因抵触职权探知主义与法院自由证据评价中心思想外,其余案例似应尽量承认其合法性。① 但仍应于个案,依本书所论界限逐一予以审查,并为效力监控。

证据契约之相关问题甚多,例如其与诉讼程序之目的观之关系、其与诉讼契约之相关问题、仲裁鉴定契约之基本问题、其与定型化契约之关系等问题,均值另以专论拓深究研。就此,仅得待来者为之。

---

① 但应注意,就案例一与案例二之定性,及就自由证明与影响直接审理主义之证据契约等问题,容有不同见解。

第五章　违法取得证据之可利用性

第一节　问题之提出

违法取得证据之可利用性问题,无论在德国、美国等先进法治国家或在台湾地区之刑事程序法学,均被视为一甚为重要之课题。就台湾地区而言,其在刑事法学界或实务之讨论,于近年以来乃属方兴未艾。[1] 而就此一问题于民事程序法领域,在法治先进国家之意识与讨论,亦由来已久。[2] 唯在台湾地区之民事程序法领域,就此一问题之讨论,则尚不多见。其原因固可能系刑事证据法之强调证据排除法则,主要系为对抗国家侦查机器为取得证据而非法侵害人权。但就民事程序中之负举证责任人或第三人之违法取得证据,例如电话窃听及私下录音、日记或其他文件之窃取、未经同意之照片拍摄或录像等,是否得许可举证义务人提出?法院是否得为证据调查或得为其心证形成评价之标的?凡此,均已涉及程序法、实体法,甚至宪法之价值确立与冲突之问题,而此等问题于实务甚为常见,自有研究之实益。

---

[1] 例如王兆鹏:《刑事被告的宪法权利》,1999年版,第3页;黄朝义:《刑事证据法研究》,2000年版,第35页;林钰雄:《刑事法理论与实践》,2001年版,第423页;林钰雄:《刑事诉讼法》(上册),2001年版,第444、445页所引文献等。

[2] 比较法上研究,vgl. Kaissis, Die Verwertbarkeit materiellrechtswidrig erlangter Beweismittel im Zivilprozess, 1978, S. 69ff.; Kodek, Rechtswidrig erlangte Beweismittel im Zivilprozess, 1987, S. 20ff.

第二节 价值冲突

一、真实发现与民事诉讼目的之关联

关于民事诉讼目的何在之问题,系民事诉讼法学之一深具争议课题。传统理论有所谓权利保护说、权利保障说、纷争解决说、依法解决纷争说、私法秩序维持说、多元说、程序保障说等不同见解。[①] 又台湾地区诉讼法学者另有主张法寻求说者。[②] 本书认为于民事程序中,就具有强烈讼争性质,而当事人强烈期待经由裁判程序解决争端之情形(亦即于此情形理论上应有较少之违背真实之自认等情形者),应认为此类型程序之主要目的应为主观(实体、私法)权利之确认与实践(Die Feststellung und Verwirklichung subjektiver Rechts)。[③] 唯于诉讼法中,既为尊重当事人之程序选择与权利处分,而另有调解、和解等制度之设立。就此等制度而言,不容否认其强调纷争解决之目的甚为显然。唯在上述二可纳为民事程序目的之外,本书并不认为其他不同学说见解均不足采。反之,本书认为其他学说,例如多元、法寻求说等,均有助于对民事诉讼制度目的之理解,但是否得将民事诉讼法或其他法律所规定之不同民事纷争程序,统一观察,而以某一学说为一贯性解释与定性

[①] 相关见解之意义与批评,参阅邱联恭:《程序制度机能论》,台湾三民书局1997年版,第161页。另有所谓法和平维护说、客观法秩序维护说等争议,相关见解出处,vgl, Kaissis, a. a. O., S. 18 m. w. N.

[②] 学者主张民事诉讼制度目的应系"法"之寻求、发现、提示,而且其所寻求的法系指存在于实体利益(如因特定实体法上权利经裁判为存在,即特定实体法规范被适用时所可能获致之利益)与程序利益(因程序之使用或减免使用所可能获致之劳力、时间或费用之节省)之平衡点之"法",而非仅指在诉讼外从客观上据以判定某私权存否所适用之实体法规范而已,尚有所不同于向来有关民事诉讼制度目的之权利保护说为判定其认为应受保护之权利是否存在时所准据之实体法。邱联恭:《程序制度机能论》,台湾三民书局1997年版,第158页。

[③] 就此一目的,vgl. Rosenberg/Schwab/Gottwald, Zivilprozessrecht, 15. Aufl., 1993, S. 3. 本书且认为国家为正当化剥夺私人自力救济,应致力于建立一有效诉讼机制,以保障人民得经由诉讼实现其因被告侵权或违约等行为所造成之损害(亦即违约欠一元之诉讼,合乎正义之结果应系被告应负担一元及利息,甚至包括诉讼费用之裁判费用)。相关制度可能包括诉讼救助、律师费用计入诉讼费用、扩大律师强制主义适用及提升法官素质等。

民事诉讼制度目的,似仍有争论空间。

无论就民事诉讼制度之目的采取何种见解,均须面临作为基本程序终结前提作业之事实认定程序。而此一事实发现程序,于民事诉讼制度之意义,在学理上亦多所争执。① 至于就民事诉讼制度目的论之探讨,与本书论题"违法取得证据可利用性"问题,其联结之考虑因素,乃在于依民事诉讼制度目的为解释论导向,得否推得真实发现亦得被视为一独立民事诉讼制度目的? 若不然,其定位何在? 而其所谓真实之内涵为何? 可否自真实发现之价值,推得法院得不择手段发现真实以实现私法权利? 抑或民事程序之发现真实程序须受正当程序之理念引导,并平衡其他宪法或法律所保障之价值? 凡此,均为真实发现与民事诉讼法目的之交错与关联。

二、"真实发现"之价值相对化

若采较传统之所谓"真实与正义"(Wahrheit und Gerechtig keit)为诉讼目的之见解②,无可避免将引致诉讼程序具有追求客观真实之意义。而即若采私权确认与实践或解决纷争等理论,其于所谓诉讼程序所追求真实之意义,仍不免有不同评价。基本上,愈倾向客观真实见解者,则于违法取得证据与真实发现之价值无违背时,愈可能于违法取得证据之可利用性会较有从宽解释之倾向。但如此解释,即易造成不择手段之真实追求之后果。③ 法秩序之维持即不免遭到破坏。前述之民事诉讼法目的见解,于此等意义而言,实非全无再审视之必要。

若将纷争解决视为诉讼程序之主要目的者,则其于真实发现之要求强度,似不若前述所谓以私权确认及贯彻者,此乃因其系重在个案之解决,因而诉讼程序得否将私权确认所须前提事实确切还原,似非主要关注焦点。此一见解虽无不择手段追求真实之疑虑,但在讼争性而两造均强烈希欲以争讼程序及裁判程序解决之案型,似难以说明当事人何以须接受被打折之权利与模糊之事实认定。本书认为,在和解、调解等程序,其基本上系以解决纷争为主要目的,因而事实之确认追求,固非该程序之(独立)目的,则探

---

① 邱联恭:《程序制度机能论》,台湾三民书局1997年版,第6、43、44页。

② 相关见解引介,vgl. Kaissis, a. a. O., S. 17 m. w. N.

③ 就刑事诉讼而言,Beling 于1903年曾主张,为探求真实,原则上准许利用任何方法,而刑事证据限制仅系例外。但联邦最高法院于1960年则认为,刑事诉讼程序并不承认可不择手段之真实发现原则。Vgl. Zeiss, Die Verwertung rechtswidrig erlangter Beweismittel, ZZP 1976, 377 m. w. N.

求真实,在此等程序自无绝对性可言。

兹存在争议者,乃在当事人均希望以争讼裁判方式处理个案之类型。设如本书所言,在此等诉讼程序系以确定私权及实践为目的,所谓真实发现,得否视为该等程序之独立价值,就此应持否定态度。① 因真实发现,在诉讼中应仅视为一过程、手段,而非目的,或至多亦仅将之视为程序目的之反射而已。至于就此等程序中之真实发现是否具绝对性之问题,亦应持否定之见解。本书认为虽如前所述,此等争讼程序之目的固易导引真实发现(价值、目的)之绝对化,但此一绝对化倾向在理论上仍应受若干因素制约。例如,诉讼程序之真实发现尚受处分权主义、辩论主义之限制,而此等因素则具有指向法院无法绝对掌握还原真相的权力(尤其在民事诉讼法,亦承认失权与若干证据拒绝之事由,更突显民事诉讼之真实发现有其界线)。另外,真实发现亦受相关法理之制约,如诚信原则、正当程序及其他宪法原则。尤其,若诉讼制度有相关为发现真实之配套制度,例如因诉讼制度社会化、武器平等观念引入,因而有若干举证责任减轻方法得予适用,并逼使举证人入梁山(指非用非法取证不足证明事实者)之虞降低,均使诉讼制度于真实发现有扩大手段合理化要求之空间。而此种合乎理性选择之前提,即决定法院于民事程序追求事实发现时,须就诚信原则、正当程序,甚至宪法权利保障及预防理论,均予适度酌量之基础。②

第三节 德国法关于违法取得证据可利用性之争议

一、实务见解

德国实务见解,关于违法取得证据于民事程序上之可利用性者,已有不

---

① Vgl. Kaissis, a. a. O., S. 29.
② 台湾地区学者就发现真实、促进诉讼与违法取得证据之紧张关系,亦有所认识。学者邱联恭认为,在诉讼法上允许此类对象为证据方法,固然有利于发现客观真实或促进诉讼,唯在实体法上,该类对象之取得既系以侵害人格权、隐私权等为手段,毕竟具有违法性。不宜全被容许作为证据使用,在其不被容许之范围内,发现真实及促进诉讼之要求即有退让之必要。此外,如举证人所采以搜集证据之手段仅具有低度之违法性,并有比对造更应受保护的正当利益时,似无须一概否认该证据之证据适格。邱联恭:《第一审程序修正草案之析述》,载《民事诉讼法修正草案之析述与研讨》,1993年版,第189页。

少。其中可区分为录音带、照片、信件、日记、电话与对话之证人、偷窥监听之证人等兹分述如下：

就录音带而言，1954年Kassel劳工法院，即曾就雇主违法录音（为证明受雇者之侮辱言词行为）之不得采用，为如此之说明：录音乃个人自由之限制，若于受雇人不知情之任何时间，进行录音，则将造成畏惧，而与民主国之民主自由本质有违，且在技术上，录音易有剪接情事，与探求真实原则未必相适。① 另在一关于合伙人要求另一合伙人（之配偶）所盗录其某次侮辱员工言词之录音带予以销毁事件，实务见解认为未经同意之录音，违反《基本法》第二条第一项之人格自由发展权利，依侵权行为规定（德国《民法》第八百二十三条第二项）得主张不作为或排除请求，且被告不得以其乃为防止相对人嗣后有妨害名誉言词，而主张其持有该录音带有正当利益。② 联邦最高法院1958年判决并认为，私自录音基本上侵害他人之人格权，自《基本法》第一条、第二条及《人权公约》第八条规定，应可推得任何人可自由决定其言语之对象范围大小，且得决定其声音是否可被以录音机保留与传播，除非有正当防卫或利益衡量等情形，而可认为有正当事由，否则仅以有事后为举证利益为由，不能正当化其录音行为。③ 尤值注意者，乃联邦宪法法院于1973年就录音带之可利用性亦曾表示见解，④此案乃关于买卖不动产时，卖方预录为节税而于公证契约中为低于实际交易价格记载之对话，事后买者遭诉，而控方提出录音带为证，地方法院维持区法院之肯定该录音带之证据

---

① Vgl. Kodek, a. a. O., S. 70 (Urteil vom 31.5.1954, BB 1955, 31). 就此判决之批评见解，vgl. Siegert, Die aussergerichtlichen Tonbandaufnahmen und ihre Ver-wertung im Zivilprozess, NJW 1957, 689.

② LG Hagen, Urteil v. 23.3.1955, BB 1955, 489.

③ BGHZ 27, 284. 在另一联邦最高法院关于律师教唆伪证未遂案件判决认为该证人所为录音侵害人格权而不被采用，BGH NJW 1960, 1580.

④ BVerfG NJW, 1973, 891. 同时联邦宪法法院认为，任何人均得自己、独立决定，其谈话是否被录音，以及是否其声音得经由录音再被播放（包括向谁播放），BVerfGE 34, 246.

可利用性之见解,但联邦宪法法院则采不同见解,其中论理则与所谓三阶理论相关。①

关于未经许可擅自拍摄之照片于程序上之可利用性之实务见解,就此,实务曾于某出租人侵入承租人住屋(同时充当工作场所者)予以拍照,而承租人乃声请假处分诉请出租人须将底片与照片交出(与法院),并禁止利用底片之案例中,认为一般人格权亦包括个人房屋之查看,因人之住屋,犹如其人格之镜中显像,其得反映个人生活方式、个性取向与习惯等,虽该判决未明示得否利用违法取得照片,但学者认为自判决论断,可推知判决应系采否定之见解。②另实务就于公共场所之拍照行为(例如为搜集篱笆遭破坏证据,于公园游戏场拍摄某小孩行为),曾认为此部分人格权保护已属人格权保护之最外围,而驳回被拍摄者之要求照片交出之请求者。③

就书信而言,尤其系离婚诉讼中,辄以相对人所写或自情人所得之情书作为证据方法。此一情书得否供作证据方法,亦有疑义。实务曾于被判败诉之一造配偶于判决后以其所取得他造(即其配偶)之情书,充作再审理由之案例中,就该证据予以审酌。但以未该当再审要件,而为驳回之论断者(BGHZ 38,333)。但就离婚程序中,因配偶一造取得他造之情书而遭诉请返还,实务则有认为被告配偶为证据利用之利益取得该情书,非正当化事由,并认为若承认其行为合法性,将造成夫妻间关系之重大负担。④

就日记而言,联邦最高法院曾就某杀人刑事案件中,认为因犯罪重大,

---

① 所谓三阶理论,基本上乃审查隐私权保护界限之理论。其区分三不同保护领域:其一为隐私领域(Intimsphaere),此乃个人得以绝对对抗国家一切基本权侵犯之核心隐私领域,若某证据被评价为属于此一领域,则应被绝对禁止调查与使用。其二为单纯私人领域(schlichte Privatsphaere),就此一范围之违法取得证据(如散步时私人间之谈话),则容许以相当性原则为利益衡量以取舍证据之可利用性。其三为社交范围(Sozialbereich),其乃属外围范围,就此则无禁止之必要。参阅林钰雄:《刑事法理论与实践》,2001年版,第432、433页。但应注意即使属于业务之对话,如此处所指不动产逃税案,联邦宪法法院仍要求地院应就是否存在一重大犯罪为审查,亦即唯如此乃能使该录音所侵害之人格权被置于优越之公共利益之下。Vgl. Kodek, a. a. O., S. 76.

② Vgl. Kodek, a. a. O., S. 79, 80 m. w. N.

③ KG MDR 1980, 311. 另外就车祸现场之拍摄或他人阳台之拍摄,于人格权之侵害似亦非属核心领域,似应为较宽松之对待。Vgl. Kodek, a. a. O., 1987, S. 81f..

④ Vgl. Kodek, a. a. O., S. 83f.

依利益权衡而认为人格权之保护应退居次位(BGHSt 34,397)。① 但就此,于民事诉讼中,是否亦得为相同认定,仍待探索。②

就窃听电话通话与会谈(对话)之证人而言,尤其系在公司电话因有总机与分机之设置,因而职工之电话中言谈,易遭他人所窃听。就此一证据之可利用性而言,实务曾有认为其已侵害隐私领域,而认为不得传讯公司电话接线生为证人者(ArbG Essen BB 1970,258)。亦有以法秩序一致性及诚信原则,而拒绝传讯与闻人为证人者(LAG Berlin DB 1974,1243)。③ 但亦有若干判决认为,证据禁止在此亦有其限制。④ 其中,有判决认为于工作场所,如有第三人与闻乃为对话人所明知或可得知之情形(尤其若与闻者非私密进行偷听者),则非不得传讯与闻者为证人以讯问电话对谈内容。⑤ 另有认为,若是在商场上之交易行为,而非属人格之表现,而以录音方式保存记录为平常者,依社会相当性与存在一推定同意,亦可能正当化传与闻人为证人而为讯问。⑥

至于偷窥监听之证人是否得传讯,亦为难题。于实务上,就在他人住宅中之房间墙壁钻洞偷窥、偷听者,得否传讯为证人之争议,采取否定说者。⑦ 其理由亦系以基本法第一条、第二条所保障之人性尊严与人格权之保障,将因此而遭破坏。而单纯之证据获取利益,并不能正当化偷窥或窃听之行为。

二、学说上讨论

(一)分离原则之确立与修正

就违法取得证据于诉讼程序中之可利用性,向来即有法秩序一致(统一)

---

① 参阅林钰雄:《刑事法理论与实践》,2001年版,第432页。但在另一伪证诉讼中,实务则有认为被告日记不能被利用者,其理由乃系日记记载涉及个人隐私者,乃与人性尊严及人格权保障有关。若日记记载无限制可被他人利用,则个人自由人格发展将遭限制,且个案之犯罪非属重大,公益保护应退居隐私权保护之后(BGH NJW 1964,1139)。相关争议,vgl. Kodek, a.a.O., S.83f.

② 有认为应禁止使用者,vgl. Rosenberg/Schwab/Gottwald, Zivilprozessrecht, 15. Aufl., 1993, S.642. m.w.N.

③ 相关判决介绍,vgl. Kodek, a.a.O., S.83f.

④ 有认为与闻电话对话者得被传讯为证人,vgl. Rosenberg/Schwab/Gottwald, a.a.O., S.642. m.w.N.

⑤ Vgl. BGH MDR 64,166;LAG Frankfurt DB,1980,1127.

⑥ Vgl. Kodek, a.a.O., S.89 m.w.N.

⑦ BGH NJW 1970,1848. 赞成此一见解者,vgl. Rosenberg/Schwab/Gottwald, a.a.O., S.642.

性说（Einheit der Rechtsordnung）与分离（区分）原则（Trennungsgrundsatz）之争论。依据法秩序一致性（或称为法秩序统一性说①）见解，乃认为实体法与诉讼法均属统一法秩序之一部分，故在实体法上违法搜集之证据方法、证据资料，在诉讼上应排除其利用。就法秩序一致性而言，其将证据取得行为之实体法违法性同诉讼程序中证据提出与评价之合法性结合，作相同之非价评断，而于法体系价值可能存在若干一致性取舍可能而言，固非完全无理。但其忽略实体法规范目的与诉讼程序目的可能存在之差异，及因其差异性所可能造成对于不同法域对于某行为及结果所存在之不同评价之可能性，在理论上似尚有不周延之处。②

分离原则区分实体法违法性（即证据取得违法性）与程序法利用（证据提出与评价）之合法性二者，并认为二者并不等同以观。亦即，证据取得行为之实体法违法性，与诉讼程序之利用并不相关。③ 唯应注意，分离原则并不当然推论违法取得证据即得于诉讼程序中被利用，终究法规范本身具有体系关联与若干价值取舍所可能存在之一致性，若完全无限制令违法取得证据被利用于诉讼程序中，则如何使不法者不能获得利益原则能得到确保、预防大众竞相模仿及使法规范间价值得到平衡，则成一难解之题。就分离原则之克服及如何为证据禁止之理论构成，即为学者争论焦点所在。

(二)主张违法取得证据可得利用之理由

学者主张违法取得证据得于诉讼程序中被利用者，其理由不一，可包括诉讼促进、当事人讯问之可能性、诉讼目的等理论。

就诉讼促进理论而言，论者有认为若不承认违法取得证据得以利用，于诉讼程序将造成法院因须审理与确认是否存在违法取得证据之中间争议，而导致延滞诉讼。④ 虽全面性承认违法取得证据之可利用性，某程度可令违法证据取得事实之存在与否争议得以避免，但民事诉讼虽以促进诉讼为程序原则之一，但并不表示得以不计任何代价为之，因而此一理论之妥当性，值予疑虑。

---

① 参阅骆永家：《违法收集证据之证据能力》，载《月旦法学杂志》2001年第72期。
② 参阅骆永家：《违法收集证据之证据能力》，载《月旦法学杂志》2001年第72期。
③ Vgl. Kaissis, a.a.O., S.32 m.w.N.
④ 应注意者系，就促进诉讼原则与违法取得证据之可利用性而言，学者之观察不尽相同，有将之认为系反对违法取得证据之可利用性者，但亦有认为系作为承认所有违法取得证据之利用合法性理由者。Vgl. Kaissis, a.a.O., S.44 m.w.N.; Kodek, a.a.O., S.102 m.w.N.

就当事人讯问之可能性而言，学者有认为因法院得以当事人讯问方式规避证据禁止之效果，是以证据禁止并无意义，因而应承认违法取得证据文书之程序可利用性。① 但当事人讯问，于德国乃采补充性原则，而其传讯亦有一定之要件。何况当事人讯问之可信度亦不高，且当事人亦有一定之拒绝陈述权，②因而，将此一制度可能性视为反对证据禁止之理由，仍有可疑。

学者亦有强调诉讼程序目的，尤其系为实现私权所须进行之真实发现过程，作为承认违法取得证据可利用性之论据者。③ 但即使刑事程序，亦反对发现真实可不计任何代价。而民事程序除发现真实外，亦须兼顾其他程序法理，学者乃有认为民事程序之真实发现，于违法证据取得可利用性一问题上仅属价值中立而已。④

(三)证据禁止之法理依据

为解决违法取得证据于诉讼程序中之可利用性问题，学说有提出不少证据禁止之法理依据。例如德国《法院组织法》第一百八十三条、证明妨碍、诚信原则、任何人均不得自其违法行为获利、违法行为激励之禁止、法规范保护目的理论、利益权衡论、法秩序一致性等。⑤

1.德国《法院组织法》第一百八十三条

有学者以德国《法院组织法》第一百八十三条作为证据禁止之依据者。⑥ 亦即，依该规定法院有义务将法庭上之犯罪行为要件予以确认，并将作成笔录通知主管机关。但如此见解，将法院之法庭上犯罪之告发义务直接推论违法取得证据不得利用，未免有率断之嫌疑。因其忽略此一规定乃为加强刑事追诉之性质，以及前述规定乃指法庭上犯罪行为，但违法证据取

---

① Roth, Die prozessuale Verwertbarkeit rechtswidrig erlangter Beweisurkunden. Eine Entgegnung, JR 1950, S. 715.

② Vgl. Kaissis, a. a. O., S. 44 m. w. N. 质疑与补充 Kaissis 之见解, vgl. Kodek, a. a. O., S. 102 m. w. N.

③ Roth, a. a. O., JR 1950, S. 715.

④ Vgl. Kaissis, a. a. O., S. 29.

⑤ 台湾地区学者另有介绍其他诸如法秩序统一性说、证明权之内在限制说者，骆永家：《违法收集证据之证据能力》，载《月旦法学杂志》2001年第72期。其他亦有以证据方法之可信度质疑、法院不得为犯罪行为之工具、基本权违反及举证人之损害赔偿义务为证据禁止之论据者，相关见解，vgl. Werner, Verwertung rechtswidrig erlangter Beweismittel, NJW 1988, 999ff. m. w. N.

⑥ Kellner, Verwendung rechtswidrig erlangter Briefe als Beweisurkunden in Ehesachen, JR 1950, S. 271.

得之行为却经常系发生在诉讼前与法庭外者。①

2. 证明妨碍

学者亦有以类推德国《民事诉讼法》第四百四十四条规定以论证其证据禁止理论者，②而认为前述条文所规定之关于"当事人一造故意将文书排除或致令不堪用之行为，法院得将相对人于该文书性质及内容之主张视为真正"，得类推于违法取得证据情形与证明妨碍。但批评者认为，前述规定并不以违法性为要件，其与违法证据取得要件不同，并认为前述规定不能作为证据禁止之论据。③

3. 诚信原则

诚信原则系规定于民法中之实体法原则，但其于程序法上之适用性，则已被学说与实务所肯认。④ Baumgärtel 即认为，诚信原则为证据禁止之法理基础。其曾认为经由恶意与不诚实方法取得之证据，依诚信原则为不合法之证据方法，其理由为，若允许诉讼上利用此等违法取得之证据，将无异系对实体违法行为之鼓励。⑤ 但因诚信原则系一不确定法律概念，因而使用此一概念作为克服分离原则之理论，亦存在界线探索必要与其具体化之难题。

4. 任何人均不得自其违法行为获利

学者亦有以所谓"任何人均不得自其违法行为获得利益"之一般法律原则，而推得违法取得证据不得被利用于诉讼程序者。⑥ 唯前述法律原则固系《民法》第一百六十二条（指对违反诚信原则而阻碍条件成就之"处罚"）所隐藏之法律精神，但因其与分离原则之评价可能有所抵触，在理论上如何说明实体上违法，即推得程序上须予以处罚，仍有疑难。

5. 违法行为激励之禁止

如前所述，学者 Baumgärtel 曾主张，若承认违法取得证据之可利用性

---

① Dilcher, Die prozessuale Verwendungsbefugnis. Ein Beitrag zur Lehre vom "rechtswidrigen" Beweismittel, AcP 158, S. 471; Zeiss, Die Verwertung rechtswidrig erlangter Beweismittel, ZZP 89 (1976), S. 382f.

② Kellner, a. a. O., JR 1950, S. 271.

③ Vgl. Kaissis, a. a. O., S. 40; Kodek, a. a. O., S. 99. Vgl. auch Zeiss, ZZP 1976, 383.

④ Vgl. Kaissis, a. a. O. S. 46f. m. w. N.

⑤ Baumgärtel, Treu und Glauben, gute Sitten und Schikaneverbot im Erkenntnisverfahren, ZZP 69, S. 103.

⑥ Kauper, Zur Frage der Verwertbarkeit rechtswidrig erlangter Beweismittel im deutschen und schweizerischen Zivilprozess, 1965, S. 62ff.

将造成违法搜集证据之诱发效果,亦即,若当事人确信其因违法行为所取得证据,亦得被利用于民事诉讼程序中时,则无异于使其获得克服实体法处罚恐惧之后盾。唯若承认禁止使用违法取得之证据,则将具有一般预防之效果。① 但就理论上而言,于违法行为之诱发与激励效果之大小,应视当事人因民事程序所得利益与其因违反实体法所遭受刑事与民事侵权等处罚之不利益为比较。若因民事程序所得利益较小,则诱发违法或所谓犯罪抑制因素之排除效果即属较低,如此,就此等证据是否亦得依此一理论完全说明,或应转而为适当修正之问题,自值予探究。

6. 法规范保护目的理论

学者亦有认为违法取得证据之可利用性论断,应自违法行为所触犯法规之保护目的出发。唯有依该法规之意义与目的认为该证据应予以排除证据利用者,乃认为不得利用该证据。学者并有据此而认为,于隐私领域及书信与电话秘密之违反,即符合证据禁止之要件。② 据此见解,则因违法行为可能产生二效果,其一乃实体法之损害赔偿责任,其二即程序法之证据禁止处罚。且依此见解,则仅限制当事人本人之违法证据取得,于第三者之行为,则非证据禁止之列。③ 应注意者系此一见解,认为证据禁止乃为例外情形,仅于被违反法规保护目的认为应禁止时始应禁止该证据之利用。此尤其于侵害人性尊严、隐私领域及人格权时适用。但若有正当防卫、紧急避难等阻却违法事由,不在此限。④ 另应注意者乃,此一理论之困难,系在其所谓法规范目的之探求不易,亦即,是否法规范具有指向证据禁止之目的,仍须具体化及提出标准。

7. 利益权衡论

于刑事法领域所谓权衡理论,乃指任何违反取证规定之案例,均须个案衡量国家追诉利益与个人保护之必要性,并兼顾比例原则为个案判断。⑤ 德国最高法院刑事判决,于近年来多以所谓权衡理论为圭臬,以解决证据是否禁止使用之问题。⑥ 于民事程序中之违法取得证据之可利用性,亦有学

---

① Kaissis, a. a. O., S. 52f.

② Stein/Jonas/Leipold, ZPO-Komm, 20. Aufl., § 284 VI Rdnr. 56ff. Vgl. auch Grunsky, Grundlagen des Verfahrensrecht, 2. Aufl., 1974, S. 445; Baumgärtel, Die Verwertbarkeit rechtswidrig erlangter Beweismittel im Zivilprozess, FS. f. Klug, 1983, S. 477ff.

③ Grunsky, a. a. O., S. 446.

④ Vgl. Kaissis, a. a. O., S. 59f. m. w. N.

⑤ 本书发表后,台湾法院实务上多采权衡理论及比例原则作为裁判基础。

⑥ 林钰雄:《刑事诉讼法》(上册),总论编,2000年版,第433、434页。

者特别强调于个案中具体衡量当事人两造利益,尤其系被违反法规所保护之法益及举证人于诉讼上之利益,兼顾比例原则为具体衡量者。① 此一理论固有个案正义弹性之优点,但不容忽视,若法官为不当适用,则于法律安定性亦可能发生破坏之危机。

第四节 本书之基本立场

台湾地区学者有就违法取得证据之证据能力认为:"其结果唯有从裁判上之真实发现的要求与程序之公正、法秩序之统一性或违法收集证据之诱发的防止之调整等观点,综合地比较衡量该证据之重要性、必要性或审理之对象收集行为之态样与被侵害利益等因素,决定其有无证据能力。亦即并非一概否定其证据能力,欲否定其证据能力,必须所违背之法规,在保护重大法益,或该违背行为之态样违反诚信原则或公序良俗。"②学者之见解似采综合多种学说之见解,固有所本,值得参考。

本书于违法取得证据之可利用性问题,则有如下见解:

其一,本书认为实体法之违法行为与因该实体法违法行为所取得证据之可否于诉讼上被利用问题,应区别评价,亦即,本书认为分离原则应较能兼顾程序法具独立目的之特质,其于相关问题解决较具弹性。

其二,程序法固有探求真实之基本任务,但其所谓真实,则未必均与实质客观真实相当,亦即在和解、调解,甚至有部分自白情形,其真实之认定与实质真实未必相洽。但在双方有激烈欲望欲从诉讼中求得是非曲直者,则难为此等讼争程序无要求法院须提供足以令其求得尽量符合实质真实之意义。但应注意程序法之追求真实价值,不表示其即能推得法院应容许不计代价追求真实。因而对于违法取得证据,于诉讼中之可利用性,即不能单纯以追求真实、举证人之举证利益或证明权等理由而正当化其证据取得行为之瑕疵。

其三,解决违法取得证据之可利用性问题之考虑面向,应包括民事程序法之目的,尤其系实体请求权之贯彻及为达成此一目的之探求真实必要性

---

① Baumgärtel, Beweislastpraxis im Privatrecht, 1996, Rdnr. 97, 107. 另 Schilken 约略区分侵害宪法所保障之基本权者与其他案例二者,并认为前者应予禁止利用,后者则依利益权衡断之。Schilken, Zivilprozessrecht, 3. Aufl., 2000, Rdnr. 474 m. w. N.

② 骆永家:《违法收集证据之证据能力》,载《月旦法学杂志》2001 年第 72 期。

之关联，另外并应对宪法与一般法律之规范目的（尤指被违反者）和价值之确认及保护，特别系人性尊严、隐私权、人格权、财产权、自由权、住宅自由等价值之相互间对抗与衡量。对属于法政策层面之一般预防目的及诚信原则，亦应为充分考虑。虽谓争讼型裁判程序之主要目的为权利之确认与实践，但其所追求真实，仍受内外在因素制约，亦即诉讼程序所追求真实，应仅系在法院为充分程序保障下，依当事人所提事实主张与证据资料所得之真实，其所追求之真实，在理想上应与实质真实相当，但实际上却未必然，而正当化诉讼程序认定事实之具极限性，即于当事人获有充分之程序保障。据此，真实探求之价值既具有限性，则为免宪法基本核心价值遭到破坏，如在周边制度已提供当事人证明权之适当保障，亦即在已提供当事人充分武器以追求真实发现之前提下，就破坏法秩序行为，即不能因无设防而附庸屈服于真实发现目的，乃于其合法性加以承认，以致法秩序遭到破坏与扭曲。是故，预防理论、恶行示范禁止、不能借违法行为得利、诚信原则等观点，应均为限制违法取得证据可利用性考虑之因素。

其四，证据禁止之审查，其审查标准主要为诚信原则与法规范目的，而利益衡量则为其方法。虽证据禁止之审查，亦得以所谓三阶理论为审查基准，但因所谓隐私领域、单纯私人领域与社交范围之定义与范围不容易确定，以致其能提供与实务具体标准之功能，似乎有限。因而就违法取得证据之可利用性，仍须以规范目的与利益权衡论为个案之解决，而为免过度法律不安定性，则以类型化作为强化法律安定性之基础，应属可行之道。①

本书认为于违法行为之种类，固可区分为违反宪法与一般法律者，其二者有重叠之领域（且通常并不存在单纯违宪而未违法者）。而所谓一般法律，则可区分实体法与程序法。在证据禁止之审查程序中，首先，应确定当事人违法行为所违反之法律性质为何，亦即是否违反宪法基本价值，是否违反实体法或程序法。又该等所谓一般法律，是否亦存在宪法所保障之基本价值？其次，探寻被违反之法律之规范目的。就此，应注意被违反之目的，是否具有该证据不得被利用之意义存在，并确实探求被违反法律所保护之法益何在。再次，则应就违法取得证据者于诉讼上利用该证据之程序利益加以确认。最后，则进行利益权衡，其方法为违反宪法核心价值者（尤指人性尊严、人格权之保护及隐私权之保障），原则上禁止该证据之利用，例外则

---

① 即人权公约亦无原则性与抽象排除违法取得证据方法之可利用性，Jauernig, Zivilprozessrecht, 26. Aufl., 2000, S. 205 m. w. N.

以利益权衡,兼顾比例原则而承认其可利用性(但应注意,因单纯违反宪法之私人行为不常见①,因而此一审查程序,多置于后述一般法违反类型之宪法价值探求阶段)。至于违反一般法律者,则区分违反程序法者与违反实体法者。前者,应注意程序法规之目的及其是否承认责问权之舍弃或丧失。②后者,则须区分是否亦存在宪法保障之核心价值,若是,则须依上述违反宪法基本价值之审查程序进行;若非之,则应依规范目的所保障之法益与诉讼程序为确定私权而所欲发现真实之相关利益进行利益权衡,并于兼顾比例原则下为审查与确认。至于在审查中,如发现取得行为有正当防卫③、紧急避难,甚至"利益权衡"结果④等阻却违法事由,自得正当化该等证据之可利用性,固不待言。⑤

其五,就违法取得证据之"主观处罚范围"而言,就因举证人自己行为或其须为负责之第三人违法所取得之证据,应有上述证据禁止审查程序之适用。但就其他不相干第三人,因违法行为所取得之证据,是否亦有限制证据利用之必要,则有疑问。若系强调法秩序一致性,则似有限制之必要性。但若系基于举证人之诚信原则违反行为,及其恶意存在与否为考虑证据禁止之必要性,则似未能推得须禁止该等证据利用之结论。本书基于程序法目

---

① 且即使法律中存有漏洞,而未将违反宪法价值者规范入一般法律中,但一般而言,即使刑法未规定,但于民法中仍可能以侵权行为加以规范。此外,另有学者认为,若仅违反一般法律,即应为其取得证据可无限制于诉讼中被利用;若系违反宪法者,如其违反人性尊严者,则应禁止使用,但若系仅违反一般人格权或其他基本权者,则应探寻有无阻却违法事由。Gamp, Die Ablehnung von rechtswidrig erlangten Beweismitteln im Zivilprozess, DriZ 1981, 48. 但就一般人格权与人性尊严之区别标准,及效果区别对待理由,其于说理上似尚存在困难。

② 骆永家:《违法收集证据之证据能力》,载《月旦法学杂志》2001年第72期。另有德国学者认为,于单纯违反程序法之瑕疵,仅于该被违反规范之目的及比重强烈指向应禁止利用者,始行禁止,例如口译员未宣誓等。Musielak/Foerste, ZPO, § 286 Rdnr. 6b. 此外,就程序法违反之类型,似亦不排除有宪法审查之必要与可能。

③ 联邦最高法院有将个案经利益衡量,认为真实发现之利益明显超过被侵害法益者,具有"类似正当防卫状态"者,Schlosser, Zivilprozessrecht I, 2. Aufl., 1991, Rdnr. 354 m. w. N.

④ 且举证人不得以违法取得证据行为之被害人违反真实义务或文书提出义务,而正当化其违法行为,MünchKommZPO-Prütting, § 284 Rdnr. 73.

⑤ 违法证据取得行为,虽于部分情况可能侵害被害人之人格权,但不当然可推得该证据不得于诉讼中利用,Schlosser, a. a. O., Rdnr. 354. 事实上合理做法系区分其严重性类别,较严重者应原则禁止,较不严重者则无须确立原则禁止之前提,其区别实益在于前者情形,主张例外者负有论证义务,较难该当。

的与真实发现考虑,固认为此一不相干第三人违法取得之证据似无禁止使用之必要,但实际上因被害者(通常系举证人之相对人),仍得要求取回或可能以假处分禁止使用,因而承认其可利用性之实益似属有限。

其六,就证据禁止之客观范围而言,本书认为于民事程序中被禁止之证据,似应以因违法行为而直接获得之证据(及其变形,例如录音带译文)为限。其理由为违法行为已有刑事、民事责任,且鉴于真实价值之要求,因而于衍生证据(例如违法窃听因而查得尸体所在,并挖掘得之),似无须加以排除,以免过度妨碍真实之发现。

其七,举证人之违法取得证据行为,依其违法类型,相对人可就举证人所获取之证据(例如文书、照片底片),依侵权行为或所有物(占有物)返还请求之诉或不作为之诉,请求交出或禁止利用,且举证人之相对人并得利用假处分程序禁止相对人利用该证据。但应注意者为,不能因举证人(即违法取得证据人)之相对人可能于侵权行为诉讼(或其他返还之诉等)中主张与利用该证据,乃认为举证人就该证据可得主张因该证据已得同意,而于另诉(特别系于其有利之诉)主张该证据非属违法取得证据。若诉讼中遇有是否存在证据禁止之争议,除有另诉,而得待他诉如侵权、返还之诉,甚至假处分为裁决而资供参酌外,亦得由受诉法院就此争议自为认定裁决,并于裁判理由中为适当说明。

第五节 个案之解决——代结论

为对违法取得证据之可利用性更为明确之理解,兹提供数则类型进行个案之分析与评估,用供参考。

一、窃录对话之录音带

录音带或录像带均属勘验之客体,若未经当事人同意而擅对他人间对话(尤其系举证义务人之诉讼相对人与他人间者)①为录音者,则于德国即属违反《刑法》第二百零一条犯罪(于台湾地区可能该当"刑法"第三百一十五条之一),并且此一行为已侵害人格权,即属于违法取得之证据。而此一违法取得录音带于程序中之利用,应认为系属另一独立之人格权侵害。②若举证人之相对人同意使用此一录音带者,固得认此一录音带具可利用性。但若举证人未获得此一同意时,其证据提出,即须依人格权受侵害之类型加以审查。如认为其侵害客体应被归类于隐私领域,则此一侵害涉及人性尊严与人格权之自由发展价值,法院应探寻规范目的并与真实发现价值为利益权衡(Güterabwägung),并考虑一般预防功能,而依比例原则进行审查。③若被侵害法益情节越重大,例如越涉及人性尊严与人格权之核心保护领域,或侵害之程度与恶性越重大,则证据禁止即越得其适用合理性基础。但若依利益权衡,认为证据利用具有正当化基础者(例如正当防卫、紧急避难或真实发现之举证利益显然重大),则应认该录音带得被利用。唯不能单纯以举证人之证明权为正当化事由。另应注意者系,若认为违法取得之录音带不能利用,则对听闻过此一录音带之人,亦不能以证人身份加以传讯。④ 同理,若录音带内容被译成书面形式,似亦不应被承认其证据能力。

"最高法院"二〇〇五年度台上字第二〇〇一号民事判决中指出:"谈话录音内容如非隐私性之对话,又无介入诱导致有误引虚伪陈述之危险性,基于证据保全之必要性及手段方法之社会相当性考虑,自应承认其证据能力。……对话内容又涉及被上诉人之权利甚巨,若未录音存证,将来有不能举证之虞,足认被上诉人所为录音系出于防卫权利而未逾社会相当性之手段,所显示之录音内容,应可凭信。"

---

① 本书初步认为,若录音者系对话人之一造者,除非谈话者已明示内容之隐私性或其内容显具个人隐私性者,而得认为录音带之窃录与使用均得被评价为违反伦理性(信赖基础之破坏)及诚信原则,乃应将之和其他对第三人(与举证相对人)之对话录音,为相同之得利用性审查外,似应就此一对话人一造之窃录行为作较宽容之处理,其理由为言语行为之自我负责、相对人一造参与对话之留存利益与不违背双方之可预测性。但就此仍可能存在争议,因若就对话另造之人格权保护(尤其指对话主体范围之决定权)及信赖之维护之思考面向出发,则可能有不同结论。

② Baumgärtel, Beweislastpraxis im Privatrecht, 1996, Rdnr. 92. 有学者认为,无论系举证义务人或第三人之违法行为所得录音,均不能被利用。Pleyer, Schallaufnahmen als Beweismittel im Zivilprozess, ZZP 1956, 336f.

③ Baumgärtel, Beweislastpraxis im Privatrecht, 1996, Rdnr. 92.

④ Vgl. OLG Duesseldorf, NJW 1966, 214.

二、违法取得之照片

照片在民事程序中亦系属于勘验之客体,若举证人系以违法方式取得,是否得以利用于诉讼程序中,亦有疑义。就此可分为对物之照片与对人身之照片,前者例如车祸现场车辆之照片或阳台之照片等,基本上应认为此类照片可被利用于民事程序中,因其与侵害人格权较无关系。① 但若系对人身之照片,则与个人人格权有关,若其与隐私相关者,难认其证据为合法。但若经由利益衡量认为被侵害规范所保护法益(例如人身肖像权),较低于举证人于诉讼中因举证所可得之利益(例如脱离暴力、不贞、支离破碎之家庭)及公益考虑时,则似应认为此等照片仍可被利用于诉讼程序中。尤其若举证人之侵害行为,在情节上较轻时,例如系在公共场所所拍得之照片,则依比例原则与社会相当性考虑,更有理由认为此等照片应得被利用于诉讼程序中。②

三、窃取所得之信件或其他文书

若举证人所提出之信件或其他文书系以窃取方式取得者,该等信件或文书是否得被利用于诉讼程序中,亦有争议。有认为因民事诉讼法未有禁止规定,因而应被准许者,③亦有认为如举证相对人有文书提出义务者,则可容许之。④ 本书认为,就此亦应区分信件或文书内容是否涉及隐私权,并考虑诚信原则、一般预防等观点及法规范保护目的等,依比例原则,并视违法之案情程度,为个案之利益衡量。若为情书,则涉及隐私领域之侵害,亦

---

① Baumgärtel, Beweislastpraxis im Privatrecht, 1966, Rdnr. 95.

② Vgl. Baumgärtel, Beweislastpraxis im Privatrecht, 1996, Rdnr. 95. 另外,若非偷拍行为所得照片,而系以偷窃或侵占等方式取得者,其可利用性亦有争议。若强调一般预防概念者,则似乎不应准许。但若就刑法关于窃盗、侵占或民法关于侵权行为之规定,似不特别强调证据禁止之功能,则合理做法似乎仍应注意利益衡量;且区分是否涉及隐私或与隐私无关者,并对前者乃认为系侵害人格权之范畴而为较强之保护。Vgl. MünchKommZPO-Prütting, § 284 Rdnr. 69.

③ Vgl. Peters, Die Verwertbarkeit rechtswidrig erlangter Beweise und Beweismittel im Zivilprozess, ZZP 1963, 153; Weis, Die Verwertbarkeit fehlerhaft erzielter Beweisergebnisse und rechtswidrig erlangter Beweismittel im Zivilprozess, 1966, S. 122ff. 156ff.

④ Vgl. Dilcher, Die prozessuale Verwendungsbefugnis, ein Beitrag zur Lehre vom "rechtswidrigen" Beweismittel, AcP 1958, S. 488f.

即已侵害一般人格权,则其准许,应依利益衡量,认为其利用有正当化事由时,才于例外情形准许之。但若系非关隐私领域时,尤其若系关于交易或业务之文件,则如被窃人依法有文书提出义务者,不妨准许举证人提出该等文件为证据。若不存在此等文书提出义务,则举证人之窃盗行为,即其以诉讼外非法行为进行突袭,应认一般而言,其行为已与诚信原则相违背,仍应以利益衡量方法,就证据可利用性为适当之认定。①

四、日记

就违法取得之日记,是否得于诉讼中作为证据方法,于学说上有争议。② 原则上,因日记涉及个人日常生活记述、心情写照、价值观透露等,其与写日记者之人格权发展相关,若日记之不被他人利用之原则,不能被尊重,则个人人格自由发展与人性尊严,即可能遭受重大限制与戕害。因而若日记之记事内容涉及隐私者,则原则上,应认为违法取得证据不能被利用;但若经过利益衡量,认为程序中真实发现之所欲保护之法益较为重大者(例如杀人之侵权行为),则例外可认为该日记内容得被利用。③ 若日记内容非关人格隐私内容,尤其于其仅系关于业务之事项者,即不存在一原则应禁止之预设,而应经由规范目的之探求,依诚信原则、比例原则为利益衡量,以确定得否利用该日记。

五、窃录之电话录音

若举证人以窃录(未经同意)之电话录音带为证据方法,要求法院进行勘验,得否准许?就此问题,与一般对话录音情形,具有类似性。窃录他人之电话对话,亦有可能侵害他人之一般人格权。德国实务,且有认为被害人人格权基本上较举证人胜诉利益有较高价值者。④ 但本书认为,就此一问题之解决,似应区分通话之一造(即举证人)进行窃录与举证人为非通话两造之第三人(未经任一造之同意)之窃录者。就前者而言,因通话之相对人

---

① 但有认为业务书信之内容具中立性质,应认为真实发现利益较属优位而应被容许利用者,Baumgärtel, Beweislastpraxis im Privatrecht, 1966, Rdnr. 98.

② 关于人格与隐私之记载有认为系侵害一般人格权者,vgl. Musielak/Foerste, ZPO, § 286 Rdnr. 7; MünchKommZPO-Prütting, § 284 Rdnr. 69. 其他争议,Kodek, a. a. O., S. 167 m. w. N.

③ Baumgärtel, Beweislastpraxis im Privatrecht, 1996, Rdnr. 97 m. w. N.

④ Baumgärtel, Beweislastpraxis im Privatrecht, 1996, Rdnr. 101 m. w. N.

未经同意而予以录音,是否能认为有证据禁止之适用,颇值怀疑,亦即于电话中之交谈,其私密性原本即属较低,而是否相对人为录音均不得被认为具有被窃录者可得预见性(某程度之社会相当性),似得质疑。且通话一造之言语,原本即须对相对人负责,此于与相对人之关于业务上之窃录者(例如对恐吓骚扰者之①)固无论,即使属于私人间之对话者,除非相对人明示或依其内容显示纯属私密性信息(隐私领域),而依诚信原则得认为通话者有保密义务者,否则似应尽量承认其可利用性。至于内容涉及隐私领域者,亦可经由利益衡量进行判断(但在此,似无须以证据排除为预设前提)。至若属于举证人为非通话当事人之第三人之违法录音行为,则其行为不能认为乃为通话人所能预计,则通话人之人格权,自应被认为已遭到侵害,原则上应认为有证据禁止之适用,但若此等通话录音,经由利益衡量,认为具正当化理由时,于例外情形不在此限。

六、窃听者充当证人(之证词)

若以耳机及扩音设备,偷听他人电话对话者,法院是否得以其为证人传讯,亦为难题。即此等行为于德国实体法上是否构成犯罪,固有疑义;而即若认为其仅为民事侵权行为,但是否得认其已侵害人格权,而不得被传讯,亦有疑义。尤其如系使用公司或机关电话,且洽谈内容为业务者,则基于通话者两造对所利用电话可能有被监控之可预测性,似应认为对偷听者得予以传讯。② 但若系属于私人间对话(且对话场合非具公共性者),而其隐私性为偷听者所明知或可得而知者,则偷听者之违反伦理性与恶性较重大,基于一般预防考虑与诚信原则,似亦不应无限制而承认对该证人得予以传讯(此在由举证人所应负责之第三人情形犹然)。在此,应予以利益衡量决之,须有正当化传讯事由,乃承认得以该证人为传讯对象。

七、错误具结

不得具结之证人具结(台湾地区"民事诉讼法"第三百一十四条第一项)而陈述证词者,其证词是否得予利用?在学说上有认为应以无具结证词评价之,但亦有认为应以已具结证词为评价者。③ 二者见解固有不同,但均显

---

① Vgl. Baumgärtel, Beweislastpraxis im Privatrecht, 1996, Rdnr. 101.
② Vgl. Baumgärtel, Beweislastpraxis im Privatrecht, 1996, Rdnr. 103.
③ 相关见解,vgl. Schneider, Beweis und Beweiswürdigung, 5. Aufl., 1994, Rdnr. 184 m. w. N.

示其意识到法院于此等证词之评价应较为谨慎。虽如此,本书认为证人既不得为具结,其规定应具有强制性,而不令具结之法律考虑因素(指证人不了解具结之意义),不因其具结而稍减,因而应认为该具结存在重大瑕疵,不应认为该证词系在有效具结下进行,故应以前说为妥。

八、违反拒绝证言权

证人于若干情形得拒绝证言(例如台湾地区"民事诉讼法"第三百零七条第一项之情形),若法院违反告知义务,以致证人未拒绝证言而为陈述,该证词得否于诉讼中被利用? 就此,应注意台湾地区有关规定就得拒绝证言之法院告知义务范围,较德国法为广。于德国,亦即德国《民事诉讼法》第三百八十三条第二项之法院告谕义务之对象,限于该条第一项之第一款至第三款。① 但依台湾地区有关规定,则并及于监护关系、职务、业务及职业秘密等情形。在德国法上乃认为,于因职务、业务等原因得拒绝证言者,因法无规定法院有告知义务,因而证人未行使拒绝权而为陈述之证词,仍属得被利用。② 此于台湾地区似不能作相同解释,亦即台湾地区"民事诉讼法"第三百零七条第二项既规定法院有告谕义务,则"民事诉讼法"第三百零七条所规定主体,若法院违反告谕义务而讯问之,该等证词似应有证据禁止之适用。③ 唯其为程序瑕疵,仍有诉讼法上程序治愈可能,例如再次讯问时已为

---

① 第一款为当事人之未婚配偶、第二款为配偶及前配偶、第三款为三亲等血亲二亲等姻亲。有学者认为,违反告谕及缄默义务者,该证人陈述不能被利用。Zeiss, Die Verwertung rechtswidrig erlangter Beweismittel, ZZP 1976, 385.

② 即使证人因此须负刑事责任亦同,但若因此一证词陈述,虽不致造成信赖关系破坏,唯经其利用于判决理由说明,则将造成信赖关系破坏者,不在此限,vgl. Schneider, a. a. O., Rdnr. 179 m. w. N. 但亦有学者认为,违反告谕义务及保密义务之证词不能被利用者,Rosenberg/Schwab/Gottwald, a. a. O., S. 642 m. w. N.

③ 据此见解,乃能促使法院为公正程序之审判。另就违反台湾地区"民事诉讼法"第三百零六条规定所得证词,是否得利用? 在学说上有不同见解,有认为证人违背公法上义务,因公益大于私益,法院不得以未经同意而泄露秘密之证言,据为裁判之基础,吴明轩:《中国民事诉讼法》(中册),台湾三民书局2000年第5版,第884页;但亦有认为未经同意系程序欠缺问题,与该证言实质内容无涉,仍得采为裁判基础,陈荣宗、林庆苗:《民事诉讼法》(下),台湾三民书局2001年修订版,第638页及其引注。就此,于德国有采禁止利用见解者,Zeiss, Zivilprozessrecht, 9. Aufl., 1997, Rdnr. 443;但亦有认为得利用者,Peters, a. a. O., ZZP 1963, 159.

合法告谕等。①

九、未经声请之证人讯问

在德国,若证人之讯问未经当事人为证据声请者,则此等证词之可利用性如何,亦属争议问题。基本上,若当事人于此一证人受讯问时在场或得在场,亦即其已获程序保障者,应认为该证词仍得被利用。② 唯此一问题在台湾地区之争议性应属较小,尤其台湾地区法院于实务上,辄有依职权传讯证人者。在台湾地区,就职权调查证据之界线(尤指台湾地区"民事诉讼法"第二百八十八条第一项之所谓必要性之解释明确性与合理性之探求)为适当之范界前,就相关问题若欲径采证据禁止见解,较难获得合理说明。

十、违反直接审理

若证据调查违反直接审理主义者,其证据可利用性如何?此一问题在德国实务上,曾有认为此一程序瑕疵不能指摘,因而并不能导致有证据禁止之效果。③ 但如此见解,是否充分考虑到直接审理主义于证据调查结果与法院心证活动间关系与作用,颇令人质疑。④ 其弊端,在合议庭程序中,因实务太过强调受命法官之调查证据,以致合议庭心证形成之空洞化与形式化,尤其明显。故而,是否应就此一程序瑕疵之治愈要件为较强烈之要求,而使该等证据之可利用性评价能趋于合理,即值予研究。另应注意,若当事人于法院违反直接审理主义或当事人公开主义为异议时,法院为保障当事人合法听审权,即应重复该诉讼程序。

---

① Vgl. Baumbach/Hartmann, Zivilprozessordnung, 59. Aufl., 2001, § 286 Rdnr. 68; Schneider, a.a.O., Rdnr. 182 m.w.N.

② Vgl. Schneider, a.a.O., Rdnr. 189 m.w.N.

③ Vgl. Schneider, a.a.O., Rdnr. 185 m.w.N.

④ 有学者认为应禁止此类证据之利用者,Peters, a.a.O., ZZP 1963, 158.

第六章　举证责任分配之一般原则

第一节　前言

　　法院之裁判活动，系以认事、用法为其核心，而举证责任分配法则，即与法院之认事活动有密不可分之关系。如同法谚所云"举证责任之所在，败诉之所在"，其一语道出举证责任分配于诉讼程序中所居之枢纽地位。应注意者乃，举证责任分配法则不仅系法院认事之基准（其同时在阐明程序，于法院亦有指导作用），而且具有充当诉讼当事人之行为准则功能。因而，在诉讼程序上，举证责任分配法则之意义，毋宁系属多重。至于在文献中，因论者各有不同论述目的，其采撷角度乃有所不同，应无足异。

　　台湾地区"民事诉讼法"第二百七十七条规定："当事人主张有利于己之事实者，就其事实有举证之责任。但法律另有规定，或依其情形显失公平者，不在此限。"就其将举证责任分配法则为立法明文，固具特殊性。唯其具体内容（尤指其操作规则）则于学者间，向存有不同之观察角度，其制度之形成，仍待学说、实务补充。

　　本书认为举证责任分配法则系一总体概念，其尚可区分为举证责任分配一般原则（规则）与举证责任减轻二者，并以前者为原则，后者为例外。于前述法条而言，基本上，"民事诉讼法"第二百七十七条前段应即为举证责任分配一般原则之明文化，至于同法条后段则为举证责任减轻之规定。就举证责任减轻制度内容，拟以他文论述；至于举证责任分配一般原则内容，则为本书论述重点。

第二节 基本定义

举证责任(Beweislast)①可分为客观之举证责任(objektive Beweislast)与主观之举证责任(subjektive Beweislast)。二者于概念上有所区别,但彼此仍具有关联性。兹分述定义如下:

一、客观之举证责任

客观之举证责任又称为确认责任(Feststellungslast)或实质举证责任(materielle Beweislast)。其所指涉问题之内容,为某事实主张无法获得确认时,将导致何种后果。亦即,何一当事人将因此事实真伪不明事态承担不利益。② 此种举证责任非关加诸当事人之负担,而系指涉一法院取向之规则。其功能乃用以克服事实真伪不明情况③,不仅于采取辩论主义之诉讼程序有此种举证责任,即于职权探知主义之诉讼程序亦有之。客观举证责任不仅于程序终结阶段,于法院裁判时,充当法院认事之基准;④其于诉讼前,对当事人之搜证或保存证据行为与诉讼中之当事人证据提出,均有所作用。⑤

二、主观之举证责任

所谓主观之举证责任,又称为形式之举证责任(formelle Beweislast),或证据提出(使用)责任(Beweisführungslast)。此一举证责任,系一真正加诸当事人之负担(Last)。其意义乃指,当事人为避免败诉,经由自己行为提出使用一争议事实之证据。⑥ 亦即,于诉讼中何一当事人,应就某一特定构

---

① Last 原指负担之义,唯本书仍从一般用语习惯,将 Beweislast 译为举证责任。
② Heinrich, Die Beweislast bei Rechtsgeschäften, 1995, S. 20.
③ 所谓真伪不明(non liquet),系指穷尽所有合法证据方法之调查,法院仍就判决具重要性事实之存在,无法获得确信。Vgl. Baumgaertel, Beweislastpraxis im Privatrecht, 1996, Rdnr. 10 m. w. N.
④ 关于举证责任裁判效力之特殊性,vgl. a. a. O., Rdnr. 13.
⑤ Vgl. Baumgaertel, a. a. O., Rdnr. 11. 基本上,客观举证责任分配于实体法上,实亦具有危险分配之意义。
⑥ Rosenberg, Die Beweislast, 5 Aufl., 1965, S. 16; Prütting, Gegenwartsprobleme der Beweislast, 1983, S. 23.

成要件予以证明。此一所谓主观之举证责任,仅存在于采取辩论主义之诉讼程序。① 而其作用乃在于"使谁要得到有利益之判决,谁即须提出对自己有利益之证据。因此,此际之举证责任,即变成法院诉讼指挥之指标,亦成为当事人举证活动之方针"②。

一般认为客观举证责任居于主要地位,且决定主观举证责任之范围,③乃有批评主观举证责任缺乏独立意义之必要性者。但因其于辩论主义之诉讼程序中,于说明积极性当事人角色有不可或缺之功能,因此其存在意义仍获肯认。④ 就此,台湾地区学者亦认为"不能否定主观举证责任概念,盖无论在法院行使阐明权,以促使当事人举证,或当事人双方应以准备书状记载攻击或防御方法,均承认主观举证责任概念。而在辩论主义之程序,判决基础之事实由当事人提出,当事人主张有利于己之事实,并为使法院形成心证,须提出证据,此种行为责任即为主观举证责任"⑤。

第三节 举证责任分配理论

一、德国法

德国之实体法或程序法并未就一般性举证责任分配法则予以规定,因而如何建立一普遍性适用之举证责任法则,系德国百余年来证据法学者之努力目标。其学者研究成果,固甚为可观,唯其学说纷陈,不能于此详述。兹仅就若干较新而重要者,予以简介。

(一)规范理论(Normentheorie)

Rosenberg 以法条之构造关系分析出发,建立所谓之规范理论。其认为举证责任分配原则乃系,若无一定法条之适用,则无法获得诉讼上请求成果之当事人,应就该法条要件于实际上已存在之事实,负主张及举证责任。亦即,各当事人应就其有利之规范要件为主张及举证。⑥ Rosenberg 将实体法法律规范区分为权利发生(根据)规范(Rechtsbegründende Norm)、权利妨害(障

---

① Wahrendorf, Die Prinzipien der Beweislast im Haftungsrecht, 1976, S. 4 m. w. N.
② 邱联恭讲述,许士宦整理:《口述民事诉讼法讲义》(三),2000 年版,第 164 页。
③ Prütting, a. a. O., S. 23; Baumgärtel, a. a. O., Rdnr. 15.
④ Heinrich, a. a. O., S. 24f., Wahrendorf, a. a. O., S. 5.
⑤ 骆永家:《民事举证责任论》,台湾商务出版社 1995 年版,第 47、48 页。
⑥ Rosenberg, a. a. O., S. 98f.

碍)规范(Rechtshindernde Norm)、权利消灭规范(Rechtsvernichtende Norm)或权利受制(抑制)规范(Rechtshemmende Norm)。规范理论要义,即主张权利存在之人,应就权利发生之法律要件存在之事实为举证;否认权利存在之人,应就权利妨害法律要件、权利消灭法律要件或权利受制法律要件负举证责任。①

此一举证责任分配原则,非唯符合德国《民法(草案)》第一百九十三条(主张请求权者,应就发生该请求权所需之事实为举证;主张请求权消灭,或主张请求权之效力受制者,应就发生消灭所需事实,或发生受制所需事实为举证)之内容,且亦为德国学界及实务多数所承认之举证责任分配一般原则。但因其具有若干盲点,例如区辨权利发生要件与权利障碍要件有困难,且若僵化以此规则适用于所有类型案件,可能导致不公平,因此乃有修正规范理论产生。②

(二)修正规范理论(Modifizierte Normentheorie)

所谓修正规范理论,主要系指由 Leipold、Musielak、Schwab、Prütting 等人所倡导之举证责任分配理论。彼等固不否定规范理论之作为一般举证责任分配理论之可行性,但因规范理论具有若干待克服之理论弱点,因此彼等乃提出若干于理论基础与实务运用之补充。彼等固系规范理论之批判者,但同时却为规范理论注入活水。虽该等理论彼此间于举证规范之本质及对如何处理权利发生要件与权利妨害要件之方法有所区别,但皆无妨于规范理论之居于本体地位。

Leipold 首先对规范理论之无法区辨权利发生要件与权利妨害要件予以批判,并拒绝其于实体法区别之实益。③ 其就此所为之批评,且为其后之多数学者所赞同。Musielak 则提倡所谓消极性基本规则(negative Grundregel),据此,于缺乏证据时,举证责任规范即规定一消极性拟制结果,亦即当事实要件未被确定时,法条即被认为未充分。④ 事实真伪不明之结果,即不适用该法规。Musielak 认为,此系克服事实不明情形之举证责

---

① Rosenberg, a. a. O. , S. 105f.
② 对于规范说之批评见解介绍,参阅陈荣宗:《举证责任分配与民事程序法》(第二册),1984 年版,第 27 页;邱联恭讲述,许士宦整理:《口述民事诉讼法讲义》(三),2000 年版,第 167 页。
③ Leipold, Beweislastregeln und gesetzliche Vermutungen, 1966, S. 38ff.
④ Musielak, Die Grundlagen der Beweislast im Zivilprozeβ, 1975, S. 293.

任规范内容空洞。① 同时,其亦否定权利发生要件与权利妨害要件之实体法区别,但却肯认权利妨害要件于证据法之存在意义。唯因该二者之区别不存在,因此,其乃借特别规则(Soderregeln)予以说明。Schwab 认为克服证据缺乏之困难,应透过操作规则(Operationsregel)为之。依此规则,法官于事实不明情况即不应适用该法律规定。Prütting 亦以一操作规则(Operationsregel)克服事实不明情况,②而此一规则,乃一无规范性质之方法性工具。且其认为一八八八年民法第一草案第一百九十三条可作为举证责任分配之基本规则。Prütting 充分意识到在基本原则之外,存在例外特别规则之可能性,并认为于证据法问题亦有体系解释、历史解释、目的解释之适用。③ 其主张可将危险领域及盖然性等实质观点引入证据法则之解释中,使一般证据法则之僵化程度减轻。④

(三)盖然性理论(Wahrscheinlichkeitstheorie)

Peters 建议举证责任,应于具体程序中,依盖然性比率予以分配。仅有在就个案之种种事实情况予以评价之后,证据问题才能获得解答。法官应就个案之诸如时间、地点、人等情况,加以评估转化为与举证责任相关之盖然性比率关系,而以持较低盖然性主张之当事人应负举证责任。⑤ Kegel 亦赞同具体盖然性理论,其认为当事人必须证明对其有利,但较诸其相对面盖然性较低之事实。⑥ 此一具体盖然性理论遭到甚多批评,主要系因其抵触法律安定性及平等原则等宪法原则,且混杂举证责任与证据评价。因此一般不认为此理论可作为一般性之举证法则。⑦

Reinecke 则主张所谓之抽象盖然性理论,其虽亦如 Leipold 般,亦承认基本原则之存在。据此,主张权利人应对权利发生要件负举证责任,相对人则对权利消灭或权利抑制要件负举证责任。但其认为,无论立法或法官法所呈现之证据法则,均显示系以基于较低盖然性之主张者应负举证责任为

---

① Musielak, a. a. O., S. 24, 300.
② Prütting, a. a. O., S. 166.
③ Prütting, a. a. O., S. 283f.
④ Prütting, a. a. O., S. 226ff., 284.
⑤ Peters, Die Beweislast, MDR 1949, 69.
⑥ Kegel, Der Individualanscheinsbeweis und die Verteilung der Beweislast nach überwiegender Wahrscheinlichkeit, Kronstein-FS, S. 336.
⑦ Heinrich, a. a. O., S. 70 m. w. N.

考虑重点。① 依其见解,规范理论,于合理实质理由存在时,应有背离之可能。所谓实质理由,乃指优越盖然性、证据可能性与消极效果等。然而,通说认为抽象盖然性理论系属证据评价之范围,而非属举证责任者。此理论乃未有共鸣。②

(四)危险领域理论(Gefahrenbereichstheorie)

危险领域(Gefahrenbereich)亦被称为领域(Sphäre)、责任领域(Verantwortungsbereich)或组织领域(Organisationskreis)。Prölss 就联邦最高法院判决予以研究,而将危险领域说予以体系化及一般化。③ 依其见解,若损害原因系存在于加害人之危险领域,则加害者应负举证责任。彼并将危险领域定义为"为被告所掌控之空间性、物体性之领域,即其所直接占有之动产与不动产之全部"④。危险领域理论乃为克服证据困难及贯彻责任规范之预防目的,其且得在《民法》第二百八十二条、第二百八十五条、第五百四十八条、第八百三十一条第一项第二句等条文规定中寻得其理论依据。此理论有可能于可归责性、客观义务违反之证明时运用。其于公害事件之责任成立因果关系证明之适用性,实务则持保留态度。而学说一般认为,此理论不能成为一般性规则,因其缺乏方法归类与法律安定性。

(五)多样原则说(Verteilung nach einer Vielzahl von Prinzipien)

Wahrendorf 在其于一九七六年出版之《责任法上之举证责任原则》(*Die Prinzipien der Beweislast im Haftungsrecht*)一书中,反对 Rosenberg 之规范说,并提出其依多种原则体系定举证责任之理论。依其见解,民法第一草案未将第一百九十三条第一项纳入,未必系认为其乃当然之理。而应系刻意为避免其纳入后,致产生僵化与形式化弊端之故。⑤ Wahrendorf 经由详细研究六个民事案件⑥之后,认为规范理论不足采,并主张以公平正义衡量取代之。具体化而言,其认为可依盖然性原则、保护原则、保证原则、信

---

① Reinecke, Die Beweislastverteilung im Bürgerlichen Recht und im Arbeitsrecht als rechtspolitische Regelungsaufgabe,1976,S. 42ff. ,71,189.

② Heinrich, a. a. O. , S. 67; Gmehling, Die Beweislastverteilung bei Schäden aus Industrieimmissionen,1989,S. 71f.

③ Prölss, Beweiserleichterungen im Schadensersatzprozeβ,1966 ,S. 65ff.; Prölss, Die Beweislast nach Gefahrenbereichen, VersR 1964,S. 901 ff.

④ Prölss, Beweiserleichterungen im Schadensersatzprozeβ,1966,S. 83.

⑤ Wahrendorf, a. a. O. , S. 95.

⑥ BGHZ 27,236;BGH, VersR 1955,105;BGHZ 51,91ff.;BGH NJW 1968,1185;RGZ 138,37;BGH VersR 1955,344.

赖原则、处罚原则与责任一致性及危险分配之原则，于个别案件类型，就举证责任予以确定及运用。① 此一原则，基本上系一综合性之观察结果，且缺乏法律安定性，未具作为一般性原则之要素，故为通说所不采。

(六)危险提升说(Gefahrerhöhungstheorie)

危险提升说系由 Deutsch ②所提出，其创设此一理论，系为克服在违反保护法规及其他含有抽象危险要件之行为规范情形之因果关系证明困难。当损害发生系存在于此种行为规范之通常发展范围，则依 Deutsch 之见解，应由经此一行为规范违反，以致被侵害法益之危险增加者，就损害与此一行为规范违反无关，负举证责任。亦即，证据之危险，应由危险提升者承担。此一理论，于因果关系范围，特别系假设性因果关系与合法选择行为之类型，可能具有重要性。但其并无成为举证责任分配一般原则之条件，其应仅能居于补充举证责任分配一般原则之地位。③

二、台湾地区有关规定

台湾地区"民事诉讼法"第二百七十七条原规定："当事人主张有利于己之事实者，就其事实有举证之责任。"其制定理由，乃认此原则理论上最为正当，且为古来所有立证责任之法则。但此一具高度抽象性之条文，并不能使台湾地区举证责任分配之规定、学理或实务，因此而得称为较法治先进国家或地区优越。实则，多年来，实务、学说仍须自德、日之学说与实务见解汲取经验，以援引适用，借以具体化前述条文之内容。鉴于此一规定之有限性，修正后"民事诉讼法"第二百七十七条为："当事人主张有利于己之事实者，就其事实有举证之责任。但法律另有规定，或依其情形显失公平者，不在此限。"其修正理由主要系"因仅设原则性规定，未能解决一切举证责任之分配问题，于具体事件之适用上，自难免发生困难。故'最高法院'于判例中，即曾依诚信原则定举证责任之分配。尤以关于公害事件、交通事故、商品制作人责任、医疗纠纷等事件之处理，如严守本条所定之原则，难免产生不公平之结果，使被害人无从获得应有之救济，有违正义原则，爰于原条文之下增订但书"。

就学说而言，台湾地区实务家如姚瑞光、吴明轩等分别于其著作《民事

---

① Wahrendorf, a. a. O., 65ff., 131f.
② Deutsch, Gefahr, Gefährdung, Gefahrerhöhung, Larenz-FS, 1973, S. 885ff., 901f.; Deutsch, Haftungsrecht, Band I: Allgemeine Lehren, 1976, S. 177ff.; 247f.
③ Prütting, a. a. O., S. 252.

诉讼法论》(姚著)、《中国民事诉讼法》(吴著),就举证责任分配之理论提出其观点,具实务本色,若为研究实务运作,应值参考。学者于举证责任有较为重要专论者,有骆永家、陈荣宗等。骆永家认为 Rosenberg 之规范说,一般称为特别要件说,其亦赞同之,且认为此说为台湾地区之通说及为判例所承认者。依其见解,举证责任分配原则乃"原告(在消极的确认之诉则为被告)就权利根据规定之要件事实及权利消灭规定、权利排除规定一般要件欠缺之事实负有主张及举证责任;被告(在消极的确认之诉则为原告)就权利障碍规定之要件事实及权利消灭规定、权利排除规定之特别要件事实负有主张及举证责任"①。陈荣宗基本上亦采规范理论,但强调于若干诉讼类型,以公平正义调整举证责任之重要性。②

在此,尤应注意者乃,学者邱联恭针对台湾地区"民事诉讼法"第二百七十七条立法特殊性之认识,其认为台湾地区举证责任分配理论应为:鉴于"民事诉讼法"第二百七十七条所规定内容属于诉讼法上规范,自应以兼顾诉讼法上诸基本原则要求为指标,以达成民事诉讼法之目的为前导,视各该待证事实之性质、事件类型之特色,具体个别较量所涉实体利益及程序利益之大小轻重,并顾虑相关诉讼法上要求(如发现真实以保障实体利益之要求、促进诉讼以保障程序利益之要求、实质上平等或公平之要求、诚信原则)据以分配举证责任于原告或被告。③尤其应注意在台湾地区,"民事诉讼法"明设举证责任规范,规定当事人就其所主张利己事实负举证责任之原则下,应认知其已宣明主张利己事实者应提出证据为举证活动之意旨,借此,是认举证责任系当事人就一定事实之证明所应尽之行为责任,乃兼具诉讼法属性者,并非针对真伪不明之情形示明处理原则,自无须如德日多数论者般,专寻求举证责任规范于自成独立体系之实体法中。④ 又分配举证责任时,为防止发生突袭性裁判,法官于本案审理过程应适时(在程序之前阶段、辩论终结前)表明其有关证据提出责任之判断内容(如有关由何造当事人就

---

① 骆永家:《民事举证责任论》,台湾商务出版社 1995 年版,第 183 页。
② 陈荣宗:《举证责任分配与民事程序法》(第二册),1984 年版,第 77 页;陈荣宗、林庆苗:《民事诉讼法》,台湾三民书局 1986 年版,第 512 页。
③ 邱联恭讲述,许士宦整理:《口述民事诉讼法讲义》(三),2000 年版,第 179 页;邱联恭研讨会发言及会后补注:《民事诉讼法之研讨》(六),1997 年版,第 174、175 页。关于事件类型及证明度降低与举证责任之关系,参阅邱联恭讲述,许士宦整理:《口述民事诉讼法讲义》(三),2000 年版,第 173 页;邱联恭研讨会发言及会后补注:《民事诉讼法之研讨》(六),1997 年版,第 140、141、165 页。
④ 邱联恭讲述,许士宦整理:《口述民事诉讼法讲义》(三),2000 年版,第 171 页。

何事实负举证责任之判断、有关就某待证事实存在之心证是否已达到证明度之判断),而促使负行为责任者为充分之举证活动。①

台湾地区实务判决,向来基本上系以台湾地区修正前"民事诉讼法"第二百七十七条规定为依据。但此条文因具高度抽象性,若直接援引而不附具其他学理或操作规则,难免有法官恣意运作之危险。观察实务判决结果可知,台湾地区实务尚未意识到建立一具有可预测性而符合法律安定性原则之举证责任制度之必要性。实务运作中,有采特别要件说者("最高法院"一九五九年度台上字第八八七号),亦有采消极事实说("最高法院"一九五三年度台上字第一七○号)、变态事实说("最高法院"一九八九年度台上字第二三九二号),亦有考虑公平正义原则[79.10.29(79)厅民一字第九一四号函复台"高院"]或诚实信用原则者(一九六二年十二月十日"最高法院"民刑庭总会议决议)。因此,有认为台湾地区实务,系以法律要件分类说,亦即德国规范说为主,但亦有参考待证事实分类说及法律分类说为论据者。②

第四节 本书之见解

德国民事程序法之发展,自第二次世界大战之后,深受宪法原则之影响,诸如人性尊严、平等原则、法治国原则、社会福利国原则、合法听审权之保障等,均于程序法之理论与实务形成一主导性之价值。在台湾地区,于七十年代末,经留日学者邱联恭将日本、德国之部分相关见解引进后,经二十余年发展,台湾地区程序法学者,亦渐熟悉、肯认此一程序法之研究趋势。

举证责任分配之问题,系一至为困难之问题。提出放诸四海皆准之原则,非本书之行文主要目的,限于篇幅,亦非所能。在此,仅就个人所亦赞同之修正规范理论,加以具体说明本书立场。依本书见解,具一般抽象性之规范理论,因符合法律安定性之宪法要求,具有可预见性、可预测性之特质,应

---

① 邱联恭讲述,许士宦整理:《口述民事诉讼法讲义》(三),2000年版,第181页。就举证责任规范之公开心证问题,参阅邱联恭:《心证公开论——着重于阐述心证公开之目的与方法》,载《民事诉讼法之研讨》(七),1998年版,第241、242页。

② 陈荣宗:《举证责任分配与民事程序法》(第二册),1984年版,第78页。不同观察而认为台湾地区向来审判实务,在适用"民事诉讼法"第二百七十七条为裁判时,系左袒行为责任说,而多偏重于考虑此说所示保护实体利益之要求,并非径行移用德国、日本为处理真伪不明之情形所构成之理论。邱联恭讲述,许士宦整理:《口述民事诉讼法讲义》(三),2000年版,第180页。

得作为一般举证责任分配之原则。但因个案正义之实现,若被司法所拒绝,则恐亦成为宪法制度之否定。盖国家既禁止私力救济,自有提供一有效、足以实现正义之司法制度之义务。因此,具个案正义之弹性,亦应为宪法之基本价值。如此,为免规范理论之僵化,自应承认其于若干案型有调整之空间始可。

本书认为,举证责任之原则乃,"当事人须对于其有利之法律规范要件负举证责任,但若审酌个案(群)所有情况,依举证责任分配一般原则,显失公平而不可期待者,不在此限"。唯无论依本书所提之以规范理论为原则附加修正但书之理论,或依如前所述之台湾地区"民事诉讼法"第二百七十七条但书规定增订理由,基本上若采规范理论解释,则二者并无明显殊异。但其但书之解释与运用,乃为困难而待厘清之问题。因无论本书所提之原则或但书,或前述增订之但书,均不应成为法官恣意之遁词与掩护,且任何于原则之背反,均应有合宪性、合法性之检验可能性。①

首先,规范说之背离标准,并非以单纯个案因素为考虑标准,而应系指类型化之个案群。亦即,本书认为该当于足以作成调整规范理论原则适用之修正标准,应系经"立法"、判决实务及学说,就某类型案件所适用法规范之举证责任修正必要性予以确认,并形成得为一般性之原则适用之共识。唯如此,乃得兼顾平等对待之原则。实则,规范理论唯有经过适度修正,乃得更加强化其宪法基础。而借由类型化修正必要性之情形,适足以防免因过度弹性而造成法律安定性之侵蚀。

其次,前述但书之例外性规定中之所谓公平(正义),不应成为直接操作规则。从规范理论之原则,过渡至所谓因公平需要而调整,须架构桥梁或设立若干供作检验之考虑基点。此等考虑基点或桥梁,亦即修正必要性之基础,可能存在于武器平等原则、危险领域理论、盖然性理论、证据接近度、证据之可及性、诚信原则,甚至法规范之内容与目的(例如实体法之加重责任取向),及衡平与利益衡量等。以此等考虑因素为基础,经由"立法"或判决实务或学说发掘、探索,建立背反规范理论之适用类型。唯经由此一般化与类型化过程,方能令法官所作举证责任分配之决定,较能有不受违宪性质疑之可能。任何欲违反已建立之修正类型之案件,无论律师或法官,均须为其背离为相当之理由说明。此一理由强制,亦属宪法之要求,期借以减少司法

---

① 就法律安定性及客观举证责任之具有诉讼前、诉讼中之行为规范功能而言,论者主张兼具诉讼法属性之行为责任说,是否得兼顾前开功能,仍值观察。

滥权,及提供事后对其合宪性与合法性之检验可能性。

此外,本书亦认为,区别权利发生要件与权利妨害要件之实体法意义并不存在。若依法规范意旨或经学说、实务所共认而将某要件认为系某权利之(必要)要件,则无论其属积极性规定或消极性规定,均应依一般举证责任理论,即规范理论,决定应由主张权利人负举证责任。若有背反之理论或实务共识,则应认为已属举证责任减轻之问题。适因本书以为,存在一所谓举证责任分配之基本规则(Die Grundregel der Beweislastverteilung)[①],因此,自亦承认与其背离者之存在可能性,该等相对性概念称之为举证责任减轻(Beweiserleichterung),就广义而言,包括举证责任反置、表见证明、证明度减低等。

第五节 结论

本书论述,基本上系以客观举证责任为基点,但本书并不否认主观举证责任于民事诉讼程序之意义与作用。应注意者系,就举证责任分配理论,应区分举证责任分配一般原则与举证责任减轻二者,并确立其原则与例外之关系,据以操作,以兼顾法律安定性及个案正义与弹性。

---

① 亦可称为举证责任分配一般原则(规则、法则)。

第七章　举证责任减轻
——"民事诉讼法"第二百七十七条但书之发展评估

第一节　概说——举证责任减轻之法思想基础

一、举证责任分配一般原则之不完足

(一) 举证责任分配法则

举证责任可区分为主观之举证责任与客观之举证责任,前者系指当事人为避免败诉负有以自己之举证活动证明某待证事实之责任,乃为行为责任;至于后者,则系指待证事实陷于真伪不明时,某当事人应负担其不利益者而言。[1] 在台湾地区似就此区别尚未有严肃对待,且于论著中不乏采取主观举证责任之定义者。[2] 而因主观举证责任归属乃依随于客观举证责任之确定,原则上本书乃以客观举证责任为论述基础,但于本书中所引述之台湾地区学者见解,并非均从客观举证责任意义出发,应予注意。

因民事诉讼法一般乃采取辩论主义及当事人提出主义,因而举证责任分配之理论乃向为各国民事诉讼法之重要课题,唯虽经法学者、实务家长年努力,迄今犹难称已有一放诸四海皆准之举证责任法则。就举证责任之立法例而言,一般并未有明文规定,而台湾地区"民事诉讼法"第二百七十七条

---

[1] 骆永家:《民事举证责任论》,台湾商务印书馆1995年版,第45页。所谓真伪不明"non liquet"系指于举证结束,而已穷尽证据方法时,待证事实却仍无法获得证实之谓。Vgl. Baumgärtel, Beweislastpraxis im Privatrecht, 1996, Rdnr. 132. 基本上乃得认为客观举证责任乃提供法院裁判准则,而主观举证责任则系基于客观举证责任而导致某造当事人提出证据之必要性,参阅陈荣宗、林庆苗:《民事诉讼法》,台湾三民书局2001年版,第611页。

[2] 姚瑞光:《民事诉讼法论》,2001年自版,第387页;吴明轩:《中国民事诉讼法》(中册),台湾三民书局2000年第5版,第834页。

则有关于举证责任之明文,甚为特殊。虽有学者肯认"民事诉讼法"第二百七十七条前段规定,并认为可为举证责任分配最有力之一说者。① 唯一般认为举证责任分配原则,仍须学说与实务见解予以补充。②

本书所谓举证责任分配之一般(基本)原则(规则、法则),③系指相对于背离一般原则之举证责任减轻而言。其区别意义乃在于一般原则系为追求通案之正义,亦即基于一般原则之确立,得以促进法律安定性与通案平等对待之宪法要求得获达成。至于举证责任减轻,则系着眼于一般原则之适用可能忽略个案上之特殊性,而造成实质正义(平等)之破坏,因而于若干特殊因素存在时,乃容许就一般举证责任分配法则予以背离。④

于德国,其举证责任通说系以规范理论出发之修正规范理论,其基本原则仍系以 Rosenberg 之规范说为基础。⑤ 所谓规范理论乃谓"若无某特定法条适用将遭败诉之当事人,应就该法条要件于实际上已存在(实现)之事实,负主张及举证责任",亦即"各当事人应就于其有利之规范要件为主张与举证"。⑥ Rosenberg 并认为举证责任分配之问题已在民法立法时为立法者所考虑及安排,而举证责任之分配即得自法律规范间关系获得。法律规范依其见解,乃区分为权利发生规范、权利妨害规范、权利消灭规范及权利抑

---

① 姚瑞光:《民事诉讼法论》,2001年自版,第384页。

② 吴明轩:《中国民事诉讼法》(中册),台湾三民书局2000年第5版,第834页;骆永家:《民事举证责任论》,台湾商务出版社1995年版,第45页;陈荣宗:《举证责任分配与民事程序法》(第二册),1984年版,第2页。

③ 本书中所称举证责任分配一般原则,等同于在本书或拙之其他相关论著中所运用之举证责任分配基本原则、一般举证责任(分配)法则、举证责任基本法则或举证责任一般规则等词。但与举证责任分配规则(原则、法则)一词之定义内涵不同,应予注意。

④ 另有学者认为 Rosenberg 提供法官作为判断运用之规则有两类:一类为基本规则,另一类为特别规则。前者系指法律无明文之举证责任分配规则,后者系指法律有明文特别加以具体规定之举证责任分配规则,与本书之定义不尽相同。陈荣宗:《举证责任分配与民事程序法》(第二册),1984年版,第43页。尤其为因应新科技与大量交易时代之法律关系,在责任法之立法之外,法官以证据法则之调整,将责任移置实属常见。Vgl. Stoll, Haftungsverlagerung durch beweisrechtliche Mittel, AcP 176 (1976), 146.

⑤ 修正规范理论倡导者主要系 Leipold、Musielak、Schwab、Prütting 等人,彼等各提出克服规范理论盲点之见解,且不排除规范理论之修正必要,而且法条构造理论于举证责任分配显有不足,就权利妨害要件应由特别规则代之,至于规范目的应亦为考虑举证责任分配之因素,于危险领域理论及盖然性理论等举证责任理论,均不应排除作为修正规范理论之参考。参阅姜世明:《论不当得利无法律上原因要件之举证责任分配》,载《全国律师》,2000年版,第76页;Baumgärtel, Beweislastpraxis im Privatrecht, 1996, Rdnr. 169 m. w. N.

⑥ Rosenberg, Die Beweislast, 5. Aufl., 1965, S. 98f.

制规范。主张权利存在之人应就权利发生要件存在之事实负举证责任;反之,否认权利存在之当事人,即应就权利妨害法律要件、权利消灭法律要件及权利抑制法律要件存在之事实负举证之责。① 此一学说经 Rosenberg 提出后,于德国乃曾蔚为通说,迄今其重要性仍属未减。虽经学者批判并试图提出其他取代之规则,但仍难动摇规范理论之一般原则性地位。

在台湾地区,学说与实务就举证责任法则,一般系采取法律要件分类说之特别要件说。② 但应注意,于实务上仍辅以待证事实分类说及法规分类说。③ 而本书所称举证责任分配之基本规则,乃指规范说。而台湾地区学者论著中相类论述之所谓法律要件分类说,乃系指主张法律关系存在者,应就该法律关系所具备之要件负举证责任;主张法律关系变更或消灭者,应就该法律关系变更或消灭所具备之要件负举证责任。④ 至于其中所谓特别要件说则系指依实体法之规定,将法律上效果(即权利或法律关系)之发生所必要之法律要件事实,分为特别要件事实及一般要件事实,主张权利或其他法律上效果存在之当事人,就该权利或法律效果发生之特别要件事实,负举证责任;而于该权利或法律上效果之一般要件之欠缺,则由对造负举证责任。主张已发生之权利或其他法律上效果之变更或消灭者,应就其变更或消灭之特别要件事实,负举证责任,而其变更或消灭所必须之一般要件之欠缺,则由对造负举证责任。⑤

(二) 对举证责任分配一般原则之批评

规范说固提供法院于决定举证责任归属之裁判准则,其于法律安定性之实践具有重要意义。但其理论上本身仍具有不完足处。首先,规范说所为权利发生规范与权利妨害规范之区分,在法律概念上并无实际可分之标准可言。因权利发生要件事实与权利妨害要件事实,两者于发生之时间上系于同一时点,并无先后之分。故成为权利发生要件之事实,其事实之不存在,同时乃成为权利妨害要件之事实;而成为权利妨害要件之事实,其事实

---

① Rosenberg, a. a. O., S. 105f.
② 吴明轩:《中国民事诉讼法》(中册),台湾三民书局 2000 年第 5 版,第 834 页。实务见解,例如"最高法院"一九九四年度台上字第二七七五号民事判决。
③ 陈荣宗:《举证责任分配与民事程序法》(第二册),1984 年版,第 78 页。学者亦有认为法律要件分类说中之最低限度事实说目前逐渐代替特别要件说者,参阅王甲乙、杨建华、郑健才:《民事诉讼法新论》,台湾三民书局 2000 年版,第 354 页。
④ 吴明轩:《中国民事诉讼法》(中册),台湾三民书局 2000 年第 5 版,第 838 页。
⑤ 王甲乙、杨建华、郑健才:《民事诉讼法新论》,台湾三民书局 2000 年版,第 352 页;骆永家:《民事举证责任论》,台湾商务出版社 1995 年版,第 76 页。

之不存在,同时乃成为权利发生要件之事实。故而此二相反事实之对立定性,于实体法内容并无区别之意义。① 其次,规范说过于重视法条结构形式,于当事人之实质正义(个案弹性)易造成妨碍。此外,若依据规范说论断所有案型诉讼,则就若干现代型诉讼,例如产品责任、公害责任、医疗责任等诉讼类型所发生之证据偏在与武器不平等之问题,均不能提出有效之解决方法,足见若过于强调规范理论,则除无法解决其理论上基本缺陷外,于个案实质正义所需要之弹性显亦有所欠缺。

二、危险领域理论、武器平等原则及诚信原则等证据法理论之省思

因规范理论于理论上及实践上均有须待克服之瑕疵,在学说上,论者乃提出若干试图取代规范理论之见解。其中较重要者包括危险领域理论、武器平等原则、诚信原则及盖然性理论等。因其于考虑规范理论之修正时,亦即举证责任减轻类型之建立时,具有指针引导功能,自应予以认识。

首先,就危险领域理论而言,Proelss 认为若损害原因系存在于加害人之危险领域,则加害者应负举证责任。② 而所谓危险领域乃指"为被告所掌控之空间性、物体性之领域,即其所直接占有之动产与不动产之全部"③。此一为克服证明困难之举证责任学说因缺乏法律安定性,并未于德国成为通说。④ 但其于公害责任、医疗责任等事件之举证责任减轻理论具有相当之重要性。

其次,就武器平等原则而言,其乃意谓当事人无论其为原告或被告之地位或诉讼外所可能存在之上下隶属之关系,而于法庭内应一律受平等对

---

① 参阅陈荣宗、林庆苗:《民事诉讼法》,台湾三民书局 2001 年版,第 620 页。其他批评,vgl. Baumgärtel, Beweislastpraxis im Privatrecht, 1996, Rdnr. 156ff. m. w. N.

② 关于危险领域之实务见解,vgl. Musielak, Beweislastverteilung nach Gefahrenbereichen Eine kritische Betrachtung der Gefahrenkreistheorie des Bundes-gerichtshofs, AcP 176 (1976), 468f.

③ Pröelss, Beweiserleichterungen im Schadensersatzprozess, 1966, S. 83. 危险领域理论于契约关系或非契约关系(如侵权行为)均有其适用,但若被害人于加害人所不知及不欲情形下,进入加害人领域,则不能适用危险领域理论,例如被害人因好奇擅闯建筑工地。Proelss, Die Beweislastverteilung nach Gefahrenbereichen, VersR 1964, 904ff.

④ 学者有认为,危险领域理论仅得充当所谓举证责任之特别法则之建构理由与正当化基础,Musielak, a. a. O., AcP 176 (1976), 485.

待。① 法官于个案中,于认事用法程序,应对两造以公正无私态度对待,以期达到正确裁判。虽学说于此一理论之认识,渊源已久,但其于证据法上之重要影响,乃于联邦宪法法院一九七九年七月二十五日裁判后②益形显著。该裁判之少数见解,肯认武器平等原则于宪法及证据法上之意义,尤其于后来联邦最高法院判决产生颇多回响。③

再次,就诚信原则而言,虽德国实务曾认为,于依一般举证责任分配法则应负举证责任之人无法探查事实,而非举证责任相对人显然能于该事实为必要说明时,诚信原则得于举证责任为相当之作用。④ 但学说与实务一般采取较保留之看法。⑤ 应注意者系,虽诚信原则因容易造成法律不安定性,故难以成为一般举证责任分配法则,但于为克服证明困难而为举证责任减轻类型设定过程中,仍应认为诚信原则有其重要意义。⑥

最后,就盖然性理论而言,学者认为法官为举证责任决定时,应就个案之时间、地点、人等因素,加以评估,转化为与举证责任相关之盖然性比率关系,而以持较低盖然性主张之当事人负举证责任。⑦ 亦有学者主张,规范理

---

① Schumann, Bundesverfassunggericht, Grundgesetz und Zivilprozess, 1983, S. 23; Böetticher, Die Gleichheit vor dem Richter. 1954, S. 6ff.

② BVerfG NJW 1979, 1925.

③ Giesen, Arzthaftungsrecht, 4. Aufl., 1995, S. 328 m. w. N. 关于武器平等原则之内容,可参阅 Chiang, Shyh-ming, Beweislast und Beweiserleichterung bei der Haftung von Angehöerigen der Freien Berufe, 1999, S. 29ff. 台湾地区实务以公平为举证责任分配论理依据者,如一九九〇年十月二十九日(79)厅民一字第九一四号函复台"高院":"按当事人主张有利于己之事实者,就其事实有举证之责任,固为'民事诉讼法'第二百七十七条所明定,唯举证责任之分配,亦应顾及当事人间之公平原则,夫妻之一方因判决离婚而受有非财产上之损害者,受害人依'民法'第一千零五十六条第二项规定,向有过失之他方请求赔偿相当之金额时,应证明他方有过失之事实,此时若再课受害人就其无过失之事实,亦应负举证责任,对受害人而言,未免苛求,且与举证责任分配之原则有违,应认由对造当事人就受害人有过失之积极事实负举证责任始符公平。"

④ BGH NJW 1981, 577.

⑤ Vgl. Baumgäertel, Beweislastpraxis im Privatrecht, 1996, Rdnr. 156ff. m. w. N. 就诚信原则于程序上之作用,vgl. Baumgäertel, Treu und Glauben, gute Sitten und Schikaneverbot im Erkenntnisverfahren, ZZP 69. Band, 1956, 89ff.

⑥ 诚信原则于台湾地区证据法之意义,亦得自新近"民事诉讼法"第二百七十七条但书修正理由明确提起可资证明。至于台湾地区实务亦曾有以诚信原则为举证责任分配之考虑依据者,如"最高法院"民刑庭总会于一九六二年十二月十日之决议(但已于一九八一年八月四日决议不参考)。

⑦ Peters, Die Beweislast, MDR 1949, 69.

论于存在实质理由时,亦得背离,所谓实质理由乃指优越盖然性、证据(明)可能性与消极效果等,且无论立法或法官法所呈现之证据法则,均显示系以基于较低盖然性主张者应负举证责任为考虑重点。① 此等学说因缺乏法律安定性,为德国通说所不采。

本书认为,举证责任分配规则(原则)②应系"任何人均应就于其有利法律规范之要件负举证责任,但若综合所有情事,在个案上,依前开举证责任分配一般规则结果于该当事人为不可期待(显失公平)者,不在此限"。据此原则,则规范说于例外情形,即应承认仍有修正之可能与必要。而其修正之考虑基础,乃得参考其他理论所考虑因素进行判断,亦即举证责任减轻之运用,应就个案③于依举证责任分配一般规则所得结果,若斟酌其是否具有危险领域理论、武器平等原则、诚信原则或盖然性理论等④所考虑之因素存在,而认为该依举证责任分配一般规则所确立举证责任归属,于该当事人属于不可期待(显失公平)者,法院即有加以调整之必要。

据此,举证责任分配之确立,固须以实体法为基础,但非仅指自法条构造出发而已,尚须综合法律条文之立法目的、立法史等,于解释论上且应于体系解释予以并重,借此而就举证责任分配之决定因素基础予以寻求及确定。传统上居于法条构造之规范理论忽略实体法目的及危险(或利益)归属观念,于实质正义所需之弹性自属有所不足。

三、"民事诉讼法"第二百七十七条但书之立法特殊性

(一)"立法"目的

台湾地区新修正"民事诉讼法"第二百七十七条增列但书规定(按:但法律另有规定,或依其情形显失公平者,不在此限)。其"司法院"提案理由为:"在当事人主张之事实真伪不明时,应如何定举证责任之分配,对诉讼之胜

---

① Reinecke, Die Beweislastverteilung im Buergerlichen Recht und im Arbeitsrecht als rechtspolitische Regelungsaufgabe, 1976, S. 42ff. , 71, 189. 就 Reinecke 所主张之抽象盖然性学说,一般认为系属证据评价问题,而非举证责任问题。Vgl. Prütting, Gegenwartsprobleme der Beweislast, 1983, S. 204ff. 就盖然性理论之批评,vgl. Musielak, Die Beweislast, JuS 1983, 372.

② 此所谓举证责任分配规则,系一整体性描述,包括举证责任分配一般(基本)规则(原则)与举证责任减轻二者。

③ 在此所称个案,原则上系指个案群(类型论),亦即系指某些具一定(共同)特质之案型,例如具重大医疗过失之医疗纠纷事件或如产品设计错误之事件等经类型化之个案。

④ 其他诸如证据偏在、证据接近度、实体法加重责任之目的,甚至损害归属等亦为得可考虑之因素。

败,攸关甚巨。夷考德日等国之民法及民事诉讼法均未就举证责任直接设有概括性或通则性之一般规定,通常均委由学说、判例而为补充。台湾地区现行有关规定就举证责任之分配于本条设有原则性之概括规定,在适用上固有标准可循,唯关于举证责任之分配情形繁杂,仅设原则性规定未能解决一切举证责任之分配问题,于具体事件之适用上,自难免发生困难,故'最高法院'于判例中,即曾依诚信原则定举证责任之分配。① 尤以关于公害事件、交通事故、商品制作人责任、医疗纠纷等事件之处理,如严守本条所定之原则,难免产生不公平之结果,有违正义原则。爰于原条文之下增订但书,以资因应。"

就此"立法"理由观察,可知台湾地区于举证责任分配设有原则性规定(而如前所述,该规定依向来多数学说实务见解乃以法律要件分类说为基本原则),此一原则具有法律安定性(包括令交易行为或社会活动之主体得对举证责任法规能有预见可能性及明确性之期待)之重要意义,自不待言。而新增之但书规定,乃为例外规定。基本上其与本书前述对举证责任分配法则之理解并无不合。在此应注意者系,就但书规定之理由乃明示诚信原则、公平正义等基本举证责任法理,且举出四种事件类型为但书之适用情形,而此四项举证责任减轻事件类型于德国已经多年发展,足见台湾地区"民事诉讼法"第二百七十七条但书规定之修正,并非闭门造车之作,而系于外国法发展有一定之掌握。在德国,学理于举证责任分配之一般原则(亦即规范理论)所显现之法律安定性意义甚为强调,因而台湾地区于"民事诉讼法"第二百七十七条但书规定之解释,实有必要注意其具例外性质,而不宜为太过扩张解释(亦即不应太过强调单纯个案考虑,而应着重于"类型"考虑)。且应避免因法官任意于个案无正当理由(例如无证据偏在情形),而恣意操弄举证责任法则,以致"例外"变成"原则",而使法律安定性沦为幻影之境。

---

① 就此,有学者认为"经遍查判例,并无依该原则定举证责任分配之见解,应属虚构判例,充为修法理由"。姚瑞光:《民事诉讼法论》,2001年自版,第388页。虽姚氏于"最高法院"判例之观察基本上应认为系经详细查证后之论断,但其议訾修法者虚构判例充为制定理由,似嫌过苛。其理由为,"最高法院"于判决理由拘束力(争点效)问题屡有以诚信原则为论据者(如"最高法院"一九八四年度台上字第四○六二号判决、一九九九年度台上字第五五七号判决、一九九九年度台上字第二二三○号判决),足见诚信原则于诉讼法上之适用性为"最高法院"所肯认。且"最高法院"曾于一九六二年十二月十日民刑庭总会决议以诚信原则论断举证责任归属,虽其后已不复援用,但"最高法院"曾就诚信原则于证据法上作用之意义予以肯认,应无疑义。因而虽制定理由以为系判例而引据,可能系属误植,但微言大义,舛误非大。

(二)要件上解释

"民事诉讼法"第二百七十七条规定:"当事人主张有利于己之事实者,就其事实有举证之责任。但法律另有规定,或依其情形显失公平者,不在此限。"就此条文但书规定,应即为举证责任减轻制度之明文宣示。但因其规定仍具有不确定法律概念,条文之解释运用,仍属证据法上之新难题。而因本书认为"民事诉讼法"第二百七十七条但书规定乃为举证责任减轻制度之规定,则本书前述于举证责任分配一般规则之背离因素,应即属于此一制度理解之考虑基准。

1.法律另有规定

就"民事诉讼法"第二百七十七条但书规定中所谓"法律另有规定"之意义而言,应系指法律于背离依举证责任分配一般法则情形有明文规定者,但其意义范围仍可能有狭义与广义之区别。[①]

所谓狭义者,系指相关规定指涉直接对象即为举证责任减轻问题(减轻方法包括举证责任转换、证明度降低及排除举证必要性者)。其范围包括:在程序法上为损害赔偿数额之确定(德国《民事诉讼法》第二百八十七条、台湾地区"民事诉讼法"第二百二十二条第二项)、证明妨碍("民事诉讼法"第二百八十二条之一)、当事人违背文书提出义务之效果("民事诉讼法"第三百四十五条)、显著或已知之事实("民事诉讼法"第二百七十八条)、自认("民事诉讼法"第二百七十九条)、视同自认("民事诉讼法"第二百八十条)、法律上推定("民事诉讼法"第二百八十一条)、事实之推定("民事诉讼法"第二百八十二条)。另在实体法上亦有举证责任减轻之明文规定,例如"民法"第一百八十四条第二项、第二百三十一条、第九百八十二条第二项[②]等。

至于广义者,则指除上述狭义举证责任减轻规定范围外,其尚包括实体

---

① 台湾地区民事诉讼法教科书中就此所为诠释列举似偏重于法文中有"证明"或"举证"用语者,例如姚瑞光所举之例为"民法"第一百六十五条第一项,"民法"第一千零六十三条第二项,"民事诉讼法"第三十四条第二项、第三百五十七条(姚瑞光:《民事诉讼法论》,2001年自版,第387页),亦有学者举出"票据法"第九十一条第一项,"船员法"第六十七条,"民法"第六百三十四条、第六百六十一条等为例者(王甲乙、杨建华、郑健才:《民事诉讼法新论》,2000年版,第350页)。但本书认为学者所举例中如"票据法"第九十一条第一项,"民事诉讼法"第三十四条第二项、第三百五十七条等规定,观其法条结构,应均非举证责任减轻规定。

② "最高法院"一九九六年度台上字第二五三四号民事判决参照。

法之规定于权利发生要件要求设计上即就两造危险分担予以调整者（如危险责任①等规定之设计）。因该等规定已省略某些要件，则该等被省略要件事实，即非属举证责任对象，其于原依举证责任一般法则应负举证责任之人负担减轻，于诉讼上自属有利。但本书认为无过失责任既不以可归责性为要件，则应与举证责任转换（反置）制度（就可归责性者而言）不相容，亦即，在可归责性要件之举证责任转换制度应以过失责任之承认为前提，而于过失责任形态，因依举证责任分配一般原则所得结果有背离之必要，乃于一定情形将可归责性要件之举证责任转嫁他造，如此方属举证责任转换之基本论理逻辑。若于无过失责任情形，其既无须具备过失要件，则又何背离之有哉？因而若评价若干侵权行为规定之但书为举证责任转换，则该权利发生规范应非无过失责任。②

2. 依其情形显失公平

但书中所谓"依其情形显失公平"乃一不确定法律概念，其乃属于此次关于举证责任修法之基本核心所在，若制度确立得当，于举证责任之公平正义之目的寻求，当有其至为重要之意义。就此概念之理解，有学者举例："甲所有房屋一栋及室内家具财物，因邻右乙之过失引起火灾延烧而毁损或灭失，足以证明甲确受损害，如仍须甲举证证明其所受损害之范围，显然有失公平，法院应依诚实信用原则，斟酌各种具体的客观情事，减轻其举证责任，始符合公平正义之要求。"③本书认为学者所举之例，已属"民事诉讼法"第

---

① 有学者将无过失责任评价为与危险责任相当者，王泽鉴：《侵权行为法》（第一册），1998年版，第17页。但亦有认为危险责任系将违法性及可归责性排除为要件设定者，Vgl. Medicus, Buergerliches Recht, 17. Aufl., 1998, Rdnr. 604; Geigel, Der Haftpflichtprozess, 22. Aufl., 24. Kap. Rdnr. 37. 而实体法权利成立要件要求之降低，于当事人之主张与举证责任，固亦有减轻之意义。Vgl. Klingmueller, Einfuehrung in Karlsruher Forum 1989, S. 2.

② 学者王泽鉴认为台湾地区"民法"第一百八十四条第二项关于违反保护他人之法律、第一百八十七条关于法定代理人责任、第一百八十八条关于雇用人责任、第一百九十条关于动物占有人责任及第一百九十一条关于工作物所有人责任系举证责任转换规定，即先推定加害人具有过失，非经反证不得免责，并认为"民法"第一百八十八条规定的雇用人推定过失责任，因实务上举证免责的案例甚罕见，实际上始同于使雇用人负无过失责任。王泽鉴：《侵权行为法》（第一册），1998年版，第16页。就此可得而言之者有二，其一，学者认为前述规定结果上等同无过失责任，其观察虽非无见，但与本书认知不同；其二，学者文中论及雇用人须反证云云，基本上须予提醒者为该等举证免责，其因属举证责任转换范围，因此该等举证主体所为举证系属本证范围，而非反证。

③ 吴明轩：《中国民事诉讼法》（中册），台湾三民书局2000年第5版，第842页。

二百二十二条第二项损害赔偿额之确定问题,应属前述所谓法律另有规定之情形,而非属此所谓依其情形显失公平者。

就所谓"依其情形显失公平"之意义,应依本书所述关于举证责任一般原则背离之探寻方向进行理解,亦即,若法院于某类型事件(例如医师医疗行为具有重大过误类型)作个案评价,依举证责任分配一般原则所得结果,在确认与斟酌其所具有于危险领域理论、武器平等原则、诚信原则或盖然性理论等所考虑之因素,而得认为该依举证责任分配一般原则所确立责任归属,于某该当事人乃属于不可期待者,法院即有就此一依举证责任分配一般规则所得结果加以调整之必要。在此,尤应注意制定理由中举出公害事件、交通事故、商品制造人责任、医疗纠纷等事件类型。① 因于法律解释上,应注意事件类型思考。法院所需考虑者,乃个案之类型隶属,是否具有危险领域理论、武器平等原则、诚信原则、盖然性理论等所强调之举证责任调整必要性之特征(尤指证据偏在问题),而不可恣意于相同事件类型(例如一般借贷类型),却于不同个案因基于直觉、感性(同情)等非理性因素或理由不足之论据,而任为举证责任之调整,以致造成实体法原已设定之价值体系及法律安定性遭破坏,并造成人民于举证责任法则之客观性与平等性,以及可预见性丧失期待。至于在此,法院所得运用之举证责任分配调整方法则包括举证责任转换、证明度降低或表见证明等,其运用方式应依其事件性质与证据偏在严重性而定之。

第二节 举证责任减轻方法之具体内容

一、概说

举证责任减轻之方法,基本上可区分为诉讼前、诉讼中之举证责任减轻方法;同时,亦得区分为实体法上之举证责任减轻与程序法上之举证责任减轻。所谓诉讼前之举证责任减轻,乃指在诉讼前经由私人间协议(证据契约)或由法律或实务承认之信息请求权(例如文书阅视权)或事证开示权,而

---

① 法院于"民事诉讼法"第二百七十七条但书之适用时,应注意虽除立法理由中所举四类型外,不排除有其他事件类型亦具有举证责任调整之必要性,但其存在,应建立在其与前述四种事件类型有共同之特性(危险领域、证据偏在、职业责任、武器不平等及实体法立法加重因素考虑等),而非由法官于不同个别案件恣意为之。

对某造当事人之举证责任予以减轻。所谓诉讼中之举证责任减轻，乃指在诉讼中经由法律或实务承认以举证责任转换、表见证明、证明妨碍、损害赔偿额之确定、非负举证责任人说明义务之强化等方式，而于一造之举证责任减轻。① 至于所谓实体法或诉讼法上之举证责任减轻，前者主要系指由实体法承认之举证责任减轻方法，在此乃指法有明文之举证责任减轻之规定及实体法信息义务之承认等。至于一般由法条结构要件分析而得之法规范，则涉及举证责任法之性质问题（实体法或诉讼法）争议，于此暂不论。至于诉讼法上之举证责任减轻，即指由诉讼法所构设（由程序法或实务承认）之举证责任减轻方式。本书在此，拟仅就表见证明、损害赔偿额确定、证明妨碍及举证责任转换等四种举证责任减轻方式予以介绍，其余种类，则待他日另文为之。

二、表见证明

（一）意义与性质

表见证明（Anscheinsbeweis）于德国系由帝国法院及联邦最高法院发展而得，于实务上有重要地位。② 其意义乃指法院基于由一般生活经验而推得之典型事象经过，由某一定客观存在事实（不争执或已得完全确信者），而推断另一于裁判具重要性待证事实之证据提出过程。例如货车司机将货车开上人行道而伤害行人，此际，由货车开上人行道之客观事实，于一般生活经验上而言，若别无其他特殊原因，通常可推断货车司机有故意过失之事实。③

表见证明之性质于实务及学说上具有争议，联邦最高法院及学者多数见解认为表见证明乃属于证据评价（Beweiswuerdigung）问题，但亦有学者

---

① Vgl. Baumgaertel, Beweislastpraxis im Privatrecht, 1996, Rdnr. 170ff.

② Kollhosser, Der Anscheinsbeweis in der hoechstrichterlichen Rechtsprechung - Entwicklung und allgemeine Bedeutung, 1963, S. 26ff., 51ff.

③ Vgl. Schlosser, Zivilprozessrecht I, 2. Aufl., 1991, Rdnr. 369；陈荣宗、林庆苗：《民事诉讼法》，2001年自版，第623页。于交通事故之表见证明，vgl. auch Hagel, Der Anscheinsbeweis fuer grobe Fahrlaessigkeit unter besonderer Beruecksichtigung des Strassenverkehrsrechts, VersR 1973, 796ff. 表见证明之承认，实乃基于经验法则之存在，原则上，已使个案情况丧失其重要性。Musielak/Foerste, ZPO, § 286 Rdnr. 23.

认为应属举证责任之范围者。①

(二)要件

表见证明之运用须具备二要件,亦即存在一所谓典型事象经过(Typischer Geschehensablauf)及经验法则。所谓典型事象经过,系指在经验上依初步表见(证明)可认为某特定原因将造成某特定结果者。② 其规则为:"若事实 A 存在,则几乎始终会发生 Y 结果。""在此 Y 于大多数事案系一(因果关系)结果或可归责性(Verschulden)。"③例如某女顾客在超市滑倒受伤,在当场有一堆沙拉残余,而证人亦称其于事发不久看到现场沙拉残余有被践踏痕迹。实务认为依表见证明可认为,被害人系因践踏到沙拉而滑倒。④ 虽于意外责任事件中表见证明经常被运用,但若不存在一典型事象经过,即不能适用表见证明以认定事实。例如工厂失火,其个别原因以不同方式作用,不能认为有典型事象经过;或被害人主张其因食用贝类而罹患肝炎,但因其有多种感染可能途径,自不能认为有典型事象经过存在。⑤

经验法则乃指自结果总数抽离而得之抽象规则,其于观察典型事象经过时,始终一直被确认。⑥ 此一规则,且得自一般生活经验或基于科学研究而获得。应注意者系,经验法则不仅得适用于表见证明,其亦得于其他证据评价中被运用,仅其证据价值(Beweis-wert)有不同强度而已。⑦ 亦即,于表见证明中有较强之证据价值,因法官基于第一表见(形貌、观察),即得据之形成心证,但在其他证据评价程序则无此等效能。

(三)运用范围与方法

表见证明之运用范围主要系因果关系及可归责性二者,其理由系交易常情与生活经验于二者之构成要素具有重要意义,但表见证明之适用范围亦得及于其他事实。⑧

---

① 相关争议,vgl. Baumgaertel, Beweislastpraxis im Privatrecht, 1996, Rdnr. 228 m. w. N; Rosenberg/Schwab/Gottwald, Zivilprozessrecht, 15. Aufl. , 1993, S. 663. Vgl. auch Diederichsen, Zur Rechtsnatur und systematischen Stellung von Beweislast und Anscheinsbeweis, VersR 1966, 211ff.

② BGHZ 2, 1, 5.

③ Schneider, Beweis und Beweiswuerdigung, 5. Aufl. , 1994, Rdnr. 326.

④ OLG Schleswig NJW-RR, 1992, 796.

⑤ BGH VersR 1983, 375.

⑥ Schneider, a. a. O. , Rdnr. 332. 关于经验法则之特征(要件),vgl. Musielak, Die Grundlagen der Beweislast im Zivilprozess, 1975, S. 92ff.

⑦ Schneider, a. a. O. , Rdnr. 324.

⑧ Vgl. BGHZ 100, 31.

就因果关系之适用而言,基于表见证明之适用,乃得就存在于不争执之损害与不争执之义务违反间因果关系基于生活经验而予以确认,例如基于表见证明,于一定条件下,可确认存在于手术及嗣后损害或并发症间之因果关系。在保护法规之违反,或违反意外预防规则及一般损害避免或减轻义务时,亦存在若遵守规则可致使损害避免或减轻之生活经验。① 至于就表见证明于可归责性及与有过失之运用而言,若某损害结果依一般生活经验系基于一可归责行为,于典型事象经过存在时,即能被认为该当可归责性要件,例如汽车冲上人行道、对向车道、路树等均被推断为系具可归责行为,但若有机械故障(突然刹车失灵)情形,则不能认为有表见证明之适用。②

表见证明之适用,因属于证据评价范围,故其不改变原依举证责任一般法则所得举证责任分配结果。③ 表见证明之证据评价过程,则受经验法则所拘束。应注意者系,负举证责任之当事人利用表见证明将待证事实为证明后,该当事人于其本证即已尽主观举证责任,④此时相对人应提出反证,而此反证系为使法院原已形成确信之心证发生动摇,尤其系举出令法官相信甚为可能仍存在其他背反于典型事象经过可能性时,相对人即可令待证事实再度陷入真伪不明。⑤ 另相对人并不负就相对部分事实(Beweis des Gegenteils)之举证责任。⑥ 若待证事实无法经由举证人之再补强举证,而令法院于待证事实再度形成确信,法院须将待证事实不明之不利归属于举证人,而非相对人。

三、"民事诉讼法"第二百二十二条第二项

台湾地区新近修正后"民事诉讼法"第二百二十二条规定:法院为判决

---

① Rosenberg/Schwab/Gottwald, Zivilprozessrecht, 15. Aufl., 1993, S. 662.

② Rosenberg/Schwab/Gottwald, a. a. O., S. 662f. m. w. N.

③ 一般认为,表见证明非属举证责任转换范围,Greger, Praxis und Dogmatik des Anscheinsbeweises, VersR 1980. 1092.

④ 亦即,应认应负举证责任人所提证据已令法院形成确信,而法院此时之自由心证,即受当时其经验知识所限制。Vgl. Arens/Lueke, Zivilprozessrecht, 6. Aufl., 1994, Rdnr. 280.

⑤ Vgl. Schilken, Zivilprozessrecht, 3. Aufl., 2000, Rdnr. 498. 就表见证明之反证,vgl. Musielak/Stadler, Grundfragen des Beweisrechts, JuS 1980, 739. 应注意者系,透过表见证明之运用,理论上,若法院肯认系争事件之待证事实有表见证明之适用,则法院于此时所得心证,已属确信程度,应符合完全证明之标准。Vgl. Musielak/Foerste, ZPO, § 286 Rdnr. 24.

⑥ Schlosser, a. a. O., Rdnr. 370.

时，应斟酌全辩论意旨及调查证据之结果，依自由心证判断事实之真伪。但另有规定者，不在此限。（第一项）当事人已证明受有损害而不能证明其数额或证明显有重大困难者，法院应审酌一切情况，依所得心证定其数额。（第二项）（第三项、第四项略）其第二项之立法理由为损害赔偿之诉，原告已证明受有损害，而有客观上不能证明其数额或证明显有重大困难之情事时，如仍强令原告举证证明损害数额，非唯过苛，亦不符诉讼经济之原则，因而于此种情形，法院应审酌一切情况，依所得心证定其数额，以求公平。

而德国《民事诉讼法》第二百八十七条则规定：若当事人于损害是否已发生，及损害或应赔偿利益之额度有争执，就此，法院于斟酌所有情事下，依自由心证决定之。是否及如何程度为证据调查或依职权指定鉴定人为鉴定，由法官裁量为之。[1] 法院得就损害或利益讯问举证人。[2]《民事诉讼法》第四百五十二条第一项第一句、第二项至第四项之规定准用之。（第一项）本条第一项第一句、第二句在财产法性质之诉讼，如当事人就债权之额度有争执，且于所有重要情事之完整说明具有困难，而与债权争议部分之重要性不成比例者，亦于其他案件准用。（第二项）

就损害赔偿额确定之举证责任减轻，台湾地区有关规定与德国法仍有其未尽相同处，亦即，基本上，虽台湾地区"民事诉讼法"第二百二十二条第二项规定，在"立法"上，系参照德国《民事诉讼法》第二百八十七条第一项规定而制定。但其中仍有若干差异，应值注意。其中包括（1）台湾地区"民事诉讼法"第二百二十二条第二项规定，条文上系以当事人已证明受有损害为要件；德国《民事诉讼法》第二百八十七条规定之用语，则系将适用对象包括当事人于损害是否发生有争执情形。（2）台湾地区"民事诉讼法"第二百二十二条第二项所规定要件为，当事人不能证明其数额或证明显有重大困难者；德国《民事诉讼法》第二百八十七条第一项则无此规定。（3）台湾地区"民事诉讼法"第二百二十二条第二项未规定证据调查、当事人讯问等之裁量与准用问题；德国法就此则有规定。（4）台湾地区"民事诉讼法"第二百二

---

[1] 法院于其判决，应就证据声请为评价，就拒绝证据取得与调查说明理由，法院亦不应于一重要点放弃必要专业知识之取得，亦不应因证据声请之非经济性而拒绝。Baumbach/Hartmann, Zivilprozeßordnung, 56 Aufl., 1997, § 287 Rdnr. 30 m. w. N.

[2] 法院得讯问举证人关于损害额度问题，但不及其他点。此一评估讯问（Schätzungsvernehmung），系德国《民事诉讼法》第四百四十八条"当事人讯问"（Parteivernehmung）之变形，要件上，前者较宽。Baumbach/Hartmann, Zivilprozeßordnung, 56 Aufl., 1997, § 287 Rdnr. 34.

十二条第二项未规定损害赔偿之诉以外之请求权适用性问题;德国就之,则于其《民事诉讼法》第二百八十七条第二项有所规定,且附加重大证明困难之要件。(5)台湾地区"民事诉讼法"第二百二十二条第二项与其第一项同以"自由心证"为决定之方法,其"立法"方式固与德国《民事诉讼法》第二百八十六条及第二百八十七条者相同,但台湾地区法制是否已充分意识到,二者于德国乃以证明度作区别,仍有疑问。(6)就责任成立因果关系与责任范围因果关系之区别,德国学理、实务发展已久,于台湾地区民事实体法学,就之认识尚非深刻,于实务上,自亦显相对陌生。因而在台湾地区"民事诉讼法"第二百二十二条第二项之适用范围射程,是否亦应如德国之讨论方式之问题,在其认识基础上,台湾地区与德国仍有差距。

虽台湾地区实务就"民事诉讼法"第二百二十二条第二项之运用已日渐普遍,其适用范围主要系侵权行为(例如台湾"高等法院"二〇〇〇年度上易字第一三四号民事判决、台湾台北地方法院二〇〇一年度重诉字第四五九号民事判决),但亦有关于债务不履行案例(台湾"高等法院"一九九九年度海商上更字第四号民事判决)者。但台湾地区就损害赔偿额确定中,如证明度问题或责任成立因果关系与责任范围因果关系等问题,则尚未充分讨论,仍有进一步研究之空间。

四、证明妨碍

台湾地区修正后"民事诉讼法"第二百八十二条之一规定:"当事人因妨碍他造使用,故意将证据灭失、隐匿或致碍难使用者,法院得审酌情形认他造关于该证据之主张或依该证据应证之事实为真实。(第一项)前项情形,于裁判前应令当事人有辩论之机会。(第二项)"此规定即为台湾地区关于证明妨碍制度之明文。

学者邱联恭就证明妨碍法理之原则化问题认为:为贯彻诚信原则并兼顾当事人间之公平,新法增订总则性规定,承认证明妨碍之法理,依此规定,不仅对于妨碍文书使用之情形,对于当事人有妨碍他造举证之其他行为者,法院均得审酌情形认他造关于该证据之主张或依该证据应证之事实为真实,即法院得审酌当事人妨碍他造举证之态样、所妨碍证据之重要性等情形,依自由心证认他造关于证据之主张或依该证据应证之事实为真实,以示制裁。① 尤应注意者,乃其将台湾地区证明妨碍规定之修订,自具体化并加

---

① 邱联恭讲述,许士宦整理:《口述民事诉讼法讲义》(三),2000年版,第184页。

重当事人之陈述义务及促进诉讼义务之角度观察。其认为"民事诉讼法（草案）"设有关制裁妨碍他造证明活动之通则规定，并加重其制裁之内容，系有助于防杜当事人动辄采不正当手段拖延诉讼，而落实陈述义务之制度理念。①

虽台湾地区就证明妨碍制度已为原则性明文规定，②已较德国先行，但就下列问题仍有待学说、实务为理论上之厘清。其一，过失证明妨碍是否应为台湾地区所承认？③ 其二，就可归责性要件是否亦应双重可归责性之问题？其三，诉讼协力义务是否亦应为证明妨碍之重要参考因素？其四，在以自由证据评价为证明妨碍之法律效果前提下，有无较精细之认定标准存在？其五，关于证明妨碍之举证责任应由何人负担？就此不拟深论，拟由另文申述之。

五、举证责任转换

举证责任转换（Beweislastumkehr）系指法院于个案或经由固定性实务见解就举证责任分配一般规则（法则）予以背反之证据法则，④可见其乃以承认举证责任分配一般规则（亦即规范说）存在为前提。若不存在一举证责任分配一般规则（法则），即无举证责任转换之可言。虽于德国学说，就法律规定背反举证责任分配一般规则之规定（例如德国《民法》第二百八十二条规定）是否属于举证责任转换规定，存有争议。⑤ 本书在此则采取较广义解

---

① 邱联恭：《第一审程序修正草案之析述》，载"最高法院"学术研究会编印：《民事诉讼法修正草案之析述与研讨》，1993年版，第207页。

② 在德国，证明妨碍之适用范围，于文书提出及当事人讯问情形，颇具重要性。Oberheim, Beweiserleichterungen im Zivilprozess, JuS 1997, 62 m. w. N.

③ 在德国，仅于较旧文献，有主张证明妨碍仅适用于恶意情形者，今日学说一致见解认为，无论故意或过失情形均适用之。Oberheim, a. a. O., JuS 1997, 62 m. w. N.

④ Baumgaertel, Beweislastpraxis im Privatrecht, 1996, Rdnr. 446. 于台湾地区有将举证责任转换定义为当事人之一造就其主张之事实已尽举证责任，因而转由他造就主张之反对事实负举证责任者，参阅吴明轩：《中国民事诉讼法》（中册），台湾三民书局2000年第5版，第842页。其定义与德国法通例及本书见解不同。本书认为学者前述定义似可自反证之定义寻求，与举证责任转换无关。就此有所认识者，台湾地区文献，可参阅陈荣宗、林庆苗：《民事诉讼法》，台湾三民书局2001年版，第625页。

⑤ 德国学者且多数认为真正举证责任转换系以经由法律续造（Rechtsfortbil-dung）方法而创设之规范，而实务见解并认为危险领域理论（Gefahrenberei-chslehre）于此扮演一重要角色，Baumgaertel, Beweislastpraxis im Privatrecht, 1996, Rdnr. 450-452. Vgl. auch, Zeiss, Zivilprozessrecht, 9. Aufl., 1997, Rdnr. 464.

释,认为无论基于法定或实务见解所创设之背反于举证责任分配一般法则之情形,均属举证责任转换。

就法定之举证责任转换而言,于实体法,如台湾地区"民法"第一百八十四条第二项、第一百八十七条第二项、第一百八十八条第一项但书、第一百九十条第一项但书、第一百九十一条第一项但书,或如"消费者保护法"第八条第一项但书之规定等,均属举证责任转换之规定。另如法律上事实之推定,例如"民法"第七百七十条与第九百四十四条第二项规定之关系,①或"民法"第九百八十二条第二项等,亦得被评价为举证责任转换之规定。

就非法定之由实务肯认之举证责任转换而言,于德国实务已有甚为可观之发展成果。② 例如证明妨碍于德国实务亦有认为其效果为所谓举证责任减轻至举证责任转换者(Beweiserleichterung bis zur Umkehr der Beweislast),③或就职业义务之重大违反,例如医师之重大医疗过误情形,亦得发生举证责任减轻至举证责任转换之效果。④ 一般而言,在德国于医疗事故、交通事故损害、商品责任及公害责任等类型事件中,依其不同特殊要件(例如存在重大医疗过误、组织过误情形时)而赋予如举证责任转换之效果。

第三节 "民事诉讼法"第二百七十七条但书之新近实务见解

一、"最高法院"

"最高法院"二〇〇一年度台上字第七二七号民事裁定:

上诉人主张其与被上诉人之被继承人李××有消费借贷关系存在,应负举证责任,唯所提汇款单未记载汇款原因,无从证明上诉人系为交付借款而汇

---

① 骆永家:《民事举证责任论》,台湾商务出版社1995年版,第135页。
② 就此,vgl. Schuster, Beweislastumkehr extra legem. 1975, S. 5ff.；Oberheim, Beweiserleichterungen im Zivilprozess, JuS 1997, 358. ff.
③ BGH NJW 1972,1520；BGH MDR 1978,806. 但就此见解有争议,另应注意者系,所谓举证责任减轻至举证责任转换之法则,基本上较举证责任转换之单纯化为具有弹性,乃系德国联邦最高法院创设之举证责任减轻机制。
④ BGH NJW 1988,2303,2304.

款予李××；另系争支票二纸背后李××名义之背书，其笔迹经鉴定难以比对，无法证明系李××所为。至系争本票经鉴定固为李××所签发，然票据为无因证券，无从证明系李××为清偿借款而交付票据。且系争票据之金额、发票日，与上诉人主张之借款金额、日期均不相符；又证人游××之证词亦不足证明上诉人主张属实。上诉人就其上述消费借贷主张，既不能举证以实其说，其据此请求被上诉人应返还借款，自属无理等情，指摘其为不当，而未具体表明究有如何合于不适用法规、适用法规不当、"民事诉讼法"第四百六十九条所列各款之事实，难认对该判决之如何违背法令已有具体之指摘。依首揭说明，应认其上诉为不合法。又原审以上诉人主张其与李××有消费借贷关系存在，应就此有利于己之事实负举证责任，所为举证责任分配无显失公平之情形，亦无未适用"民事诉讼法"第二百七十七条但书之违法可言，附此说明。

"最高法院"二〇〇八年度台上字第一四五八号民事判决认为：

"民事诉讼法"第二百七十七条但书之规定，依二〇〇〇年二月九日修正公布之修正理由说明，系因某些特殊类型之事件，如严守该条文所定之举证原则，难免产生不公平结果，使被害人无从获得应有救济，有违正义原则，乃增订"但法律另有规定，或依其情形显失公平者，不在此限"，以资因应。至于债权人因未及时行使权利，致时间之经过而造成举证之困难，应由债权人自行承担，尚难认为符合上述"显失公平"之情形，此由法律对于经过一定时间不行使权利之人，尤制定消灭时效制度以资制裁，可得印证。原审未遑研求，遽谓陈×深于一九八九年八月十四日死亡，迄今二十年，倘要求其继承人之被上诉人举证每笔借款之交付时点，依其情形显失公平云云，亦有可议。

有趣者系，对于祭祀公业事件，此类型事件亦经常涉及"时隔久远"之举证困难，实务上却有认为应适用"民事诉讼法"第二百七十七条但书之规定者，例如"最高法院"二〇〇八年度台上字第三一三号民事判决认为：按当事人主张有利于己之事实者，就其事实有举证之责任。但法律另有规定，或依其情形显失公平者，不在此限，"民事诉讼法"第二百七十七条定有明文。稽诸台湾地区之祭祀公业有于前清设立者，有于日据时期设立者，年代咸亘久远，人物全非，亲族户籍资料每难查考，当事人争讼时倘又缺乏原始规约及其他确切书证足资凭信，辄致祭祀公业之设立方式乃至设立人及其派下究何未明，于派下身份之举证当属不易，如严守该条文前段所定之原则，难免产生不公平之结果。故上揭法条前段所定一般举证之原则，要非全可适用于祭祀公业之诉讼中。法院于个案时，自应斟酌同法条但书之规定予以调整修正，并审酌两造所各自提出之人证、物证等资料，综合全辩论意旨而为认定。

类似关于祭祀公业之举证责任减轻判决见解，例如"最高法院"二〇〇九年度台上字第二六六号民事判决、"最高法院"二〇〇七年度台上字第二四五〇号民事判决等。

关于证券交易事件，"最高法院"二〇〇八年度台上字第一一一八号民事判决中指出：依"民事诉讼法"第二百七十七条但书规定，参酌"证券交易法"第二十条立法意旨及诈欺市场理论，认本件既系属因股票交易所生之损害，其交易形态系借由公开市场及信赖公开信息交易所致，倘将因果关系之举证责任由被上诉人任之，势将产生举证有重大困难之不公平情形，亦违反公开信息者应确保其信息真实性之原则，故被上诉人仅须举证证明财务报告内容不实，即可受推定已就交易之因果关系部分尽其举证责任。（按：系原审之认定，此判决对此，并有反对意见，而系以与有过失系职权审酌事项，不待抗辩为由废弃原判决。）

二、"高等法院"

台湾"高等法院"二〇〇〇年度上易字第五七号民事判决：

又上诉人辩谓：本件应由被上诉人就上诉人有故意过失之事实负举证责任部分，按当事人主张有利于己之事实者，就其事实有举证之责任。但法律另有规定，或依其情形显失公平者，不在此限，二〇〇〇年二月九日新修正"民事诉讼法"第二百七十七条定有明文。本件被上诉人与上诉人签订保全服务契约，支付保全费用予上诉人，由上诉人为被上诉人提供必要之保全设备、人员并装设保全设施。而上诉人所提供者，均为极专业之设施及服务，且保全人员均由上诉人调派管理之情形下，消费者即被上诉人根本无从查知其提供之设施及保全人员之服务是否有过失。是依上述但书之规定，如课被上诉人负举证责任，将显失公平，自应由上诉人就其无过失之事实，负举证责任，附此说明。

三、地方法院

台湾台北地方法院一九九八年度重诉字第一二七八号民事判决：

查原告主张违反禁业限制之昆仕×公司之股东共七名为高×文、高×清、张××、洪××、黄×尧、黄×珊、何××等，其中高×文、高×清系被告公司股东高×辉之弟及妹、股东高刘××之子女；黄×尧为黄×洋之兄黄×厚之子；黄×珊为被告公司股东黄陈×之女；何××为被告公司股东林××之配偶，是悉昆仕×国际股份有限公司之股东皆系被告公司股东之亲属，可证被告公司确有经营"昆士×岩烧餐厅"之行为等语，经查昆仕×公司之股东确为高×文、高×清、张××、洪××、黄×尧、黄×珊、何××等七人，此经本院向台北市政府建设局调取昆仕×公司设立登记之卷宗资料可证，又被告虽否认昆仕×公司之股东与昆士×公司股东有原告主张之亲属关系，唯以后成立之昆仕×公司与昆士×公司之"音"完全相同，仅以"士"与"仕"如此些微之差异，是否有搭便车意图已有启人疑窦之处，又被告虽否认其间之亲属关系，唯被告于本件诉讼中，对于原告之举证自始至终均不问是非一律加以否认，如"东×小吃店"与"昆仕×公司"之关连性，嗣后亦经证人黄×洋证述属实，又其于否认其股东关连性之余，仍以股东关连性不足以证明加以辩解，令人怀疑仅是以诉讼上之手段抗辩而增加法院调查之困难性，盖依新修正"民事诉讼法"第二百七十七条但书，就已显失公平之情事已有举证责任倒置之特别规定。是本院认依证人黄×洋之证词与前述公司名称相近之因素，已使本院之心证达到前开微弱心证之程度。

台湾台北地方法院一九九九年度诉字第三六七七号民事判决：

原告为被告代垫赠品"蚕××"934瓶（每瓶100 mL），按被告文宣所载，每瓶价格为350元，请求被告应赔偿原告相应部分：经查，此部分业据原告提出代垫赠品（"蚕××"每瓶100 mL）934瓶之兑换单复印件及明细表一份为证。被告虽以原告如确曾代垫934瓶"蚕××"，则应收回934份兑换券，每张兑换券贴三枚狗印花，详填问卷资料，并盖上动物医院印章，但原告迄未提交被告，无法证明其确已代垫，及只要提出完整兑换券，绝对如数兑换赠品或给付以每瓶250元（成本价，非售价350元）计算之价额云云。然查，原告公司于一九九九年四月至六月间，确有依被告公司规定收回代垫934瓶"蚕××"兑换券，每张兑换券贴三枚狗印花，详填问卷资料，并盖上动物医院印章，交予被告当时之业务专员郭××，并由郭××转交被告公司之行政助理许××，统计数量后，再交被告公司之经理，当时"蚕××"缺货，还未全部交付原告等情，业据证人郭××、许××到庭结称在卷（本院二○○一年二月二十日言词辩论笔录），虽证人就上述兑换券之张数究为若干，陈称已不复记忆，且收回之赠品问卷业已销毁（同上笔录），唯原告既已将所收回问卷交予被告公司之业务人员，依上述"民事诉讼法"第二百七十七条但书规定，如要求原告举证其交付之兑换问卷数量，依其情形显失公平，应认原告就此主张代垫之"蚕××"数量934瓶为可采信，被告抗辩原告迄未提交被告，无法证明其确已代垫云云，则不足采。

台湾台北地方法院二○○一年度重诉字第四二号民事判决：

按承揽人完成之工作，应使其具备约定之质量，及无减少或灭失其价值，或不适于通常或约定使用之瑕疵，"民法"第四百九十二条定有明文。若承揽人交付之工作物，有可归责于承揽人之事由致生之瑕疵，则亦发生不完全给付之债务不履行问题。倘承揽人应负不完全给付之债务不履行责任者，自非不能类推适用给付迟延之法则，请求补正或赔偿损害，并有"民法"第二百六十四条同时履行抗辩权规定之适用,"最高法院"二〇〇〇年度台上字第四一二号民事判决可资参照。据被告提出两造工程合约工程契约说明书第二十四条、施工补充说明第二十四条、工程补充说明第二条之约定及原告提出之弃土计划,原告必须依约将弃土运至经政府机关发给核可证明之弃土场或运至资源堆积场回收处理。原告主张两造仅系约定原告不可任意倾倒弃土,维护自然环境及公共安全而已云云,尚属无据。盖两造工程合约已经明白约定,原告应依约将弃土运至经政府机关发给核可证明之弃土场或运至资源堆积场回收处理,原告并于开工前拟妥连续壁弃土计划送被告审核,被告抗辩嗣后原告并依该弃土计划将废土运往基隆大水窟弃土场、可用之砂石运往三峡或林口之资源堆积场回收处理,原告对此亦不为争执。则通观系争工程合约全文,于文义上及论理上详为推求,以过去事实及其他一切证据数据断定标准,探求当事人的真意,应认原告依两造工程合约系约定原告必须将弃土运至经政府机关发给核可证明之弃土场或运至资源堆积场回收处理,并非仅是约定原告不任意倾倒弃土而已,否则两造工程合约仅需约定原告不得任意倾倒废弃土即可。原告虽否认其有未依约运弃废土之情形,称系争弃土多为可供营建使用之砂石,故于堆积晒干后,一部分提供回填管线之用,其余则运至砂石场作加工处理云云。则依举证责任分配原则,被告本应就债务人即原告有债务不履行之事实负举证责任。然如由被告举证原告有未依约将弃土运至合法弃土场或未运至资源堆积场回收处理之事实,事实上显有困难。而由原告证明其已将弃土运至合法弃土场或运至资源堆积场回收处理,显然容易许多,在此情况下,如仍令被告负举证责任,难免产生不公平的结果,有违正义原则,爰依"民事诉讼法"第二百七十七条但书规定,由原告就其已将弃土运至合法弃土场或运至资源堆积场回收处理之事实负举证责任。

台湾台北地方法院二〇〇〇年度劳简上字第四一号民事判决:

当事人主张有利于己之事实者,就其事实有举证之责任。但法律另有规定,或依其情形显失公平者,不在此限。"民事诉讼法"第二百七十七条定有明文。又,雇主应置备劳工签到簿或出勤卡,逐日记载劳工出勤情形。此项簿卡应保存一年。"劳动基准法"第三十条第三项定有明文。……经查:上诉人主张其任职期间有加班计二百七十五小时一节,虽为被上诉人所否认,然证人即上诉人之父余××到庭陈称略以"上诉人上班第一日至十一时许还未回家,伊太太打电话问,上诉人说他在公司加班,有时甚至至凌晨一、二时,假日亦加班"等语,证人之证词固未能直接证明上诉人有加班之情事,然被上诉人之诉讼代理人对于证人之证词当庭表示无意见,且被上诉人公司并未置备劳工签到簿或出勤卡,此为被上诉人所不否认。劳工签到簿或出勤卡,为记载劳工出勤状况及上、下班时间之最直接证据,且为"劳动基准法"第三十条第三项所定之雇主之义务,被上诉人却未置备,依上述"民事诉讼法"第二百七十七条但书规定,显难要求劳工证明自己下班后仍留在公司内之时间并非加班之事实,雇主如否认劳工于下班后仍留在公司内,实际上却并非加班之事实,应由雇主负举证之责任,而被上诉人就此并未能举证加以证明,据上说明,应认上诉人主张其有加班之事实为可采信,被上诉人所辩上诉人无加班之情事等语,则不可采。

台湾台北地方法院一九九八年度诉字第一五二一号民事判决:①

医疗行为既非消费者保护法下所称之服务,自无该法之适用,已如前述,则次应审酌者,系两造间之医疗行为契约关系,性质为何。就此争点,本院认医疗行为并非以完成一定工作为其契约之目的,而系以劳务之付出为其目的及特征,是核其性质,应为"民法"第五百二十八条所称之委任契约。……从而,原告主张在委任关系下,被告应依修正前"民法"第二百二十七条之规定,就被告所受之瑕疵结果损害负赔偿责任,在契约法的请求权基础上,要无疑问。唯须进一步探究者,系加害给付之举证责任分配之问题。就此本院认为,产生瑕疵结果损害之加害给付为债务不履行之一种形态,故应与给付迟延、给付不能之情形相同,由债务人就"不可归责"之免责事项负举证责任,"最高法院"一九九三年度台上字第二百六十七号判决即采此见解,是以本件被告即须就其有"不可归责"之事实加以举证,始能免除赔偿责任。虽亦有学者指出,若查以加害给付之性质,与侵权行为极为类似,前揭举证责任分配原则是否公平,即有再加以深入探讨之必要,唯本院认为,纵认原则上加害给付不应由加害人负举证责任,然于本件中,由于原告即接受医疗行为之病患与被告即施以医疗行为之医师间,就医疗专业之认识,处于极度不平等之地位;且核以目前医疗实务,病患之病历与其他有关之就诊资料,均为医师或医院所持有,病患难以知悉,是于诉讼程序中,要求病患就对其有利之事实尽举证责任,自显失公平,故本院认仍得依"民事诉讼法"第二百七十七条但书之规定转换举证责任,而由被告即医师就"不可归责"之事实尽举证责任,始符合公平原则。此外,就原告主张被告应依侵权行为关系负损害赔偿责任部分,基于与前揭之相同理由,亦应由被告就其"无故意、过失"之事实,负举证责任。

台湾台北地方法院二〇〇〇年度诉字第四七二号民事判决:

有关书证之证明力,尚得分形式证明力与实质证明力,是文书为公文书者推定其形式之真正,若为私文书则除他造不争执者,则私文书之真正,应由提

---

① 有不同见解,即于医疗纠纷事件持举证责任分配一般原则者,例如台湾台北地方法院二〇〇〇年度重诉字第九三九号民事判决。

出人负举证之责,唯新修正"民事诉讼法"第二百七十七条但书规定在法律另有规定或依其情形显失公平者,不在此限。就其举证责任已在显失公平之情形,将举证责任转由他方负担。查原告所举合约书及支票复印件固均属私文书,虽被告均否认其真正。唯被告所举厂商同意书及退柜记录表上均有高××之签名,经核对其笔迹,与原告所提之订货合约书及支票背面高××之背书观之,其书写之笔画、特征,尤其是"进"字之前缀之笔顺,均属相符,有前述证物附可查,则被告主张所举厂商同意书及退柜记录表为真正之同时,并明知高××业已寻找不获,无法通知法院采取笔迹而加以鉴定,而否认原告所举订货合约书及支票之真正时,本院认显失公平,应由被告对于原告所举订货合约书及支票举证非属真正。则被告陈称无法对于笔迹鉴定再为举证时,原告所提订货合约书及支票之形式真正均应肯认。

台湾台北地方法院二○○○年度诉字第四五一二号民事判决:

末查,原告主张被告于一九九九年十一月二十三日买进××股票总金额为5802800元,业据其提出有价证券买卖对账单在卷可凭,被告对之并不争执,应堪信为真实。原告继之主张因被告违约交割,经其委托××证券卖出,扣除手续费、交易税、违约金后,被告应赔偿其所受损害3193430元,业据其提计算书及××证券之有价证券买卖对账单在卷可考,被告虽否认原告所提出上述书证之真正云云。唯查,本件被告确有违约交割之情事,而依原告提出之书证,并扣除手续费、交易税、违约金后,原告主张其受有3193430元之损害,并无不合,被告任意加以否认,亦举之有何不实之处,显属非是,按之"民事诉讼法"第二百七十七条但书之规定,应认原告已尽举证之责任。

台湾台北地方法院二○○○年度重诉字第九三九号民事判决:

按"当事人主张有利于己之事实者,就其事实有举证之责任"。"民事诉讼法"第二百七十七条前段定有明文。另主张法律关系存在之当事人,需就该法律关系发生所需具备之特别要件,负举证之责任,至于他造主张有利于己之事实,应由他造举证证明;而"因故意或过失,不法侵害他人之权利者,负损害赔偿责任","民法"第一百八十四条第一项前段亦定有明文。而就侵权行为言,被害人应就行为人因故意或过失,不法侵害其权利之事实负举证责任,此与债务不履行以由债务人证明免责事由者,有所不同。即"民法"第一百八十四条第一项前段规定侵权行为以故意或过失致不法侵害他人之权利为要件,故主张对造应负侵权行为责任者,应就对造之有故意或过失之行为致权利受侵害负举证责任,此为台湾地区审判实务上之通见("最高法院"一九八一年度台上字第二五○号判决及一九九三年度台上字第二六七号判决参照),因之,本件原告依"民法"第一百八十四条主张被告应负侵权行为损害赔偿责任,揆诸前揭法规、判例、判决说明,自应对行为人被告之麻醉行为与原告权利受有侵害,有故意或过失负举证之责任。第按因侵权行为所发生之损害赔偿请求权,以有故意或过失不法侵害他人权利为成立要件,此观"民法"第一百八十四条第一项规定即明。原告主张依侵权行为之法律关系请求被告赔偿损害,则应积极证明被告之医疗行为,系出于过失不法侵害原告之权利,始得为之。又"民法"第一百八十四条第一项规定所指之过失,以加害人对于侵权行为结果之发生应注意并能注意而不注意为成立要件。

台湾台北地方法院二〇〇〇年度保险字第三七号民事判决:

意外伤害之意义既已如前述,则次应审酌者,系举证责任分配之问题。就此,实务迭有不同见解:例如"最高法院"一九九七年度台上字第一五五一号判决,台湾"高等法院"一九九七年度保险上更字第十一号、一九九五年度保险上字第二十七号判决,台湾"高等法院"台中分院一九九六年度保险上字第六号判决等,系依"民事诉讼法"第二百七十七条为其依据,认为被保险人应就保险事故系属意外,负举证之责;但台湾"高等法院"高雄分院一九九六年度保险上字第三号判决,却认为保险人未能举证被保险人系故意受伤,而为保险人不利之判决;又台湾"高等法院"台南分院一九九八年度保险上字第四号判决,似系认为保险人之免责事由(事故由被保险人所诱致)若由被保险人举证,并不公平。由以上之说明可见实务见解就举证责任如何分配,见解仍相当歧异。就此,本院析述如下:

按"保险人对于由要保人或被保险人或其代理人之过失所致之损害,负赔偿责任,但出于要保人或被保险人或其代理人之故意者,不在此限","保险法"第二十九条第二项定有明文,此一总则篇之规定,若性质相符且无适用上之疑义,原则上应能适用于各类险种;唯"保险法"第一百三十一条所称之"意外伤害",其内涵亦包括"非故意"之性质在内,已如前述,则"故意"一方面为保险人之免责事由,应由保险人举证,但另一方面"非故意"又系被保险人之权利发生要件之一,应由被保险人举证,此一矛盾之现象,或许即为前述实务见解就举证责任应如何分配,尚未能有所统一见解之缘故。

实则,在决定"保险法"第一百三十一条之举证责任时,并无必要将"意外"视为一个整体事实以定其举证责任分配(例如前述"最高法院"一九九七年度台上字第一五五一号判决等所采用之方式),举例而言,债篇修正前"民法"第一百八十四条第二项之规定:"违反保护他人之法律者,推定其有过失。"其立法之方式,即是将被侵权人原先对"损害的发生""因果关系""故意或过失"的举证责任,以立法方式将其中一部分移转与侵权人,而非令侵权人或被侵权人之任一方,负主张权利或免除义务的全部举证责任;此外,依据德国《保险契约法》第一百八十条所定保险事故之发生,推定为非故意之意旨,也可见该国立法者仅将"故意"要件之举证责任,移转与保险人负担,而不及于其他要件。因此，本院认为在决定意外伤害之举证责任时，可以将"突然、外在事故及残废或死亡事实之存在""因果关系""非故意"等要件加以区别，分别定其举证责任之分配，以求公允。

本院认为在"突然、外在事故及残废或死亡事实之存在"及"因果关系"的举证责任上，由于事属被保险人之亲身经历，且属积极事实，因此由被保险人负此二要件之举证责任，应无不当；但在"非故意"的要件上，由于对被保险人而言系属消极事实，原本即难证明，且相较之下，保险人一般而言较被保险人有更高之举证能力，况其本质上亦属保险人之免责要件，是为求公平起见，依据"民事诉讼法"第二百七十七条但书之规定，要求保险人就事故系"故意"所致，负举证责任，应属允当。

第四节 举证责任减轻制度之发展评估——代结论

一、减轻之基本法理

本书认为，举证责任分配规则应系"任何人均应就于其有利法律规范之要件负举证责任，但若综合所有情事，在个案上，依前开举证责任分配一般规则结果于该当事人为不可期待（显失公平）者，不在此限"。而台湾地区"民事诉讼法"第二百七十七条亦规定"当事人主张有利于己之事实者，就其事实有举证之责任。但法律另有规定，或依其情形显失公平者，不在此限。"二者就举证责任减轻之承认而言，具有共同之思考基础，亦即应均系指向规范说之修正必要性。

就举证责任之认识，应先就举证责任分配一般规则与举证责任减轻二者加以区别。而所谓举证责任分配之一般规则，乃指依规范说所确定之举证责任分配法则；举证责任减轻则系指前开一般举证责任法则之背离者。其修正（背离）之考虑基础，须参考其他举证责任理论所考虑因素进行判断，亦即举证责任减轻之运用应审酌其是否存在为危险领域理论、武器平等原则、诚信原则或盖然性理论所考虑之因素，若认为该依举证责任分配一般规则所确立举证责任归属，于当事人属于不可期待者（或如台湾地区"民事诉讼法"第二百七十七条但书所谓显失公平者），法院即有加以调整之必要。而法院为举证责任分配之确立，除考虑法条构造外，于解释上应并重历史、目的与体系性解释，据以寻求举证责任分配之决定因素基础。

在"民事诉讼法"第二百七十七条但书之解释适用应注意下列数端:其一,须认识举证责任减轻乃背离具有法律安定性之举证责任分配一般原则,应具有例外性质,在解释上不宜从宽,须严格要求具有足够理由才得适用该但书规定。其二,须确立举证责任减轻之基础考虑因素(例如证据偏在、武器不平等、危险领域等),其方式即可自"民事诉讼法"第二百七十七条但书修正理由中所举事例(医疗、公害、产品、交通事故)之背离因素考虑予以抽离分析,并以之作为"民事诉讼法"第二百七十七条但书所谓"依其情形"之类型化基础。① 其三,举证责任减轻有不同方法,非一概以为仅有举证责任转换。除举证责任转换外,另有譬如加重非举证义务人之说明义务,或对属于证据评价范围者,例如以表见证明或证明度降低等方式减轻当事人之举证责任。② 至于以何种方式减轻当事人举证责任,则须视"立法"目的(有明文者)、行为者可归责性及证据偏在之严重度等因素而定。其四,"民事诉讼法"第二百七十七条之适用程序为:(1)区分法律规范要件之性质。(2)探讨举证责任分配一般法则有无适用性,在此阶段乃以第一阶段所得要件定性结果审查之。(3)须探究法律及既有判例有无已类型化之减轻机制,亦即系争待证事实是否已有"民事诉讼法"第二百二十二条第二项、第二百八十二条之一规定、法律推定规定或举证责任转换之规定得以适用。若无,即先应回归举证责任分配一般法则。(4)如此,须再探究有无存在显失公平之情事,亦即有无举证责任减轻之因素存在。其修正考虑因素有如前述,在此,另应注意者为,若属一般债务类型而两造属平等地位者(如借贷关系),应不能任意于个案调整举证责任分配,以免紊乱实体法利益、危险分配之基本价值体系构成(预设)。

二、实务见解分析

台湾地区新近如本书参所引介之实务见解,可得论评者有下列数端:

其一,就"最高法院"部分,对于一般事件而言,基本上时隔久远之因素,不足正当化为某造当事人为举证责任减轻,盖对两造而言均有时隔久远之问题。因而"最高法院"二〇〇八年度台上字第一四五八号民事判决见解,

---

① 就某意义而言,于非"民事诉讼法"第二百七十七条但书立法理由所举事例之案型,欲适用但书规定者,其适用论理过程有似于类推适用之过程。

② 此为德国论著之一般认识,vgl. Lepa, Beweiserleichterungen im Haftpflicht-recht, NZV 1992,129;Prütting, Beweiserleichterungen fuer den Geschaedigten - Moeglichkeiten und Grenzen, Karlsruher Forum 1989, S.13.

应属可采。较有争议者系,关于祭祀公业事件,实务上每见要求启动"民事诉讼法"第二百七十七条但书之规定者,但其究竟存在何等武器不平等、危险领域或证据偏在之因素?若有固无问题,若无是否有何诚信原则可适用?若有,亦无问题。若无,则如何以"时隔久远"之因素论证有举证责任减轻之必要?恐仍值得深思。尤其"最高法院"之见解每提及"法院于个案审理中,自应斟酌当事人各自提出之证据资料,综合全辩论意旨,依同条但书之规定,为适切之调查认定,始不失衡平之本旨"(例如"最高法院"二〇〇九年度台上字第二六六号民事判决)。其未指明究竟举证责任减轻之方式为何,似非举证责任转换。但是否系证明度降低或表见证明,亦有未明。某程度而言,似较倾向证明度较低之操作方式(据该等判决内容,其名义上乃自由心证之证据评价范围)。基本上,如何将祭祀公业类型纳入举证责任减轻制度之适用范围,其重点仍在关于举证责任减轻之考虑因素寻求,在此除非有特殊情形,可认为存在证据偏在、武器不平等或危险领域之因素,否则,似仅能以盖然性论介入,而在斟酌两造陈述及举证后,对于盖然性加以评估,综合事件特性及各种因素而得认为可建立举证责任减轻类型,如此较为妥当。若仅以时间因素作为考虑重点,恐说服力有所不足。

其一,就台湾"高等法院"二〇〇〇年度上易字第五七号民事判决而言,系争案件之请求权基础,乃为两造间所订立之《保全服务契约》第十一条约定"乙方防护服务时间以内标的物若发生窃盗事件,确因乙方所装器材失灵或保全人员失误,致甲方标的物内财物被外贼窃走,就该被窃事由可归责于乙方者,乙方愿依照甲方被窃程度作适当之赔偿",此一约定乃属于契约性质之债务不履行(不完全给付)之约定,本件判决认为系争事件涉及专业之设施及服务,且保全人员均由上诉人调派管理,消费者无从查知其提供之设施及保全人员之服务是否有过失,因而适用"民事诉讼法"第二百七十七条但书规定,认为应由上诉人(保全公司)负举证责任。本件判决已意识到"民事诉讼法"第二百七十七条但书中之考虑因素,包括危险领域、两造武器平等、专业加重责任等,应值肯定。但本书认为本件举证责任分配之决定应回归民法之规定,并以不完全给付可归责性要件之举证责任分配作为论据,而以类推"民法"第二百三十条规定方式,将举证责任转换为由债务人(保全公司)负举证责任。台湾"高等法院"上述判决之论理有跳跃之嫌,与本书见解不同。①

其二,就台湾台北地方法院一九九八年度重诉字第一二七八号民事判决而言,该判决认为"民事诉讼法"第二百七十七条但书为举证责任反置之规定,与本书认为举证责任减轻有不同减轻方式之见解不同。而此一判决且仅以被告于本件诉讼中对于原告之举证自始至终均不问是非一律加以否认,并有事实令人怀疑仅是以诉讼上之手段抗辩而增加法院调查之困难性等情,而适用"民事诉讼法"第二百七十七条但书认为据既有证据已足使其达到微弱心证程度。其所考虑前开因素与本书所强调之举证责任减轻因素似无类似性,其论证基础薄弱,而其倾向个案性,且缺乏类型性考虑甚为明显。② 尤其在无证明妨碍或违反诚信原则之事实存在时,径认当事人之否认与置原告之举证于不问等情,乃为增加法院调查之困难性,似就辩论主义、当事人提出主义与举证责任之基本法理有所误解。于当事人亦未免太过苛求。另此判决以适用"民事诉讼法"第二百七十七条但书方式,而认由原告所提证据已足形成薄弱心证云云,其论理亦与举证责任转换制度之举证与推论方式不同,似有误解之处。

其三,就台湾台北地方法院一九九九年度诉字第三六七七号民事判决而言,本件判决事实之请求权基础乃"民法"第一百七十六条第一项损害赔偿请求权,其认为系争事件若要求原告举证其交付之兑换券数量,乃属于"民事诉讼法"第二百七十七条但书之显失公平情形。细究其论理,其乃以已有证人证明原告确有将兑换券依规定交予被告之业务专员,但不能证明张数若干而已,故而为前述推论。但就损害赔偿额之确定,已有"民事诉讼法"第二百二十二条第二项规定得以适用,舍此不由,依据何在,诚属难解。况原告于诉讼中,似亦得尝试以文书提出义务或证明妨碍方式寻求解套,是否有动用"民事诉讼法"第二百七十七条但书(显失公平者)之必要性,亦有可疑。③ 且其适用"民事诉讼法"第二百七十七条但书后,即认为原告之主张为可采,其究系采举证责任转换或证明度降低或其他方式,亦有不明。

其四,就台湾台北地方法院二〇〇一年度重诉字第四二号民事判决而言,本件涉及义务违反事实(原告有将弃土运至合法弃土场或运至资源堆积

---

① 关于不完全给付可归责性要件之举证责任分配,参阅姜世明:《论不完全给付可归责性要件之举证责任分配》,载《万国法律》2000 年第 109 期。

② 台湾台北地方法院二〇〇〇年度诉字第四七二号、二〇〇〇年度诉字第四五一二号民事判决亦均有个案化,而缺乏适当论证之问题。

③ 台湾台北地方法院二〇〇〇年度劳简上字第四一号民事判决亦有类似论证问题。

场回收处理之事实)之举证问题(按:本件原告主张工程款请求权,被告则以不完全给付为抗辩)。此一判决认为,被告本应就债务人即原告有债务不履行之事实负举证责任(被告乃行使同时履行抗辩权),但就此,事实上显有困难,而由原告证明其已将弃土运至合法弃土场或运至资源堆积场回收处理显然容易许多。因而认为依"民事诉讼法"第二百七十七条但书规定,而由原告负举证责任。其论理乃不以原告将废弃土运至合法弃土场或运至资源堆积场之工作为请领工程款之前提要件,因而将弃土合法运送堆置义务之履行视为被告之抗辩事实,并认为若依一般举证责任分配法则应由被告就原告义务违反事实负举证责任,据此推论"民事诉讼法"第二百七十七条但书之适用性。本书认为,即若以此一判决所认定之前述合法堆置弃土义务履行非属工程款请领要件为前提,是否于本件已有举证责任转换之条件,亦非均无讨论之空间。因将义务违反事实之举证责任转换,乃属相当强烈之举证责任减轻程度。其于当事人之冲击,可能高于可归责性或因果关系之举证责任转换。尤其在个案,仅系一般承揽契约,两造间并无武器不平等处,而就被告举证困难,原亦非不得事先于契约中为适当保全与规制;若得认为原告负有提出合法堆置废土文件之契约义务或由诚信原则所推得文书提出义务,则似亦非无文书提出义务或证明妨碍之适用可能。则在系争事件,是否应为如此强烈之举证责任转换适用,可能仍有研究之余地。

其五,就台湾台北地方法院一九九八年度诉字第一五二一号民事判决而言,其认为医疗行为非属消费者保护法下所称之服务,故无该法之适用,及认为债务人就债务不履行之不可归责要件须负举证责任,除其论理直接引用"最高法院"一九九三年度台上字第二六七号民事判决可能有所疑义外，①基本上，其结论应值赞同。兹有疑义者乃，此一判决基于武器平等原则及医师于资料之掌控优势，而认为医师于侵权行为关系应依"民事诉讼法"第二百七十七条但书规定为举证责任转换，而应就其"无故意、过失"负举证责任，亦即，此一判决未视医疗纠纷事件之不同类型，乃一概认为就侵权行为之可归责性应均由医师负举证之责。此一般性举证责任反置是否符合医疗关系之特殊性，其是否于医疗行为之若干不可预测性未为充分考虑，颇令人质疑。因其一方面认为医疗纠纷事件不须实行无过失责任，但另一方面采普遍性举证责任转换，而未论医师有无重大医疗过误或组织失误等因素，其与德国法关于医师责任事件之举证责任分配法则发展之精致化程度，②有明显区别。是否全无再讨论空间，值予存疑。

其六，就台湾台北地方法院二〇〇〇年度保险字第三七号民事判决而言，其认为"在'突然、外在事故及残废或死亡事实之存在'及'因果关系'的举证责任上，由于事属被保险人之亲身经历，且属积极事实，因此由被保险人负此二要件之举证责任，应无不当；但在'非故意'的要件上，由于对被保险人而言系属消极事实，原本即难证明，且相较之下，保险人一般而言较被保险人有更高之举证能力，况其本质上亦属保险人之免责要件，是为求公平起见，依据'民事诉讼法'第二百七十七条但书之规定，要求保险人就事故系

---

① "最高法院"一九九三年度台上字第二六七号："民法"第一百八十四条第一项前段规定侵权行为以故意或过失不法侵害他人之权利为成立要件，故主张对造应负侵权行为者，应就对造之有故意或过失负举证责任（参照本院一九六九年度台上字第一四二一号判例）。又在债务不履行，债务人所以应负损害赔偿责任，系以有可归责之事由存在为要件。故债务苟证明债之关系存在，债权人因债务人不履行债务（给付不能、给付迟延或不完全给付）而受损害，即得请求债务人负债务不履行责任。如债务人抗辩损害之发生为不可归责于债务人之事由所致，即应由其负举证责任。如未能举证证明，自不能免责（参照本院一九四〇年度上字第一一三九号判例意旨）。二者关于举证责任分配之原则有间。本书认为，此一"最高法院"判决可得评论者有：其一，"最高法院"既认为可归责性为二请求权（侵权与债务不履行）之成立要件，则为何遽然推论于债务不履行事件，债务人抗辩不可归责，须负举证责任，而与侵权行为者为不同评价，其思路纹理不明确；其二，"最高法院"将债务不履行三类型之可归责性为相同对待，忽略民法于三类型有不同规定，亦有不当；其三，不完全给付可归责性要件之举证责任分配，须经法理运用（如类推适用迟延相关规定），始能为完整说明，"最高法院"于此未充分论证，且自其判决无法得知此一事件是否仍属举证责任分配一般法则之运用或已属举证责任转换，似有所不足。

② 关于德国医师民事责任程序中之举证责任分配问题，参阅姜世明：《论德国医师民事责任程序中之举证责任减轻》，载《法学丛刊》2000年第180期。

'故意'所致,负举证责任,应属允当"。本书认为,基本上,此一判决在结论上应值赞同。但在论理上,此一判决一方面以公平因素,而引用"民事诉讼法"第二百七十七条但书规定;但另一方面复认为"非故意"亦属保险人之免责要件。其似忽略此二者乃不兼容之二考虑因素(因若认为系免责要件,则依举证责任分配一般法则,即可推得应由保险人负举证责任,又何须依举证责任减轻规定方式为反置)。因而实务就意外保险案例,实有必要就"非故意"要件为法规范(要件)之适当定性,而后乃能就举证责任分配为适当之论理。

三、展望

举证责任分配法则于台湾地区发展已久,其经学者与实务界经年累月之努力,成果且已相当可观。尤其,台湾地区新近于"民事诉讼法"第二百七十七条但书之增订,更彰显台湾地区民事诉讼法学关于举证责任分配之研究成果,已于"立法"上获得回响,此一举证责任之立法发展经验,于立法例上并不多见,弥足珍贵。

唯因"民事诉讼法"第二百七十七条但书之规定颇为抽象,在解释适用上,若不参考立法理由及外国先进学说、实务见解,而于解释方法上为适当之规制引导,即易陷于闭门造车,甚至恣意滥用,而将规范理论所存在之法律安定性破坏殆尽。其严重性如此,又岂可不慎?

本书乃尝试自台湾地区有关规定发展现况出发,并以德国举证责任理论为参考对象,提出若干举证责任减轻之考虑因素,并提出类型论以降低法律安定性破坏之危险。另因台湾地区实务见解援引"民事诉讼法"第二百七十七条但书规定以为被害人或债权人为举证责任减轻事例日多,本书亦就若干新近实务见解予以评介,基本上乃持吹毛求疵态度为之,而尚有若干疑难处,实均有待学者与实务家多加努力,以期早日厘清本书之所不尽者。

第八章　损害赔偿数额之确定
——"民事诉讼法"第二百二十二条第二项之发展评估

第一节　前言

损害赔偿事件,无论系基于何种请求权基础,其有关损害之发生及损害额度,依一般举证责任法则,原则上应由主张权利者,提出主张与证明。但因损害赔偿事件,具有损害之发展变动性特质,因而其损害额之确定,辄成为被害人之诉讼上重大负担;而当事人所以面临举证之困难,其原因可能系科技、医学等专业之发展状态及其相关知识非一般人所能知悉与掌握,而损害之发展有若干之不确定性,且证据保全于事发突然时亦常有困难,亦为被害人举证成功与否之变数。为解决此一诉讼上某程度可被视为有倾向不正义之诉讼障碍,德国与台湾地区在立法上,就此已先后提出解决之方法,其于被害者之保障均有积极之功能,当值肯定。本书乃期以德国发展经验之介绍,提供台湾地区发展之基础,若能稍有助于相关制度之研究与实务运作,则幸甚。

第二节　德国法——以《民事诉讼法》第二百八十七条规定为中心

一、立法目的

《民事诉讼法》第二百八十七条规定:若当事人于损害是否已发生,及损害或应赔偿利益之额度有争执,就此,法院于斟酌所有情事下,依自由心证决定之。是否及如何程度为证据调查或依职权指定鉴定人为鉴定,由法官裁量为之。①法院得就损害或利益讯问举证人。②《民事诉讼法》第四百五十二条第一项第一句、第二项至第四项之规定③准用之。(第一项)本条第一项第一句、第二句在财产法性质之诉讼,如当事人就债权之额度有争执,且于所有重要情事之完整说明具有困难,而与债权争议部分之重要性不成比例者,亦于其他案件准用。(第二项)

就于损害赔偿程序中,引入一特别自由心证制度,于一八七七年一月三十日之《民事诉讼法(草案)》中有如下看法:以迄今所采之证据要求,导致损害赔偿诉讼拖延与发生复杂之法律争议,且于甚多事件造成损害赔偿请求无法实现之结果,基于实质正义之要求,有必要对前述不利于被害人之制度予以改善。④亦即鉴于损害赔偿事件,若要求达到《民事诉讼法》第二百八十六条所规定之完全证明(Vollbeweis),则甚多被害人之损害赔偿请求权,将无法经由诉讼程序获得实现。为使此一不利于被害人之情状去除,有必要将若干待证要件事实之证明度要求降低,且赋予法官证据调查之决定自由。⑤

帝国法院⑥就《民事诉讼法》第二百八十七条规定曾有如下见解:《民事诉讼法》第二百八十七条之自由裁量,超出法院于认定某事实主张是否为真之自由心证,一则,当事人免除就为能推得所主张损害之待证事实为确切陈述;二则,法院亦无须受制于其心证形成仅能以审理内容为基础之必要性,亦即,法院非唯得利用审理中由当事人所提资料及所为之证据调查,且得依

---

① 法院于其判决,应就证据声请为评价,就拒绝证据取得与调查说明理由,法院亦不应于一重要点放弃必要专业知识之取得,亦不应因证据声请之非经济性而拒绝。Baumbach/Hartmann, Zivilprozeßordnung, 56 Aufl., 1997, § 287, Rdnr. 30 m. w. N.

② 法院得讯问举证人关于损害额度问题,但不及其他点。此一评估讯问(Schätzungsvernehmung),系德国《民事诉讼法》第四百四十八条当事人讯问(Parteivernehmung)之变形,要件上,前者较宽。Baumbach/Hartmann, Zivilprozeßordnung, 56 Aufl., 1997, § 287, Rdnr. 34.

③ 按系当事人讯问制度之相关规定。

④ Vgl. Hahn, C., Die gesamten Materialien zu den Reichs-Justizgesetzen, II. Bd.: Die gesamten Materialien zur Civilprozeßordnung, 1. Abteilung, Berlin, 1880, S. 276f. 较详细之立法史分析, vgl. Heller, Die gerichtliche Schadensermittlung nach § 287 ZPO, 1977, S. 9ff.

⑤ Musielak/Foerste, ZPO, Kommentar, 1999, § 287 Rdnr. 1.

⑥ JW 1909, 141 (rechts) Nr. 22; vgl. Schneider, Beweis und Beweiswürdigung, 5. Aufl., 1994, Rdnr. 240.

《民事诉讼法》第二百八十七条规定,以其他未经审理或经依《民事诉讼法》第一百三十九条①询问当事人而得情事,为其形成心证之基础。

二、适用之范围

《民事诉讼法》第二百八十七条第一项第一句规定,法院于当事人就究竟已否发生损害以及损害额度如何发生争议时,有权依自由心证决定之。其适用范围系损害赔偿请求权,无论系契约或法定者,亦无论为过失责任或危险责任者皆同。即因牺牲或征收所生之补偿请求权,亦适用之。但就减少价金、不当得利或违约金之请求权,则非属本规定之适用范围。②

《民事诉讼法》第二百八十七条第一项之最重要证据法功能,乃在于损害额之确定。为能进行此一损害额度评估,主张权利者,仍应提出具体论据(Anhaltspunkt)。但仍应注意个案情事与一般经验,③例如,一充当原告之企业主,以其因车祸受有收入损失,请求被告损害赔偿。联邦最高法院④认为,企业主营业损失之计算,应考虑公司之具体发展,乃为损害计算之合理连接事实(Anknü-pfungstatsachen),就之,即有陈述之必要。

依实务之见解,存在于初始造成责任之损害(die erste haftungsauslösende Verletzung)及一后续于后时点发生之损害(结果损害,Folgeschaden)间之因果关系,亦依《民事诉讼法》第二百八十七条确定之。⑤ 例如,在车祸中受伤者,复为后面来车所辗过,并因此有附加所生损害。就此,附生损害之接续影响结果,应依《民事诉讼法》第二百八十七条规定判断之。⑥ 但若当事人妨碍就损害赔偿估计具重要性事实之较详尽说明,则《民事诉讼法》第二百八十七条即不予适用。例如,原告于损害赔偿程序中,拒绝就其请求权为

---

① 此条文系法官阐明义务之规定。
② MünchK ZPO-Prütting, 1992, § 287 Rdnr. 5, 6 m. w. N; Stein/Jonas/Leipold, Zivilprozeβordnung, 21. Aufl., 1997, § 287 Rdnr. 4-9; Baumgärtel, Beweislastpraxis im Privatrecht, 1996, Rdnr. 377; Thomas-Putzo, ZPO, 19. Aufl., 1995, § 287 Rdnr. 2; Rosenberg/Schwab/Gottwald, Zivilprozeβrecht, 15. Aufl., S. 666. 即信赖损害或非财产上损害赔偿者,亦包括在本规定之适用范围,vgl. Grunsky, Grundlagen des Verfahrensrechts, 2. Aufl., 1974, S. 456; Musielak/Foerste, ZPO, Kommentar, 1999, § 287 Rdnr. 2.
③ Rosenberg/Schwab/Gottwald, a. a. O., S. 666 m. w. N.
④ BGH NJW 1988, 3016f.
⑤ BGH NJW-RR 1987, 339. Vgl. auch Arens, Dogmatik und Praxis der Schadensschätzung, ZZP 88 Band, 1975, S. 38ff.
⑥ BGHZ 60, 177, 184.

符合规定之具体化陈述,且亦不愿于证据程序中为可期待之合作。联邦最高法院乃认为,在此等情形,应适用《民事诉讼法》第二百八十六条之严格证明,而无《民事诉讼法》第二百八十七条适用之余地。①

应注意者系,德国就上述法条关于因果关系②层面之适用问题,有较为深刻的类型化。就此,通说认为责任范围因果关系(Haftungsausfüllende Kausali-tät)之确定,适用《民事诉讼法》第二百八十七条之规定;责任原因(Haftungsgrund)与责任成立因果关系(Haftungsbegründende Kausalität),则属于《民事诉讼法》第二百八十六条③规定之适用范围。④ 例如,在医师责任程序中,病人应就医师基于未说明手术危险,而侵害病人之健康,依《民事诉讼法》第二百八十六条规定予以证明。至于损害及何种损害(治疗费用、收入损失)因健康受损而造成,则依《民事诉讼法》第二百八十七条规定决定之。⑤

虽帝国法院曾于若干案例,将《民事诉讼法》第二百八十七条适用于整

---

① Baumgärtel, Beweislastpraxis im Privatrecht, 1996, Rdnr. 389.

② 王泽鉴于其《侵权行为法》(第一册)一书中,引入德国因果关系之区分,其乃将因果关系区分为责任成立的因果关系与责任范围的因果关系。所谓责任成立的因果关系,指可归责的行为与权利受侵害(或保护他人法律的违反)之间具有因果关系,如乙之"死亡"是否"因"遭甲下毒,乙之"身体受侵害"是否"因"食用甲公司制造的汽水,乙之"堕胎流产"是否"因"目睹甲撞死其爱犬等。所谓责任范围的因果关系,指权利受侵害与损害之间的因果关系,如甲驾车撞伤乙,乙支出医药费,住院期间感染传染病,家中财物被盗时,其须探究的是,乙支出医药费,住院期间感染传染病,或家中财物被盗等"损害"与"其身体健康被侵害"之间是否具有因果关系。王泽鉴:《侵权行为法》(第一册),1998年版,第214、215页。Schneider 则就之例示,以拳击在面与鼻骨断裂间关系为责任成立因果关系,至于与为医治鼻骨断裂而就医支出九百元马克用者为责任范围因果关系。Vgl. Schneider, a. a. O., 1994, Rdnr. 255, 258.

③ 相当于台湾地区"民事诉讼法"第二百二十二条第一项规定。

④ BGHZ 4,192; BGHZ 58, 48, 53; Walter, Freie Beweiswürdigung, 1979, S. 191 m. w. N. Vgl. auch Baumgärtel, Beweislastpraxis im Privatrecht, 1996, Rdnr. 381 m. w. N; Schneider, a. a. O., Rdnr. 260; Rosenberg/Schwab/Gottwald, S. 667; Schell-hammer, Zivilprozeβ, 6 Aufl., 1994, Rdnr. 569; Zöller, Zivilprozeβordnung, 16 Aufl., 1990, § 287 Rdnr 3; Baur/Grunsky, Zivilprozeβrecht, 9 Aufl., 1997, Rdnr. 179; Musielak/Foerste, ZPO, Kommentar, 1999, § 287 Rdnr. 4; Blomeyer, Zivilprozeβrecht, 2. Aufl., 1985, S. 390f.; Arens/Lüke, Zivilprozeβrecht, 6 Aufl., 1994, Rdnr. 270; Becht, Einführung in die Praxis des Zivilprozesses, 1995, S. 177.

⑤ BGH NJW 1987, 705.

体之因果关系证明,且未就责任成立因果关系与责任范围因果关系予以区分。① 但联邦最高法院于其一原则性判决中,已将因果关系区分为前述二种。② 依此判决,则责任成立因果关系(具体责任原因内部之因果关系),乃由法院适用《民事诉讼法》第二百八十六条,应以完全确信证明之。至于《民事诉讼法》第二百八十七条,则系适用于具体责任原因与其后续产生之损害结果间之因果关系,亦即责任范围因果关系部分,其证明度即与前者不同。

虽前述区分不同因果关系及责任原因之标准之实务见解,并非无争议,但于学说中获回响。③ 依文献之通说,乃认为具体责任原因与责任成立因果关系,应依《民事诉讼法》第二百八十六条确认。通说并认为责任原因系存在于"经由被告行为所产生之绝对权利或法益(例如财产法益)之侵害"。④

就《民事诉讼法》第二百八十七条之适用范围,有若干异于通说之少数见解,略介绍如下:

依Prölss之见解,《民事诉讼法》第二百八十七条规定应仅系为排除量之不确定性之程序辅助工具。⑤ 其认为《民事诉讼法》第二百八十七条规定之适用范围不包括因果关系,则即使于责任范围因果关系,亦应依《民事诉讼法》第二百八十六条规定予以证明。⑥ Wahrendorf 认为责任范围因果关

---

① RGZ 128,121,124. Vgl. auch RGZ 6,356,357;10,64,65;21,90,92;97,4,6.
② BGHZ 4,192,196.
③ Gaupp, Beweisfragen im Rahmen ärztlicher Haftungsprozesse, 1969, 18 ff.; Deutsch, Medizinrecht, 3. Aufl., 1997, Rdnr. 318; Deutsch, Unerlaubte Handlungen, Schadensersatz und Schmerzengeld, Rdnr. 511; Laufs, Arztrecht, 5. Aufl., 1993, Rdnr. 594; D. Giesen, Arzthaftungsrecht, 4. Aufl., 1995, Rdnr. 401.
④ MünchK ZPO-Prütting, § 287 Rdnr. 10; Stein/Jonas/Leipold, Zivilprozeßordnung, 21. Aufl., § 287 Rdnr. 15; Rosenberg/Schwab/Gottwald, Zivilprozeßrecht, 15. Aufl., 1993, S. 667. 就实务以所谓"受害"(Betroffensein)认定责任原因之问题,vgl. Rosenberg/Schwab/Gottwald, a. a. O., S. 667; Baumgärtel, Beweislastpraxis im Privatrecht, 1996, Rdnr. 381 m. w. N.
⑤ Prölss, Beweiserleichterungen im Schadensersatzprozeß, 1966, S. 59. 批评, Klauser, Möglichkeit und Grenzen richterlicher Schadensschätzung (§ 287 ZPO), JZ 1968, 168.
⑥ Prölss, a. a. O., S. 56. 此见解与《民事诉讼法》第二百八十七条之文字及立法史不符,vgl. D. Franzki, Die Beweisregeln im Arzthaftungsprozeß, 1982, S. 112; Sick, Beweisrecht im Arzthaftpflichtprozeß, 1986, S. 161; Maassen, Beweismaßprobleme im Schadensersatzprozeß, 1975, S. 97.

系之意义缺乏内容,《民事诉讼法》第二百八十七条若以此定义为依据,将滋生疑惑。①

但亦有学者意欲将《民事诉讼法》第二百八十七条之适用范围扩大。其间论理,则有所不同。Werner认为责任原因仅指损害者之行为(Handlung)。依其见解,所有行为结果将总括于结果(Erfolg)之意义。截至目前发展之损害事件与损害及责任成立与责任范围因果关系,依其见解,均属应作废之区分。② 因此,所有行为之结果损害与因果关系,于规范违反行为确定时,应依《民事诉讼法》第二百八十七条判断之。③

Hanau区分所谓干预构成要件(Eingriffstatbeständen,例如,《民法》第八百二十三条第一项)与所谓行为规范构成要件(Verhaltensnormtatbeständen,例如,《民法》第八百三十九条、第八百二十三条第二项及积极侵害债权)。在一纯行为规范要件,并不存在责任成立因果关系。因于行为失误时,已形成不法与责任,并非待特定结果之发生才形成之。④ 于干预构成要件,虽责任成立因果关系不可缺,但于《民法》第八百二十三条第一项所称法益遭直接危害时,即已足够充当具体责任原因,⑤是否损害果真由于法益之违法危害而产生,已属责任范围因果关系之问题。⑥ 依Hanau之见解,责任原因一般将限于义务违反行为,亦因此,将使《民事诉讼法》第二百八十七条之运用将及于因果关系之全部。

Gottwald及Maassen二人亦欲将《民事诉讼法》第二百八十七条之适用范围扩及责任成立因果关系与责任范围因果关系二者。因果关系困难之唯一解决办法,乃降低证明度至优越盖然性原则。如此方式终将为《民事诉讼法》第二百八十七条所涵盖,因就被告可归责行为是否引发损害之问题,未检验因果关系并不可能。⑦ Gottwald认为若一行为可能导致任一结果,则于法律上即无意义。损害责任系以结果于法律上评价应被视为损害始

---

① Wahrendorf, Die Prinzipien der Beweislast im Haftungsrecht, 1976, S. 48.

② M. Werner, Die Beweiswürdigung im Schadensersatzprozeß nach § 287 ZPO, 1970, S. 36 f.

③ M. Werner, a. a. O., S. 33 f., 39 f., 153.

④ Hanau, Die Kausalität der Pflichtwidrigkeit, 1971, S. 121.

⑤ Hanau, a. a. O., S. 94, 122, vgl. auch Deutsch, Fahrlässigkeit und erforderliche Sorgfalt, 1995, S. 225 ff.

⑥ Hanau, a. a. O., S. 122.

⑦ Vgl. P. Gottwald, Schadenszurechnung und Schadensschätzung, 1979, S. 79 f.; Maassen, a. a. O., S. 157.

可,损害审查与因果关系审查因此不可分。① 实则,为求得衡平结果,实务为去除责任成立因果关系所产生之障碍,乃利用表见证明或举证责任转换将障碍去除,而其中之表见证明与证明度之降低无异。因此,将责任成立因果关系排除于《民事诉讼法》第二百八十七条之适用范围并无说服力。而表见证明因此亦显多余。② Maassen 主张,依《民事诉讼法》第二百八十七条之文义及立法资料,应认为因果关系之整体,均应依此条文证明之,则包括责任成立因果关系之证明度,通常应系指优越盖然性(die überwiegende Wahrscheinlichkeit)而言。③

有关与有过失认定,是否得适用《民事诉讼法》第二百八十七条之规定,则有争议。有采否定说者,其认为与有过失乃属责任原因,若涉及损害发生之原因(引起)应依《民事诉讼法》第二百八十六条决定之;至于有关《民法》第二百五十四条之损害减少之义务违反,则依《民事诉讼法》第二百八十七条规定确定之。④ 但亦有认为,就已发生损害之与因性(Mitursächlichkeit)及被害人之过失,应依《民事诉讼法》第二百八十六条之严格证明,唯加害者之证据提出,经常以表见证明减轻。例如,实务认为车祸被害人未系安全带,得认为系被害人与有过失之表见证明。至于就违反《民法》第二百五十四条之于损害发展之影响,则乃属《民事诉讼法》第二百八十七条之适用范围,法院乃得就与有过失之程度依此一规定决定之。⑤

《民事诉讼法》第二百八十七条第二项之规范对象,乃除前揭所指同条第一项之适用对象以外之财产请求权,例如履行请求权、违约金、不当得利之请求权、扶养费之请求等。⑥ 若其损害额有争议,而其确切证明有不合比例之困难,或为不可能者,乃足当之。例如,证据调查费用高于债权请求本身。⑦ 但应注意其准用者,乃同条第一项第一句、第二句。至于同条第一项第三句之评估讯问,则不准用。

三、自由心证之证明度问题

德国《民事诉讼法》第二百八十六条规定:法院应审酌审理及所为证据

---

① P. Gottwald, a. a. O., S. 79.
② P. Gottwald, a. a. O., S. 82 f. m. w. N.
③ Maassen, a. a. O., S. 98.
④ Rosenberg/Schwab/Gottwald, a. a. O., S. 668.
⑤ Baumgärtel, Beweislastpraxis im Privatrecht, 1996, Rdnr. 398, 399 m. w. N.
⑥ Schellhammer, a. a. O., Rdnr. 568.
⑦ Zeiss, Zivilprozeßrecht, 9. Aufl., 1997, Rdnr. 458.

调查之全部内容,依自由心证决定是否某一事实之主张为真实或非真实。(第一句)判决中应交代心证形成之理由。(第二句)此一法条即自由心证主义之明文规定。其与《民事诉讼法》第二百八十七条规定有所不同,其主要区别例如:①(1)《民事诉讼法》第二百八十六条系用以确定损害原因,包括责任成立因果关系;《民事诉讼法》第二百八十七条则为确定损害额度与责任范围因果关系。(2)《民事诉讼法》第二百八十六条适用较严格理由强制;《民事诉讼法》第二百八十七条则对理由强制要求较低。(3)证据调查与证据取得(Beweiserhebung)依《民事诉讼法》第二百八十七条,由法院自由裁量为之;依《民事诉讼法》第二百八十六条规定则较为严格。② (4)于《民事诉讼法》第二百八十六条之适用情形,法官应依《民事诉讼法》第一百三十九条对负举证责任之人指示其证据提出之缺乏;但于《民事诉讼法》第二百八十七条之情形,基本上《民事诉讼法》第一百三十九条之法官提问权,相对而言,被要求强度较低。(5)依《民事诉讼法》第二百八十六条法官之心证确信之形成,其证明度应达到殆可谓其为真实之真实性(eine an Sicherheit grenzende Wahrscheinlichkeit);但于《民事诉讼法》第二百八十七条之情形则仅要求较低之盖然性。

  在此应注意者系,以实际操作规则之意义而言,《民事诉讼法》第二百八十七条所要求之证明度,较《民事诉讼法》第二百八十六条者为低。③ 法官得于未形成完全确信,而依其估计(评估)(Schätzung),有如此额度时,即可就某损害额度予以认定。但当事人应就损害之发生与损害额度,至少使其呈现具有盖然性(Wahrscheinlich)。为此目的,当事人(一般指应负举证责任之人)应

---

  ① Schneider, a. a. O., Rdnr. 260.

  ② 一般认为,虽《民事诉讼法》第二百八十七条非采严格证明,但其自由裁量亦非指法官得恣意为之。而法官一般而言,仍应就必要证据调查及取得,但就一般不被允许之证据预设(Beweisantizipation),于此,则有可能被允许之空间。Vgl. Arens, Dogmatik und Praxis der Schadensschätzung, ZZP 88. Band. 1975, S. 47. 所谓证据评价预设之禁止,乃一重要之证据法之法治国原则,据此,法官须已取得(调查)所有被提出之证据后,始得为自由心证(证据评价)。但此要求于有经验之法官之观点,可能造成恼人之工作负担,因若干证据,可能仅为律师为对委托人交代之诉讼技巧而已,于诉讼可能无具实质意义。但实务就此原则仍予坚持。例如,有认为如无其他客观佐证,就肇事驾驶人之共乘亲戚或友人之证词价值与传唤必要性值予怀疑者,但实务对之有不同看法。Vgl. Schlosser, Zivilprozeßrecht I, 2 Aufl., 1991, Rdnr. 358.

  ③ 质疑者,vgl. Heller, a. a. O., S. 107ff., 253.

就为确定损害所必需之事实为陈述。① 就《民事诉讼法》第二百八十七条所需之证明度,有认为系优越盖然性(überwiegende Wahrscheinlichkeit)者,②亦有称之为显著盖然性(erhebliche Wahrscheinlichkeit)者。③ 虽可谓损害调查越困难,则法官之评估即更自由。④ 但不应忽略者为,法官为裁量时,仍应依生活盖然性(Lebenswahrscheinlichkeit)为之,⑤并当完全利用当事人之陈述与证据,及考虑个案之特殊情形。因而《民事诉讼法》第二百八十七条之规定,并非所谓衡平裁决(Billigkeitsents-cheidung),就此,不容混淆。⑥

四、主张责任之降低问题

《民事诉讼法》第二百八十七条于被害人之主张责任(Behauptungslast)亦予以减轻,被害人无须就损害完整而无漏洞地予以陈述。其仅须就其所能承担之估计基础及存在之证据数据予以提出即可。若已存在足够供作评估损失之根据点(基础)时,被害人即不至于因其对损害发生或其额度主张有不完全而遭驳回。⑦

至于在缺乏为对全部损失之估计所需之足够根据时,则得依《民事诉讼法》第二百八十七条之规定,就在如何事实范围内,所存在之无论如何将发生之最低损失估计之被认为已属足够之基础,予以审查;⑧并据此,而为最低损害额之认定。但若其结果,因缺乏具体明白之根据(greifbare Anhaltspunkte),以致被认为完全不切实际时,则就此一依《民事诉讼法》第二百八十七条所为之对最低损害确定之评估制度设计,并不适用。又若虽损失之存在已确定,但于最低损害之确定,并无任何具体之根据点,则应依一

---

① Grunsky, Grundlagen des Verfahrensrechts, 2. Aufl., 1974, S. 455.
② Rosenberg/Schwab/Gottwald, a. a. O., S. 660.
③ Musielak 认为此乃通说,Musielak, Grundkurs ZPO, 4 Aufl., 1998, Rdnr. 450 m. w. N. Vgl. auch D. Franzki, a. a. O., S. 104 m. w. N; Baumgärtel, Beweislastpraxis im Privatrecht, 1996, Rdnr. 379; Thomas-Putzo, ZPO, 9. Aufl., 1995, § 287 Rdnr. 11. 但亦有学者认为,在损害额度之确定系属裁量决定(Ermessensentscheidung)之真正评估,至于对责任范围因果关系之确定,则以完全确信要求之降低为决定方法。Vgl. Arens/Lüke, a. a. O., Rdnr. 271.
④ Schellhammer, a. a. O., Rdnr. 574.
⑤ Baumgärtel, Beweislastpraxis im Privatrecht, 1996, Rdnr. 380; Rosenberg/ Schwab/ Gottwald, a. a. O., S. 665.
⑥ Vgl. Schilken, Zivilprozeßrecht, 1992, Rdnr. 490.
⑦ Schellhammer, a. a. O., Rdnr. 572 m. w. N; Baumgärtel, Beweislastpraxis im Privatrecht, 1996, Rdnr. 378 m. w. N.
⑧ BGH VersR 1964, 258.

般举证责任法则裁决之。举证责任分配法则之适用,于此乃不受影响。① 若法院认为完全缺乏评价基础,当予阐明以使提出较妥,不宜径予驳回。且《民事诉讼法》第二百八十七条,并不意味法官应采职权调查。②

若法院无法形成民事诉讼法所要求之心证时,则举证责任分配法则,仍可能有介入之余地。法官于判决中,应就评估之事实上基础与对其之利用和评价,以客观上可事后审查之方式记载。但于个别对损害计算具重要性事实之详细逐一描述,则非属必须。第二事实审得就原审裁量作完全审查;但于法律审,则仅审查判决是否基本上,立基于错误或不适当之衡量,以及其是否忽略某重要性事实。③

第三节 台湾地区有关规定

一、"立法"及规范意旨

台湾地区"民事诉讼法"第二百二十二条,于二〇〇〇年二月九日修正公布生效前,其规定为:法院为判决时,应斟酌全辩论意旨及调查证据之结果,依自由心证判断事实之真伪。但另有规定者,不在此限。(第一项)得心证之理由,应记明于判决。(第二项)唯修正后"民事诉讼法"第二百二十二条则规定:法院为判决时,应斟酌全辩论意旨及调查证据之结果,依自由心证判断事实之真伪,但另有规定者,不在此限。(第一项)当事人已证明受有损害而不能证明其数额或证明显有重大困难者,法院应审酌一切情况,依所得心证定其数额。(第二项)法院依自由心证判断事实之真伪,不得违背论理及经验法则。(第三项)得心证之理由应记明于判决。(第四项)

此修正新法第二项之"立法"理由为损害赔偿之诉,原告已证明受有损害,而有客观上不能证明其数额或证明显有重大困难之情事时,如仍强令原告举证证明损害数额,非唯苛,亦不符诉讼经济之原则,因而于此,法院应审酌一切情况,依所得心证定其数额,以求公平("最高法院"一九三二年上字第九七二号判例及德国《民事诉讼法》第二百八十七条第一项规定意旨参

---

① Baumgärtel, Beweislastpraxis im Privatrecht, 1996, Rdnr. 391f. m. w. N; Arens, Dogmatik und Praxis der Schadensschätzung, ZZP 88 Band, 1975, S. 47.

② Schellhammer, a. a. O., Rdnr. 572.

③ Rosenberg/Schwab/Gottwald, a. a. O., S. 668.

照)。至若损害数额在客观上有证明之可能,且衡情亦无重大困难,而原告未为证明者,自无本项规定之适用,乃属当然。

修正后"民事诉讼法"第二百四十四条第四项亦规定:第一项、第三项之声明,于请求金钱赔偿损害之诉,原告得在第一项第二款之原因事实范围内,仅表明其全部请求之最低金额,而于第一审言词辩论终结前补充其声明,其未补充者,审判长应告以得为补充。此一规定,基本上亦属有利于原告(被害人),但因其与本书所欲讨论之举证责任减轻关系较远,故非本书论述重点。

二、学说

台湾地区学者就损害赔偿额之确定,于民事诉讼法为相关修正前、后,不乏具相当之认识者,兹举其要略予介述。

杨建华于论述"消费者保护法"损害赔偿诉讼之举证责任在实务上之运用时主张:"原告主张之损害数额,如不能为确实证明者,法院得依自由心证认定之。损害赔偿除法律另有规定或契约另有订定外,应以填补债权人所受损害及所失利益为限。其以金钱请求赔偿者,自应就具体确实数额负举证责任。唯证明具体数额,事实上偶有困难。如因而驳回原告之诉,自非合理。因之,依德国《民事诉讼法》第二百八十七条意旨,许由法官依自由心证定之。台湾地区'民事诉讼法'虽无明文规定,但'最高法院'一九三二年上字第九七二号判例认为……(判例内容省略)。此即本书首述依诚信原则以求裁判之公平。于消费者保护诉讼,在弱势之消费者面对强势之企业经营者,尤应斟酌适用。"①另其与王甲乙、郑健才合著《民事诉讼法新论》一书中亦认为:德国《民事诉讼法》第二百八十七条第一项条文,就损害赔偿数额之决定不采一般严格之证明规则,并明示不适用普通举证责任之法则。盖在侵权行为损害赔偿诉讼,有关损害数额之核定,重心不在于其是否客观存在,而在于能否为适当之判断也(依德国判例,此项条文已扩大适用于因果关系之认定)。台湾地区虽无如上述德国法之条文,唯实务上认为当事人已证明受有损害而不能证明损害之数额时,法院应斟酌损害之原因及其他一切情事,依自由心证定其数额(1932年台上字九七二判例)。关于慰藉金之数额,亦认为究竟如何始属相当,得由法院斟酌情形定其数额(1962年台上

---

① 杨建华:《民事诉讼法问题研析》(五),1998年版,第298页。

字二二三判例),并未严采举证责任分配之法则,其目的在求裁判之公平也。① 观其见解,可知前开学者于损害赔偿数额确定之举证责任减轻法理,乃着重于诚信原则与公平裁判,且其亦借德国法例说明,系其论述特色。

邱联恭就德国《民事诉讼法》第二百八十七条之评估为:"德国《民事诉讼法》第二百八十七条第一项规定,在当事人间就损害已否发生以及其损害额或应赔偿之利益额为何,有争执时,法官得斟酌一切情事状况,以自由心证加以判定,此种情形亦属实体法上非讼化的一种。"②其又认为:"在立法论上,像德国《民事诉讼法》第二百八十七条规定损害额之裁量可由法官依衡平法理来处理(就损害已否发生以及其损害额或应赔偿之利益额为何,在当事人间有争执时,法官得斟酌一切情事状况,以自由心证加以判定,并裁量决定是否调查所声明之证据……),此于法理上属于一种自由心证之例外情形,而与减轻心证的程度,使证明容易化一事有关。不过裁量权之运用虽属非讼法理,但在其过程还是要赋予当事人有受程序权保障之机会,亦须防止发生突袭性裁判,譬如就裁量之结果要适时公开心证或表明法律见解,让当事人有辩论的机会,这就是诉讼法理之交错适用。"③学者将德国《民事诉讼法》第二百八十七条解释为衡平法理之运用,甚具特殊性。

骆永家阐释"民事诉讼法"第二百二十二条第二项之性质,认为学说上就此有主张系关于损害数额的证明度之减轻者,但亦有认为系属于将损害数额的认定委之于法官之裁量者,但无论持何一看法,在实际上并无差异。又当法院对损害数额的认定基础完全无所得时,即应依证明法则为原告本案败诉之判决。一般而言,如依一般原则要求原告证明时,于(1)原告将受不当之利益;(2)将发生不符合损害赔偿法的规范目的之结果;(3)为证明损害数额除依本条项规定外别无代替之手段时,即可谓相当于证明显有重大困难。④ 其于前述法条之运用方法之操作说明相关见解,值予重视。

三、实务见解

(一)"最高法院"

"最高法院"一九三二年上字第九七二号判例:

---

① 王甲乙、杨建华、郑健才:《民事诉讼法新论》,台湾三民书局2000年版,第355页。
② 邱联恭:《司法之现代化与程序法》,1992年版,第327、328页。
③ 邱联恭于民事诉讼法研讨会上的发言,载《民事诉讼法之研讨》(四),1993年版,第326页。
④ 骆永家:《损害数额之认定》,载《月旦法学杂志》2000年第64期。

当事人已证明受有损害,而不能证明损害之数额时,法院应斟酌损害之原因及其他一切情事,依自由心证定其数额,不得以其数额未能证明,即驳回其请求。

"最高法院"一九二九年上字第二七四六号判例:

怠于业务上应尽之注意,致损害他人之权利者,应负赔偿责任。至损害之数额,自应视其实际所受损害之程度以定其标准,如实际已受有损害,而数额不能为确切之证明者,法院自可依其调查所得,斟酌情形为之判断。

近年来,"最高法院"对于"民事诉讼法"第二百二十二条第二项规定之适用已有不少见解,其中否定适用论者,例如"最高法院"二〇〇八年度台上字第二三八一号民事判决:

依二〇〇〇年二月九日修正之"民事诉讼法"第二百二十二条第二项,所以增订当事人已证明受有损害而不能证明其数额或证明显有重大困难者,法院应审酌一切情况,依所得心证定其数额之原意,必于损害额证明极度困难,法院基于全辩论意旨及调查证据结果,仍不能获致损害赔偿额之证明时,为使权利容易实现,始予减轻损害额证明之举证责任,而有该规定之适用。上诉人既始终否认系争营业机密数据之实质价值,而被上诉人究竟有何证明该数据价值之显然重大困难,原审并未进一步调查厘清,徒以该资料达数十项,为被上诉人营业上所使用,涉及各项交易成本、利润分析、市场调查、客户特性等重要参考数据,具一定商业价值,径行适用"民事诉讼法"第二百二十二条第二项之规定,认定被上诉人受有该营业机密数据价值508000元之损害,而为上诉人应赔偿该损失之判决,自属擅断,难昭折服。

另"最高法院"二〇〇八年度台上字第一七七六号民事判决认为:

按"民事诉讼法"第二百二十二条第二项规定,当事人已证明受有损害而不能证明其数额或证明显有重大困难者,法院应审酌一切情况,依所得心证定其数额,此项规定并未将请求人就损害额之证明责任免除,仅于损害额证明重大困难时,法院基于全辩论意旨及调查证据结果,仍不能获得损害赔偿额确信时,为使权利容易实现,减轻其损害额证明之举证责任而已。查原审认定被上诉人无权占有系争停车位,不问其有无出租,均应返还相当于租金之不当利益;且被上诉人出租系争停车位予小区内之住户时每月租金为二千元,如出租予小区外之住户则每月租金为三千元等情,果尔,被上诉人实际利得若干?自应就出租予小区外住户及小区内住户车位数各若干资以计算,被上诉人既已依法院裁定提出四季广场公寓大厦管理委员会一九九九年四月份起至二〇〇五年六月份停车位租金收费明细表四册在卷(证物外放)观之该明细表,分别记载车位编号、姓名、缴费月份、金额、租别(外租或住户)、缴费日期,衡情似非全然不能稽核计算。原审亦未说明其收取租金之金额,有何不能证明或证显有重大困难情事者，遽认每月租金应以其平均数即二千五百元计算，已嫌速断。

另"最高法院"二〇〇七年度台上字第二一九六号民事判决认为：

唯查诉外人伟华书局二〇〇一年十二月间出版之《重症护理学》，其中被上诉人撰写部分，系抄袭上诉人享有著作权之《最新内外科护理学》一书，侵害上诉人之著作权等情，为原审确定之事实。而当时施行之"著作权法"第八十八条规定因故意或过失不法侵害他人之著作财产权或制版权者，负损害赔偿责任。数人共同不法侵害者，连带负赔偿责任。前项损害赔偿，被害人得依下列规定择一请求：一、依"民法"第二百一十六条之规定请求。但被害人不能证明其损害时，得以其行使权利依通常情形可得预期之利益，减除被侵害后行使同一权利所得利益之差额，为其所受损害。二、请求侵害人因侵害行为所得之利益。但侵害人不能证明其成本或必要费用时，以其侵害行为所得之全部收入，为其所得利益。依前项规定，如被害人不易证明其实际损害额，得请求法院依侵害情节，在新台币一万元以上五十万元以下酌定赔偿额。如损害行为属故意且情节重大者，赔偿额得增至新台币一百万元。上诉人于原审亦主张伊已依"著作权法"第八十八条第二项第一款规定证明损害，而第二款之证明涉及被上诉人因侵权行为所得利益，较难证明，故依第三项规定，请求法院参酌被上诉人系故意侵权行为，且情节重大，酌定如伊请求之赔偿金额等语（见原审卷第25页反面、第26页反面）。乃原审对于上诉人依著作权法规定请求赔偿部分，俱未斟酌审认，即径依"民事诉讼法"第二百二十二条第二项规定，定其赔偿数额，自属理由不备。

"最高法院"对于"民事诉讼法"第二百二十二条第二项持适用肯定论者，例如"最高法院"二〇〇四年度台上字第二二一三号民事判决：

查两造租赁契约第十六条所约定之过失系指抽象轻过失，已特约排除"民法"第四百三十四条有关上诉人仅就重大过失负责之适用，且被上诉人厂房火灾乃因上诉人增加升降梯，致配电线路负载量不足日积月累电线走火，为其未尽善良管理人之注意义务所致，该厂房之合理赔偿金额为13677594元，既经原审审据两造租赁契约、火灾处理报告表、汤马逊公司火灾损失初步报告、上诉人自认、张芳庆暨林慧娟之证言，及斟酌太平洋产保公司火灾保险单、佑祥公司工程合约书、证明书、工程委托契约及台湾省建筑师公会鉴定报告等证据，并依"民事诉讼法"第二百二十二条第二项规定，审酌相关各种情事，综合考虑，依自由心证透过裁量所合法确定之事实，上诉人自应就被上诉人所受之上述损害负赔偿责任。原审本于上述理由而为上诉人败诉之判决，经核于法并无违背。

"最高法院"二○○五年度台上字第二三号民事裁定：

原审依其调查证据之结果，并斟酌一切情况认上诉人林某浓因对造上诉人诚泰商业银行股份有限公司之违约行为而丧失其买回权，受有系争土地之价值扣除其负担诚泰银行贷款本息后之残余价值损害，乃属原审本于"民事诉讼法"第二百二十二条第二项所赋予法院之职权裁量，既无违背经验法则或论理法则情事，即难谓有何违背法令。

"最高法院"二○○九年度台上字第八六五号民事判决认为：

按新型专利权受侵害时，专利权人得请求损害赔偿，同法第一百零八条、第八十四条第一项定有明文。又依"专利法"第八十四条请求损害赔偿时，依同法第八十五条第一项规定固得依同项第一款或第二款择一计算其损害，唯此不过系专利权人得选择计算其损害方法之法定选项而已，非谓其选择之计算方法不成立，即谓无损害而不得请求赔偿。复按"民事诉讼法"第二百二十二条第二项规定，当事人已证明受有损害而不能证明其数额或证明显有重大困难者，法院应审酌一切情况，依所得心证定其数额。不得以其数额未能证明，即驳回其请求（本院一九三二年上字第九七二号判例意旨参照）。查上诉人于二○○一年三月八日提出违反专利法刑事告诉并会同警方对被上诉人厂房实施搜索，分别于苗栗县竹南镇港墘里塭仔头十七之五十号、十七之五十一号，同县竹南镇国泰路九十一号扣得洒水器及水枪喷头成品、半成品及零件等系争扣押物品，为原审确定之事实。若此，倘上述物品之制造已侵害系争专利权，上诉人自得依法请求被上诉人赔偿其损害，上诉人且表示：如有疑义，请依"民事诉讼法"第二百二十二条第二项酌定赔偿额云云[见一审卷（三）第156页]。乃原审竟认系争扣押物品纵有侵害系争专利权，因于二○○一年三月八日搜索当日已遭扣押，认被上诉人无从销售侵害专利权之物品受有利益且对上诉人造成损害，不能依上诉人主张之"专利法"第一百零八条准用"专利法"第八十五条第一项第二款规定计算其损害为由，驳回上诉人该部分之请求，于法自难谓为合。

"最高法院"二○○八年度台上字第二一○号民事判决：

按当事人已证明受有损害而不能证明其数额或证明显有重大困难者，法院应审酌一切情况，依所得心证定其数额，"民事诉讼法"第二百二十二条第二项规定甚明。东讯公司完成之系争监控工程有故障情形，上诉人自因而受有损害，果东讯公司应负瑕疵担保之责任，上诉人纵不能证明其所受损害之数额，依上述规定，法院仍应审酌一切情况，依所得心证定其数额。原审未注意及此，遽谓上诉人不能举证证明其损害系因东讯公司承包系争监控工程之设备、工料质量有不良情事所致，进而为上诉人不利之判决，并嫌疏略。上诉论旨，指摘原判决违背法令，求予废弃，非无理由。

"最高法院"二○○七年度台上字第四八五号民事判决:

当事人已证明受有损害而不能证明其数额或证明显有重大困难者,法院应审酌一切情况,依所得心证定其数额,"民事诉讼法"第二百二十二条第二项规定甚明。而"民法"第二百二十六条第一项所规定债务人给付不能所负之损害赔偿责任,系采完全赔偿之原则,且属"履行利益"之损害赔偿责任,该损害赔偿之目的在于填补债权人所生之损害,其应回复者并非"原有状态",而系"应有状态",应将契约成立后所生之变动状况考虑在内。原审疏未注意及此,遽以上诉人未证明其受有损害,或其纵受有损害,其所受损害亦仅契约成立时所付之价金五十万元,而其已自台北市政府领取征收款一千余万元,已无损害可言为由,认上诉人不得请求游某英等九人赔偿损害,亦有未合。上诉论旨,指摘原判决此部分违背法令,求予废弃,非无理由。

"最高法院"二○○七年度台上字第三三一号民事判决:

当事人已证明受有损害而不能证明其数额时或证明显有重大困难者,法院应审酌一切情况,依可得心证定其数额,"民事诉讼法"第二百二十二条第二项定有明文。又被上诉人将上诉人所有之系争路灯办理验收交付诉外人台开公司及台北县政府,自系侵权行为损害赔偿义务人,依"民法"第二百一十三条第一项、第三项规定,上诉人除得请求被上诉人回复损害发生前之原状外,亦得请求支付回复原状所必要之费用,以代回复原状。而上诉人前曾向台北县政府行使权利,似已经遭台北县政府拒绝,亦有台北县政府函在卷可稽[见原审卷(一)第95、96、97页],从而上诉人请求被上诉人赔偿相当金额之工程款以代回复原状,为事实审之法院,自应斟酌损害之原因及其他一切情事,以定其数额,不能以上诉人过大之主张,即谓其请求全部为无理由。上诉论旨,指摘原判决为不当,声明废弃,非无理由。

"最高法院"二○○八年度台上字第一一五○号民事判决:

按当事人已证明受有损害而不能证明其数额,或证明显有重大困难者,法院应审酌一切情况,依所得心证定其数额,"民事诉讼法"第二百二十二条第二项定有明文。查系争房屋有建筑基地,西侧高于东侧九十六厘米,房屋一楼骑楼地面及各楼层地板高低不平,现况呈二段斜坡之阶梯状,九号与十一号房屋高低差十三厘米、相接处差十八厘米,七号与九号之一楼地面高度相差十二厘米之瑕疵,为原审所认定,而参酌建筑技术学会鉴定报告,此部分瑕疵由于不宜拆除重做,无法评估其损害之数额,则原审就此瑕疵仍应斟酌损害之原因及其他一切情况,依所得心证定其数额,乃竟舍此不由,率以此部分瑕疵仅造成使用上障碍不便,损害情形尚属轻微为由,认被上诉人无须赔偿此部分之瑕疵,不免速断。又损害赔偿之目的,在于填补所生之损害,其应回复原状者,并非原来状态,而系应有状态,故应将损害事故发生后之变动情况考虑在内,其请求金钱赔偿,应以请求或起诉时之市价为准。原审就系争房屋之储水桶放置屋顶、二楼通往三楼之楼梯垂直高度不足及屋顶排水管施作不足之瑕疵部分,并未考虑二〇〇二年以后营建物价之变动因素,径以建筑技术学会于二〇〇二年之鉴定报告为依据,认定修补上述瑕疵之损害金额为309511元,亦有可议。

"最高法院"二〇〇八年度台上字第一一五三号民事判决:

又关于租金之损害,上诉人仅提出二〇〇五年之收据,其所声明之证据显有不完足,原审审判长未询问其是否补充其他之证据,即径为其不利之判断,亦有未洽。次查损害赔偿,除法律另有规定或契约另有订定外,应以填补债权人所受损害及所失利益。而依通常情形或已定之计划、设备或其他特别情事,可得预期之利益,视为所失利益,"民法"第二百一十六条定有明文。又当事人已证明受有损害而不能证明其数额或证明显有重大困难者,法院应斟酌一切情况,依其所得心证定其数额,观诸"民事诉讼法"第二百二十二条第二项规定自明。上诉人在被上诉人窃占系争土地期间,是否受有无法收成桉果之所失利益的损害,原审审判长未命其声明证据,以判断可否依"民事诉讼法"第二百二十二条第二项规定酌定其金额。乃遽以驳回上诉人关于所失利益之请求,自属未尽阐明义务,其所践行之诉讼程序即有重大瑕疵。

(二)台湾地区"高等法院"

台湾地区"高等法院"于"民事诉讼法"第二百二十二条第二项之适用,在相关损害赔偿案例中,有采积极适用见解者,亦有拒绝该规定之适用者。

1.积极适用见解

台湾地区"高等法院"二〇〇〇年度上易字第一三四号民事判决:

兹所应审酌者,为被上诉人所得请求上诉人赔偿之金额,兹叙述如下:(1)被上诉人主张伊受有香鱼苗10万尾,每尾7元,计70万元之损失,上诉人则仅愿以每尾6元,赔偿5000尾之损失,其余否认之。(2)按当事人已证明受有损害而不能证明其数额或证明显有重大困难者,法院应审酌一切情况,依所得心证定其数额,"民事诉讼法"第二百二十二条第二项定有明文。(3)本件死亡之香鱼苗体积甚小,数量甚多,而死亡之鱼苗并无适当方法于泥泞之池塘中顺利捞出,有台湾水产试验所一九九九年二月二十四日水养字第〇六九八号函可稽(原审卷第120页),则显难期被上诉人就死亡之鱼苗数提出确切之数额。(4)查:证人李××于原审证称,被上诉人曾于一九九七年中秋节左右向其购买100万颗之香鱼发眼卵,发眼卵孵化率约九成等语(见原审卷第200页);香鱼苗室外培育,每分地收成最佳者约10万尾,平均约5万尾,有台湾水产试验所一九九九年二月二十四日水养字第〇六九八号函可稽。本件死亡之二池成鱼苗面积为3001平方米,有宜兰地政事务所复丈成果图可稽,则换算成台制面积为 4.02 分。收成平均值为 225000 尾,至多收成为 40 万尾;证人黄××于原审证称有向被上诉人订购 10 万尾成鱼苗,因嗣后鱼苗死亡,被上诉人即退还定金等语(见原审卷第 131 页背面);本院斟酌上情认被上诉人所主张二池之香鱼苗死亡量应为 10 万尾。(5)人工香鱼苗价格每尾 6 元至 8 元,有台湾水产试验所一九九八年十月八日水养字第四六八九号函可稽(原审卷第 82 页)。本院取其中间值认以每尾 7 元计算为合理。

台湾地区"高等法院"一九九九年度海商上更字第四号民事判决:

又当事人已证明受有损害而不能证明其数额或证明显有重大困难者,法院应审酌一切情况,依所得心证定其数额,修正"民事诉讼法"第二百二十二条第二项定有明文。又"当事人已证明受有损害而不能证明损害之数额时,法院应斟酌损害之原因及其他一切情事,依自由心证定其数额,不得以其数额未能证明,即驳回其请求"。"最高法院"一九三二年上字第九七二号判例意旨亦资参照。揆诸常情,成本附加运费、保险费、合理利润等之后,货物进口地之售价当高于货物出口时之价格,乃众所周知之事,本件为损害赔偿之诉,被上诉人既已证明上诉人无单放货之行为致被上诉人受有不能收回货款之损害,且客观上不能证明交付时目的地即中国福州之货价,而上诉人又不能证明系争货物运抵目的港福州后有价格暴跌情事,则被上诉人按较低之系争货物出口时之 CIF 价格 185699.05 美金,充为货物到达目的港时之最低货价请求上诉人赔偿损害,即无不合,有发票(INVOICE)在卷可稽(见原审卷第 26 页)。被上诉人交付上诉人运送之系争货物,既以美金计价,且两造对于债务不履行之损害赔偿并未约定给付之货币种类,则被上诉人以发票(INVOICE)所载之 185699.05 美金作为计算损失价额而向上诉人请求损害赔偿,与双方立约本旨无违。

2. 采消极见解者

台湾地区"高等法院"二○○○年度上易字第二○一号民事判决:

上诉人主张交通费部分:原判决以上诉人请求车资 12650 元,提出之出租车车资证明六十二纸,并未载明起讫地点,且笔迹、墨色深浅一致,字迹甚为工整,显系临讼所制,故交通费全部予以驳回。按:上诉人平日即有搭乘熟识出租车之习惯,受伤期间上诉人出入行动尤为不便,更需仰赖熟识司机接送出入,由于上诉人于该期间全部搭乘同一辆出租车,而出租车司机一向不愿替乘客开立收据,此亦为一般人所熟知,该司机遂将收据委由上诉人依实际数额自行填写,此系为一时之方便,原审法院岂可遽认该车资为上诉人所假造。如认上述车资证明不可采,于上诉人证明确有搭乘出租车之事实后,请依"民事诉讼法"第二百二十二条第二项规定,斟酌一切情况,依所得心证定其数额,以保权益。关于出租车费部分,上诉人提出之车资证明上,搭车地点为台北,与上诉人陈报送达地址不同，系因恐被上诉人挟怨报复，故乃陈报友人之处所为诉状送达地址，上诉人当时实际居住于台北板桥市，有户籍誊本为证。依上诉人之伤势及就诊记录，不难想象上诉人确有搭乘出租车就医之必要，被上诉人亦不否认此事实，所争执者，仅属就医必要范围内之交通费究竟多少之问题而已。

但判决理由则认为交通费部分：

上诉人请求因治疗上述伤害及至法院、户政事务所、派出所及和解地点等花费交通费12655元，固据其提出出租车车资证明六十二纸在卷可按，被上诉人则否认上诉人所提出租车车资证明之真正。查上诉人所受之伤害，尚未至行动不便之程度，且上述出租车车资证明，并未载明起、迄地点，已难遽信，且观诸该证明，笔迹及墨水颜色及深浅均属一致，又甚为工整，上诉人于上诉状内亦自认该收据系其自行填写，显系临讼所制。上述车资证明中，其搭乘日期，更有于本事件发生之前者，更属难信。此外上诉人亦未能提出其他证据足以证明确有搭乘该出租车，且属必要，其请求本项交通费，自非可采。

（三）地方法院见解

地方法院之见解，就相关案例，亦有于"民事诉讼法"第二百二十二条第二项规定之适用，采积极见解者，亦有拒绝适用者。

1. 采积极适用见解者

台湾地区台北地方法院二〇〇一年度重诉字第四五九号民事判决：

殡葬费部分：按，不法侵害他人致死者，对于支出殡葬费之人，亦应负损害赔偿之责，"民法"第一百九十二条第一项定有明文，原告连×隆主张因被害人连×弘死亡，而支出殡葬费请求549826元，并提出收据六十八纸为凭，被告除讣闻费用支出1500元、玉泉酒费用支出22176元、汽水费用支出4620元、外烩费用支出21万元、毛巾费用支出13950元、长寿烟费用支出3750元、眼镜费用支出2400元、休闲服费用支出500元、治丧费用支出13150元否认为殡葬费之必要费用之外，其余部分均不争执，故被告即否认前述单据且该单据均为私文书，既经被告所否认，依"民事诉讼法"第三百五十七条规定，应由原告负举证之责，原告虽未举证以实其说，唯依"民事诉讼法"第二百二十二条第二项规定，原告已证明受有损害而不能证明其数额或证明显有重大困难者，法院应审酌一切情况，依所得心证定其数额，是以本院参酌台北市葬仪商业同业公会公订埋葬费价目表、治丧价目参考表、台北市殡葬管理处各项服务收费标准表对照被告所提万华葬仪礼品公司收据、莲华往生事业股份有限公司收据及杂支表，并依客观习俗上必要为限，定被告应负担之殡葬费数额，有关治丧金、讣闻、玉泉酒、汽水、外烩、毛巾及长寿烟之支出，均属原告或亲友之送往费用、便当费、祭拜费或不明项目之支出，难认与被害人连×弘之殡葬费有直接因果关系，自难准许，此外原告亦未举证证明眼镜、休闲服费用之支出于习俗上有此必要,自亦难认为系殡葬费之必要费用,自应予扣除。

台湾地区台北地方法院二〇〇一年度诉字第八四号民事判决:

原告请求被告赔偿费用,是否应予准许,分述如次:交通费6450元部分:本件伤害事故发生后,原告主张其住院、门诊就医诊治之日期,已据原告提出其就医诊治后所取得之收据、证明书等件为证,且未为被告所争执,依上述收据、证明书所载,自堪信原告主张之求医就诊时间为真实,而考诸原告系居住在台北市文山区景福街×号×楼,距离三军总医院(位于台北市水源路)及振兴复健中心(位于石牌振兴街四十五号)、长青传统中医医院(位于台北市罗斯福路六段)之远近,并审酌原告既受有骨折等伤害并曾行石膏固定,若强求其必搭乘大众交通工具赴医诊治确有困难,以及斟酌目前出租车起跳为70元,每一跳为5元等因素,而通常此部分收据取得有所困难等节,本院审酌原告此部分费用之支出,除其于一九九九年十月八日所支出之金额250元其目的系为取得与治疗无关之证明书故应扣除外,其余费用既系其因伤势至医院就诊所支出之交通费,该等费用应为治疗所合理且必需之费用,纵原告未能提出收据,亦得请求被告赔偿("民事诉讼法"第二百二十二条第二项规定参照)。故原告请求之交通费用于6200元之范围内,应属正当,应予准许。其逾此部分之主张,即难准许。

台湾台北地方法院二〇〇〇年度简上字第六一五号民事判决:

至被上诉人所主张之营业损害额部分,据上述证人周××、罗××、宋××、郭××所证,每次至被上诉人处之消费金额,视美容保养之项目不同,约2000元至5000元,可证被上诉人主张每位服务额约3000元等语非虚,亦堪采信。虽然被上诉人未能明确证明每月有减少服务三位客户而受有营业损害9000元,然按当事人已证明受有损害而不能证明其数额或证明显有重大困难者,法院应审酌一切情况,依所得心证定其数额,"民事诉讼法"第二百二十二条第二项亦定有明文。本件审酌被上诉人所营事业之工作内容,欲其证明其受损害额,显有重大之困难,因此参酌其所提出之疗程卡及证人之证词,认被上诉人主张其每月受9000元之营业损害,尚堪采信。从而,被上诉人请求上诉人自二〇〇〇年二月一日起至交付系争房屋大门钥匙止,按月给付被上诉人9000元,即为有理由,应予准许。

台湾地区台北地方法院二〇〇一年度简上字第一八二号民事判决:

查两造间之约定,有关《营运细则》第五条第五项仅是约定退货比率与退货运费负担之成数,并不及于被上诉人其他损害之负担。而本件两造既系合意终止契约,上诉人于终止契约之意思表示存证信函内虽以未约定之百分之十五退货处理费主张损害,被上诉人亦为此争执。本院认被上诉人于三四月份之进货仅共778123元,同期间之退货既为进货量之三点六九倍,上诉人主张须付出比平常多出数倍之人力、物力、时间成本处理物流成本之损害，依一般经验当非虚伪，亦即上诉人有因被上诉人退货受有损害堪予认定。按：当事人已证明受有损害而不能证明其数额或证明显有重大困难者，法院应审酌一切情况，依所得心证定其数额。"民事诉讼法"第二百二十二条第二项定有明文。本院审酌被上诉人加盟未满一年即向上诉人表意终止契约，退货之比率，甚而将非当月所进货之物品夹带退回，而进、退货间之运送过程对于物品可能造成之损害、货品之折旧，上诉人于短期间内，需调出三倍人力、物力处理被上诉人之退货量，其以货款百分之十五计算损害尚属合理，亦即三四月份之退货额2578904元扣除已支付之2126592元（共452312元），是被上诉人请求上诉人给付前述费用为无理由。

台湾地区台北地方法院一九九九年度重诉字第二六五三号民事判决：

本件原告固提出照片、洗衣费收据、电视机（德律风根）保证书、金饰保单、损害明细表等，以资证明其所受损害为2159050元，但查，以损害明细表所列物品与照片对照，已有多数之物品不符，尚难证明拆除时明细表所列之物品均置于屋内。……又查，系争房屋已夷为平地，现场已不见受损害之物品，为两造所自认，而原告所有之物品确受有损害，亦有照片足凭。是以，原告确实受有损害，仅难以证明其受损害之数额，依前述法条所示，本院自应审酌一切情况，依所得心证定其数额。查系争房屋仅约75.98平方米，并已使用二十余年，且从原告所提照片所示，亦难看出该室内家具为新品，而室内电器物品大部分亦均已搬出之情况下，则以约75.98平方米之房屋所能置放之家具，扣除折旧后之价值，加上屋内受损衣物送洗之费用，应不致超过10万元，而被告就室内家具部分，亦愿以10万元为赔偿额度（见本院二〇〇一年一月十五日言词辩论笔录），是本院认原告因系争房屋被拆除致其屋内所有物品毁坏所受之损害，以10万元为允当，原告就此声请鉴定已无必要，并此叙明。

台湾地区士林地方法院一九九七年度重诉字第一二号民事判决：

查被告伪造变造盘点清单、退货单、验收单多项单据，将明知为不实之事项，登载于其业务上作成之文书报表，致生损害原告对于退货管理之正确性，使原告发生严重业务亏损等情，业如前述。次按当事人已证明受有损害而不能证明其数额或证明显有重大困难者，法院应审酌一切情况，依所得心证定其数额，"民事诉讼法"第二百二十二条第二项定有明文。经查，原告发现上情后，经核算天母分店第十部门软性杂货课在一九九五年八月份营业绩效，并调整伪造、变造之单据后，发现当月账面上之亏损竟达14639000元。而依斯时卷附同一规模之天母分店、南港分店及板桥分店（按：南港分店及板桥分店系与天母分店同规模之分店）于一九九四、一九九五年全年度各月份第十部门软性杂货课营业绩效制成对照表以观，被告犯罪期间与前年度同一期间财务状况之比较：天母分店第十部门软性杂货课一九九五年八月份经调整之营业绩效为负 14639000 元，与前年度同一期间（一九九四年八月）之营业绩效正 2837000 元相较，其差距为 17476000 元，此一差距应系被告犯罪期间所累积之亏损，本院爰依前述规定，审酌原告之损害额应为 17476000 元。

台湾地区台北地方法院一九九九年度重诉字第二二〇〇号民事判决：
　　查系争租赁契约之租期至二〇〇〇年九月十九日届满，依前述契约第十六条约定，被告有以原告为受益人，为系争厂房投保火灾保险之从给付义务，然系争厂房于租赁契约成立后因发生火灾而全部灭失，竟因被告未履行契约约定之投保义务，致原告受有无法获得保险理赔金额之损害，按诸上述判例意旨，被告即有可归责之事由。又按：……其意乃在如客观上不能证明损害之金额或证明显有重大困难时，若仍强令原告举证证明损害，显然过苛，亦不符诉讼经济之原则。本件原告已证明受有损害，唯因两造对于应投保保险种类及金额未有约定，系争厂房又已全部灭失，被告前亦未曾依约就系争厂房投保火灾保险，而无计算赔偿标准之参考依据，是欲证明被告如依约投保时，原告可得受领之理赔金额显有重大困难。唯审酌与系争厂房一同出租予被告之同路十五号厂房，其面积、兴建之时期、建材，及监造之建筑师均相同，有系争厂房之建筑改良物登记簿、同路段十五号之建物登记誊本、所有权状，及当时监造之周××建筑师事务所所出具之证明书在卷可凭，且为被告所不争执。又两造间关于系争厂房及被告与诉外人××有限公司就同路十五号厂房所约定之押金、租金等条件均相等同，有厂房租赁契约书可证，可认如被告同时就两间厂房投保火灾保险，应约定相同之保险条件。再查，依火灾事故发生当年月（一九九八年五月二十九日），该十五号厂房向太平产物保险公司投保保险金额为 1000 万元，有太平产物保险公司保险单附卷可稽，复参以原告于一九九七年一月三十一日以系争厂房及所坐落之四五八地号土地共同为上海商业储蓄银行股份有限公司设定本金 3000 万元之最高限额抵押权，有系争厂房之建筑改良物登记簿足凭。综上所述一切情状，本院认系争厂房于火灾事故发生已全部灭失时，原告应可受 1000 万元之赔偿，扣除被告前曾给付之 4470828 元，被告应再给付 5529172 元。

台湾地区台北地方法院二〇〇〇年度海商字第一一号民事判决：
　　次按，"民法"第六百三十八条第一项规定，"运送物有丧失、毁损或迟到者，其损害赔偿额，应依交付时目的地之价值计算之"，所谓"应依交付时目的地之价值计算之"仅系作为损害赔偿额之计算标准，并不表示当事人间债之标的即成为以交付时目的地之外国通用货币为给付。又当事人已证明受有损害而不能证明其数额或证明显有重大困难者，法院应审酌一切情况，依所得心证定其数额，"民事诉讼法"第二百二十二条第二项定有明文。查通常在有保险的场合,保险公司为推估货物合理市价以订"保险金额",依惯例均系以商业发票加百分之十为保险金额,而依修正前"海商法"第一百七十七条规定,货物之保险价额,系指依装载地、装载时之价额加计装载费、税捐、运费、保险费及可期待之利得,按财产保险之保险金额,不得超过保险标的之价值,故是保险金额可视为合理的市价。原告主张本件货物并无保险,已为被告所不争,是原告主张以发票所载价格计算应交付时地之货物价值,于证明斯时在国外目的港之市价显有重大困难之情形下,尚可采信。查本件应交付时为一九九九年三月二十日,为两造所不争,而系争货物之发票价格为 63326.66 美金,斯时新台币兑美金汇率为 33.3,亦有发票、汇率证明各一份在卷可证,折算原告之损害额新台币 2108778 元(63326.66×33.3)。

台湾地区士林地方法院一九九九年度诉字第一六八号民事判决:

次按当事人已证明受有损害而不能证明其数额或证明显有重大困难者,法院应审酌一切情况,依所得心证定其数额,"民事诉讼法"第二百二十二条第二项定有明文。经查,原告遭被告叶××毁损之广告亚克力板、塑料招牌、画板架、壁(海)报等物品,确实受有损害,唯原告或因时隔多日而无法取得当初购置广告亚克力板、塑料招牌、画板架之价额,或因壁(海)报之创作价值难以衡量,致证明其损害显有重大困难,本院爰依前述规定,审酌原告受损物品之数量、种类、使用年限、已使用时间及其折旧情形等一切情状,认原告所受损害之数额为 2 万元。

台湾士林地方法院一九九九年度重诉字第六三二号民事判决:

将来之医疗、复健及交通费用部分:又按当事人已证明受有损害而不能证明其数额或证明显有重大困难者,法院应审酌一切情况,依所得心证定其数额,"民事诉讼法"第二百二十二条第二项定有明文。原告主张其将来尚须接受手术、门诊及复健治疗,至所需之费用,声请本院向其就诊之台大医院函查结果,台大医院先后于二〇〇〇年二月十一日及同年六月廿二日分别以(八九)校附医秘字第〇三一九四及一二七二三号函复略以:原告左肘尚有一个壹乘壹厘米左右之深部伤口,此伤口之治疗方法包括保守疗法、皮瓣移植等,目前很难评估其手术后之情况,且由于原告受创严重,故而医师亦无法保障所有手术均能达到预期之疗效,故无法正确估算进一步手术所需之费用,须待治疗完成后方能计算,但以一般情形而言,病人在手术后应需接受物理治疗与职能治疗,若要恢复至一定之功能约需六个月,每周需治疗四到六次,以平均每周五次计,每月约需治疗二十次,每次病人需负担五十元,共需约一千元,在此期间病人尚须门诊就医四到五次,约需1000元至1250等语。足征原告确有进一步接受手术、门诊及复健治疗之必要,唯因原告受创严重,是医师无法保障所有手术均能达到预期之疗效,亦无法正确估算进一步手术所需之费用,本院爰审酌原告之前住院近四个月所接受八次手术、四十八次门诊及八次复健治疗而支出费用,日后手术次数虽可能不及八次,门诊亦可能不及四十八次,唯复健之次数却远高于原来之八次(最少一百二十次),是本院依前揭规定,认为原告将来之医疗、复健及因治疗或复健所需之交通费用与其之前所支付用于医疗、复健及因治疗或复健所支出之交通费用相当,是原告于诉请被告二人连带给付将来之医疗、复健及因治疗或复健所需之交通费用共212413元(计算式:190013+22400=212413)之范围内,应属正当。

台湾士林地方法院一九九八年度诉字第一〇四二号民事判决:

经查,原告遭被告林××撞伤致双耳感音性听障,右耳平均听力损失四十五分贝,左耳平均听力损失六十分贝,业如前述,虽尚未构成"劳工保险条例"第五十三条附表所载各残废等级丧失或减少劳动能力表第三十二项"两耳听力损失七十分贝以上"之第七级残废等级,亦不属该表第三十四项"一耳听力机能损失七十分贝以上"之第十一级残废等级,此外,"劳工保险条例"第五十三条附表所载各残废等级丧失或减少劳动能力表内并无可与原告因伤遗留听力障碍相对应之障碍项目及等级,且本院依原告声请向成功大学医学院附设医院函查原告所受伤害属于何一障碍项目及等级,该院二〇〇〇年五月二日(八九)成附医病历字第二七一二号函所附病患诊疗资料摘录表亦仅称,原告佩戴助听器应有帮助,是否影响其日常工作,无法据以认定等语,然依通常情形确可预期原告将来之劳动能力,必因其听力障碍而有所减损,显见原告确已证明其受有听力障碍并致其减损劳动能力之损害,仅系无法证明其所受损害之数额或证明显有重大困难,本院爰依前述规定,审酌原告所受之听力障碍程度、教育程度、年龄(一九七四年五月十七日出生)等一切情状,认原告所受之听力障碍应属于"劳工保险条例"第五十三条附表所载各残废等级丧失或减少劳动能力比率表之残废等级第十一级,并减少劳动能力38.45%。

台湾士林地方法院一九九九年度家诉字第三十号民事判决:

本件原告提出其营利事业登记证复印件一份及花坊进货(进各类花)之收据复印件三份(日期、金额分别为一九九九年八月十九日11000元、八月二十一日15650元、八月二十二日10250元)、进货(进各类罐头、饮料)明细表复印件三份(日期、金额分别为一九九九年六月十四日9600元、七月二十六日5100元、四月三十日9050元)为证,然而营利事业登记证只能证明原告独资经营之花店资本额为20万元,其余单据只是证明原告有进货,均不能证明其营业损失为若干,然而原告确有营业损失乃不待言,本院审酌原告所提之进花收据三份,可知其每日进花金额约1万至1.5万余元,其进罐头饮料之金额约5000元至9000余元,可见原告每日营业额为1.5万元至2.4万元不等,而原告系免用统一发票者,此为被告所不争执,则依"国税局"对免用统一发票业者所定"扩大书面审核营利事业所得结算申请案实施要点"花店之查定所得收入(净利)为营业额之百分之六,则以此计算原告之净利每日900元至1440元,其一个月之净利有2.7万元至4.32万元不等,因原告无提出其关店期间各月之营业额,本院唯有以上述净利之平均数作为认定原告之损失,亦即以2.7万元及4.32万元之平均数:3.51万元作为原告损失之依据,是以自原告主张其因被关店之日即一九九九年八月二十二日起,至其再开始营业之一九九九年十一月五日止,共两个半月之损失,共有8.775万元,于此范围内之数额,应予准许,超过之部分,即难准许。

2. 采否定说者

台湾地区台北地方法院二〇〇〇年度海商字第三号民事判决:[①]

原告提出折价函以证运送物于实际交付日已跌价百分之四十五云云,唯该折价函并非由具有公信力之单位所出具,其中跌价百分之四十五之货物与本件系争货物是否具同一性,亦未见证明,故不能证明系争货物确系因迟到致价额贬损,而使原告受有损害。综上,原告既不能证明其损害确实存在,及该损害却系因被告运送迟到所致,自无新修订通过之"民事诉讼法"第二百二十二条第二项依职权定损害额之适用。是其依"民法"第六百三十四条、第六百三十八条、第六百六十四条及"海商法"第一百零六条、第一百零七条规定,请求被告赔偿因运送迟延所生之损害63091.5美金,及自起诉状缮本送达之翌日即二〇〇〇年一月六日起至清偿日止,按年息百分之五计算之利息,即属无据,应予驳回。

台湾士林地方法院二〇〇〇年度小字第一号民事判决:

次按当事人已证明受有损害而不能证明其数额或证明显有重大困难者,法院应审酌一切情况,依所得心证定其数额,"民事诉讼法"第二百二十二条第二项固定有明文,唯若损害数额在客观上有证明之可能,且衡情亦无重大困难,而原告未为证明者,自无该条项规定之适用,乃属当然(详参该条项修正理由书)。原告另主张被告搬离系争土地及建物后,原告发现被告毁损原告多项物品,且遗留大量之垃圾及废弃物,计该毁损物品及清洁费用如附表所示多项云云,并提出现场照片九张为证,唯查,上述照片仅能证明确有部分物品遭受损毁,唯尚不足以证明该部分物品系遭被告黄××、周×基、周×桦中任一人或共同所毁损,亦不足以证明原告受有如附表所示60350元之损害,经本院谕知原告就上述客观上有证明之可能且无重大困难之毁损者及损害数额举证,原告以无其他证据为由而未进一步举证,本院自不得援用前述规定自行审酌,

---

[①] 类似见解,参阅台湾地区台北地方法院一九九九年度海商字第四二号民事判决。

是原告诉请被告黄××、周×基、周×桦连带给付其物品遭毁损之赔偿金及清理费 60350 元云云。

第四节　台湾地区有关规定之发展评估

一、我国台湾地区有关规定与德国法之比较

基本上，台湾地区"民事诉讼法"第二百二十二条第二项规定，在"立法"上，系参照德国《民事诉讼法》第二百八十七条第一项规定而制定。但其中仍有诸多差异：(1)台湾地区"民事诉讼法"第二百二十二条第二项规定，条文上系以当事人已证明受有损害为要件；德国《民事诉讼法》第二百八十七条所规定之用语，则系将适用对象涵括当事人于损害是否发生有争执情形。(2)台湾地区"民事诉讼法"第二百二十二条第二项所规定要件为，当事人不能证明其数额或证明显有重大困难者；德国《民事诉讼法》第二百八十七条第一项则无此明文规定。(3)台湾地区"民事诉讼法"第二百二十二条第二项未规定证据调查、当事人讯问等之裁量与准用问题；德国法就此则有规定。(4)台湾地区"民事诉讼法"第二百二十二条第二项未规定损害赔偿之诉以外之请求权适用性问题；德国就之，则于其《民事诉讼法》第二百八十七条第二项有所规定，且附加重大证明困难之要件。(5)就得心证之理由之记载，就台湾地区"民事诉讼法"第二百二十二条第一项、第二项、第四项体系观之，台湾地区就前述第一项类型与第二项类型似未区分其理由强制之要求强度问题；但德国《民事诉讼法》第二百八十七条，则未有如其《民事诉讼法》第二百八十六条第一项第二句之理由强制规定。(6)台湾地区"民事诉讼法"第二百二十二条第二项与其第一项同以"自由心证"为决定之方法，其"立法"方式固与德国《民事诉讼法》第二百八十六条、第二百八十七条者相同，但台湾地区法制是否已充分意识到，二者于德国乃以证明度作区别，仍有疑问。(7)就责任成立因果关系与责任范围因果关系之区别，德国学理、实务发展已久，于台湾地区民事实体法学，就之认识尚非深刻。于实务上，自亦显相对陌生。因而在台湾地区"民事诉讼法"第二百二十二条第二项之适用范围射程，是否亦应如德国法之讨论方式，在其认识基础上，台湾地区有关规定与德国法仍有一定差距。

二、台湾地区实务见解评析

实务就损害赔偿额确定之举证责任减轻由来已久，但其扩大适用，则始自二〇〇〇年二月九日"民事诉讼法"修正规定（第二百二十二条第二项）公布后。至今，"高等法院"及地方法院已有颇多相关见解，于相关制度之研究与发展，具有观察实益。自本书所介绍之前揭台湾地区实务见解，可知：(1)实务目前就"民事诉讼法"第二百二十二条第二项之适用，主要系运用于侵权行为案例间有关于债务不履行者。(2)就适用对象而言，实务就物损、殡葬费、交通费、营业损失、复健费等之适用，已有为肯认见解者。但就侵权行为类型，被害人因此而需搭乘出租车所需费用，台湾地区"高等法院"有以原告所提证据堪疑，不能证明为必要等理由，而驳回者（二〇〇〇年度上易字第二〇一号民事判决参照）。此一见解之妥适性，颇堪质疑。因若有损害存在，则即若法院不采当事人所提证据方法，亦不当然排除"民事诉讼法"第二百二十二条第二项之适用。(3)实务于"民事诉讼法"第二百二十二条第二项规定之适用，其认定方式，有以概括总数认定方法者（如台北地院一九九九年度重诉字第二六五三号民事判决等），有以损害件数与单价独立认定后求总数者（如台湾地区"高等法院"二〇〇〇年度上易字第一三四号民事判决等），有认定残障等级以定其减少劳动能力比率者（如士林地院一九九八年度诉字第一〇四二号民事判决），就营业损失，有以营业额计算净利平均数额以认定者（如士林地院一九九九年度家诉字第三〇号民事判决），不一而足。唯其重点，应置于让当事人及上级审有检验可能性，以避免法官逃避判决理由强制之宪法要求，而沦为恣意。(4)若干判决拒绝采用"民事诉讼法"第二百二十二条第二项规定之理由，有认为不能证明损害发生者（如台北地院二〇〇〇年度海商字第三号民事判决），有认为损害数额证明在客观上有证明可能，衡情无重大困难，而拒绝适用者。就前者而言，就损害之发生，台湾地区有关规定固与德国法为不同立法评价，但在解释论上，仍可参考德国相关见解，如本书前述所述，而于个案认事用法上，为较友善于被害人举证之认定。如此，在考虑举证责任减轻类型之设定时，在价值判断上应较为一贯。而就后者而言，本书认为证明可能性及是否有重大困难，故应依个案情况而定，但在解释上不宜过于严苛为妥。(5)另附带一提者，就精神慰抚金之量定，一般并未引用"民事诉讼法"第二百二十二条第二项规定为依据。其理由主要系因"民法"有独立规定，但就其举证上意义而言，相关规定似具其同构型。

三、台湾地区"民事诉讼法"第二百二十二条第二项之发展评估

台湾地区"民事诉讼法"第二百二十二条第二项之规定,基本上系参照台湾地区"最高法院"一九三二年上字第九七二号判例及德国《民事诉讼法》第二百八十七条第一项规定意旨,制定而成。"最高法院"一九三二年上字第九七二号判例作成之时,台湾地区"民事诉讼法"并无相类于德国《民事诉讼法》第二百八十七条规定,该判例能突破实定法窠臼,而尝试对损害赔偿事件之被害人之举证责任予以减轻,其用心与价值应予肯定。然而,无论系"最高法院"一九三二年上字第九七二号判例,或新修正之"民事诉讼法"第二百二十二条第二项,基本上,因判例要旨及上述法条文句具高度抽象性,以至于在实务上之运作,仍可能存有若干可虑之法不安定性潜在危险。亦即,若有认为此一条文系属衡平裁判性质,而以为应容许法院可在未具可被认为足够之事实依据之情况下,得径依同法条第三项之所谓自由心证之方式与限制而认定事实,则如何脱免可能涉及将被指为具有违宪性质之法官恣意裁决,即为一立即呈现之明显课题。本书乃认为,台湾地区制定有关规定时,是否已充分认识台湾地区制度、国情,是否已就德国"民事诉讼法"第二百八十七条所适用之对象及时空环境及相关制度之异同,予以适切评估,实有疑问,则能否认为德国法制得为台湾地区完全移植,固应仍属一有讨论空间之课题。尤其台湾地区"民事诉讼法"第二百二十二条第二项与德国《民事诉讼法》第二百八十七条之规定,无论于法条编列,或条文内容,均存有其未尽相同处,则就台湾地区有关规定之发展之于德国法所可能引发之独立性或依附性问题,实应值予关注。在此,本书基于台湾地区"民事诉讼法"第二百二十二条第二项之参照德国法例制法之历史实然,初步认为,就德国实务与学理之适当研介,并尝试为适度援用,其功能应可模拟,在引进外国机制后,适度参考其操作手册,应可减少不必要之耗损、摸索时间及可能因此而得获致事半功倍之效益。基于斯理,本书认为,台湾地区"民事诉讼法"第二百二十二条之操作,考虑德国《民事诉讼法》第二百八十七条规定之理论与实务发展实况,在解释论上可能有以下之值得思考面相:

1.台湾地区"民事诉讼法"第二百二十二条第二项,以不能证明损害数额或证明显有重大困难者为要件,并于"司法院"提案理由中特别表示,若损害数额在客观上有证明之可能,且衡情亦无重大困难,而原告未为证明者,即无本条之适用。其规定虽自形式观之,似与德国《民事诉讼法》第二百八十七条第一项第一句有所不同,但实际运作上,似应不致造成显著差异。因德国上述法规,既系为克服当事人之证明困难,则证明困难,自亦当为其法

院审理时之考虑因素。就当事人立场而言,若其轻易得以举证,则似无干冒由法官以可能最低额度予以评价,甚至以缺乏足够基础根据而予以驳回之风险,而不予适切举证之理。矧若当事人行为被评价为证明妨碍或违反诚信时,则于当事人之诉讼结果,即可能有不利之影响。然而,于此一条文之理解,仍应注意其乃已是立法者将举证责任减轻类型化之结果,就损害赔偿数额之证明,基本上,其证明困难,原即为立法时为独立类型时所已考虑因素。基于此认识,本书认为虽台湾地区"民事诉讼法"第二百二十二条第二项所为上述要件规定之立法技术,有其合目的考虑,但在解释上不宜过严,以免造成当事人举证上过重之负担。其于运用上,即应考虑具体个案诸种情状,综合判断是否损害额之证明具有可能性,且衡情不具重大困难。有关证明可能性之判断标准,固然一般理性谨慎之人之可被期待注意可为审查之参考,但若于个案中,有明显武器不平等之情形,则如何为较有利于弱势者之举证责任考虑,亦应予以考虑。此外,若有证明妨碍或违反诚信原则之情形,亦应于审查上述要件是否具备时,予以适当考虑。

  2.台湾地区"民事诉讼法"第二百二十二条第二项之"司法院"提案理由中,明指本条所适用对象为损害赔偿之诉,且于法条中,亦指向规范对象涉及系有关所谓"损害"者。因而其适用对象,应为损害赔偿请求权,且无论其系契约或法定者,亦无论其为过失责任或危险责任者皆同。即因牺牲或征收所生之补偿请求权者,亦适用之。但就减少价金、不当得利或违约金之请求权,则似非属本规定之直接适用范围。有疑问者乃,就如减少价金、不当得利或违约金等非损害赔偿请求权,于台湾地区在当事人有不能证明损害之数额或证明显有重大困难者,得否参考德国《民事诉讼法》第二百八十七条第二项规定以适用或类推适用台湾地区"民事诉讼法"第二百二十二条第二项方式之法理予以解决。本书认为,虽就法条文义(即法条文字系用损害二字)及"司法院"提案理由观察,原则上,应认并无直接适用之基础。唯就此问题之规范缺乏,其无论系属何一类型之法律漏洞,本书参考德国《民事诉讼法》第二百八十七条第二项规定及当事人就损害额度确定之举证之困难相似性,与"司法院"提案理由中对举证困难性、公平正义与诉讼经济之基本认知和要求,认为若当事人于所谓损害赔偿事件以外之案型,显有不可期待之举证困难者,如其具备类推适用之基础,似非全无依类推适用方式处理之可能。

  3.台湾地区"民事诉讼法"第二百二十二条第二项规定,于法条体系上,与自由心证主义之法依据(亦即"民事诉讼法"第二百二十二条第一项)同列,据此,二者似均适用同法条第三项之规制。如此,是否应认为就证明度而言，台湾地区"民事诉讼法"第二百二十二条第二项所规定案型，与同法第二百二十二条第一项所规定者同一，即有疑义。本书认为，理论上，台湾地区虽参考德国法而制定，但"立法"上却未独立于固有自由心证之法依据（即台湾地区"民事诉讼法"第二百二十二条第一项）而制定，其于立法技术上，本为可得讨论之问题。而究竟"立法"者，是否系基于对德国《民事诉讼法》第二百八十七条规定充分认识后，所为之有意识区别，亦应为一值予深思之问题。在实务操作上，本书以为，台湾地区"民事诉讼法"第二百二十二条第二项规定，应列属为举证责任减轻之范畴，虽法院基于此条文所为裁判，并非所谓衡平裁判，亦即，负举证责任之当事人仍应提出足够之根据基点事实，并为相当主张，以供法院就损害额之确定时审酌。但此一法条，应包括证明度降低之内涵，亦即，"民事诉讼法"第二百二十二条第一项与其第二项规定之法官形成心证所要求之证明度，应有所区别。前者，应较后者为高。唯后者至少应达优越之盖然性始可。实则，若依如此解释，应较能符合解决有关介于采一般举证责任法则及一般自由心证主义（如"民事诉讼法"第二百二十二条第一项者）所要求之完全证明之较高心证度下之个案公平正义所可能面临之挑战，与某程度上较缺事后检验基础之衡平裁决所可能引致之非必要法律不安定性间困难之问题。若认为此一建议，于"民事诉讼法"第二百二十二条未能寻获直接依据（实则，较诸衡平裁决，本书所主之证明度之降低方式，已属相对缓和之解释方法），则此一证明度降低之法制度考虑，基本上，亦可经由学说、实务为法之创设（续造）之。至于在运用时，应注意若有符合所谓典型事象经过时，于个案中，得运用表见证明认定相关事实。

4. 台湾地区"民事诉讼法"第二百二十二条第二项，虽与德国《民事诉讼法》第二百八十七条第一项规定，用语不尽一致。例如，后者尚规定所谓当事人于损害已否发生事实有争执之要件文句。但就因果关系之证明，究竟台湾地区应否置于"民事诉讼法"第二百二十二条第二项中讨论，实为一值得关注之课题。基本上，虽德国就其《民事诉讼法》第二百八十七条规定是否依文义可直接推得所谓责任范围因果关系乃得为该法条之适用范围之结论，本存有争议。但如前所述之有关责任范围因果关系之证明法则之通说形成，似亦非仅以单纯之规定文义为其考虑基础，则台湾地区有关规定之如何发展，有否与德国通说相同趋向之采取可能，应值重视。但因此一问题，同时涉及台湾地区实体法上之因果关系理论发展之精致化问题，在台湾地区实体法学说与实务，就因果关系是否将采区别责任成立因果关系与责任范围因果关系之问题，发展形成一定结论前，实尚缺乏适切评价之基础。若于可预期将来,实务就此形成一固定性见解,则就责任原因、责任成立因果关系与责任范围因果关系证明,或有区别其认定之法律基础之发展可能性。①

5.经由台湾地区"民事诉讼法"第二百二十二条第二项之规定,应认为台湾地区损害赔偿诉讼中之当事人之主张责任已被降低。尤其配合"民事诉讼法"第二百四十四条第四项之规定,原告之就损害额之主张责任,显然较旧法之须予以特定之严格要求情形有别。但负举证责任与主张责任一方之人,仍应注意其须提出得以让法院认为已足够,且够具体之充作损害额等评估基础之事实主张,否则,若其损害之主张,以其所提事证呈现明显空泛之情状,尤其,若其所提供作判断之基础,尚且无法令法院就最低损害额度形成积极心证,则难以期待法院依"民事诉讼法"第二百二十二条第二项,为任何恣意衡量。此时,即当考虑回归一般举证责任法则之适用。至于法院依职权调查证据权限之发动,本书认为仍应注意必要性及补充性原则。于此,似无须完全改以职权探知主义取代民事诉讼法之基础性原则(例如辩论主义、处分权主义等)。诉讼法理之非讼化理论,于此仍应有其界限存在。

6.有关证据调查,是否有参考德国《民事诉讼法》第二百八十七条第一项规定,由法官裁量自由决定之问题;以及原已在台湾地区实务上,由法官于个案酌量之非财产上损害赔偿,是否亦纳入"民事诉讼法"第二百二十二条第二项适用范围,可能有讨论空间。就前者,本书基于台湾地区就证据法上当事人证据方法之提出和法官是否应进行取得与调查程序间之关联效力问题,尚未完全廓清之前,本书拟暂就其理论发展持开放性态度,并拟另于他文进行专题研究。就后者,虽一般法官于实务上,乃酌量诸般情事以定之。但一般而言,其金额决定心证之形成过程,似仍属难以捉摸,并成为可能影响法律安定性之缘由。本书一方面认为,就非财产上损害赔偿,于要件符合情形,应有"民事诉讼法"第二百二十二条第二项之适用。法院于个案上,应具体斟酌具体情事,于被害人之主张责任与事实具体化义务适度予以减轻。另一方面,为免当事人须面临不同法官所为可能具有高度恣意裁决之可能违反平等原则与法治国之法律安定性要求之不确定感,似有必要,就历来实务,于不同损害类型,于不同法院所为之量定,精细比较,并综合社会

---

① 学者有认为台湾地区有关规定之解释应从日本法例之解释者,骆永家:《损害数额之认定》,载《月旦法学杂志》2000年第64期。

经济发展、消费指数变动程度等因素,提出一可供实务参考之量定分析,①以期使法治国之法安定性要求获得相对确保。

第五节 结论

台湾地区近年来,就民事诉讼法进行大型改造与翻修,其中无论修正或增订之内容,均系经民事诉讼法学界及实务界引领风骚之名家、巨擘,穷究外国法制并提出个人创见,百般琢磨而得之精华。于台湾地区民事诉讼法学之现代化,具有不可抹灭之划时代意义。

"民事诉讼法"第二百二十二条第二项之增订,基本上,仅系台湾地区民事诉讼证据法则重要修正方向之一。其考虑重点包括诉讼经济原则、公平原则与程序保障原则等。因其主要适用对象为损害赔偿事件,可预见在此类型诉讼程序中,借此修正条文,将可某程度达到对被害人之举证责任减轻之效果。基于他山之石,足以攻错之理,本书乃将德国《民事诉讼法》第二百八十七条规定之理论与实务见解,予以研介如上。希能有助于台湾地区"民事诉讼法"第二百二十二条第二项新制之成长与发展。②

---

① 德国方面之研究,vgl. Andreas Slizyk, Beck'sche Schmerzensgeld-Tabelle Von Kopf bis Fuß, 2 Aufl., 1994. 及其所引参考文献。

② 本书出版后,十余年来"最高法院"判决的多数见解系采本书所主张的"证明度降低说",而裁量说则为少数见解。

第九章 证明妨碍
——"民事诉讼法"第二百八十二条之一之发展评估

第一节 前言

于德国,证明妨碍制度(Beweisvereitelung)系一甚为重要之制度,其于实务乃扮演一重要角色。其所谓证明妨碍,乃系指不负举证责任一造当事人之作为或不作为,而若无该作为或不作为,则事实之澄清原应属可能。[①] 德国之实务学说,就此一制度之基本法理(法基础)、要件解释、法效果,经长久研究发展,均已累积可观之文献,可供参考。

台湾地区新修正"民事诉讼法"第二百八十二条之一规定,乃证明妨碍制度之明文化,基本上,可评价为台湾地区"民事诉讼法"就相关问题于"立法"层次上之显著进展,有关学者、实务家之"立法"努力成果,应值予积极评价。

然而,因证明妨碍制度之效果,某程度上,将影响诉讼程序之结果,于当事人具有重大之利害关系。于适用时,自应就此一相对于一般举证责任分配法则应归属具例外性质之特性有充分之认识,谨慎斟酌其要件之该当性,始能实践"立法"之本旨。

理论上,证明妨碍制度所涉及问题,甚为广泛。其可能涉及当事人之诉讼上说明义务问题、实体法上情报义务问题,亦可能与诉讼法基本原理或举证责任之原则相关联。证明妨碍制度之研究,乃因此而增加其困难性。

本书拟借德国关于证明妨碍制度之学说与实务见解之研介,而就台湾地区有关规定之发展提出评估与建议。尤其法律基础(思想)之探寻、要件内容与法效果之设定,乃为本书关注之焦点。

[①] Vgl. BGH VersR 1960, 844, 846.

第二节　德国法

一、法基础

(一)法律规定

就实定法观之，德国民事诉讼法并未就证明妨碍制度为一般性规定，而就书证及当事人讯问之证明部分，则有个别就其证明妨碍效果予以规范，其主要规定为《民事诉讼法》第四百二十七条、第四百四十一条第三项第三句、第四百四十四条、第四百五十三条第二项、第四百五十四条第一项。① 因而就证明妨碍制度之法律基础何在之问题，难免存有不同见解。

就文书证据之相关规定而言：

《民事诉讼法》第四百二十七条规定："对造若未依法院命令②将文书提出，或法院于第四百二十六条③情况获得确信，认为该对造就该文书之所在未为谨慎注意之探索，则由举证人提出之文书副本，得被视为真正。（第一

---

① Vgl. Krapoth, Die Rechtsfolgen der Beweisvereitelung im Zivilprozeß, 1996, S. 5f.. 亦有学者附加民法诚信原则之规定（亦即德国《民法》第二百四十二条），Schellhammer, Zivilprozeß, 6. Aufl., 1994, Rdnr. 530.

② 德国关于法院命令负举证责任相对人提出文书之法律依据为《民事诉讼法》第四百二十五条之规定，其相关规定为《民事诉讼法》第四百二十一条、第四百二十二条、第四百二十三条、第四百二十四条，其中尤应注意者为《民事诉讼法》第四百二十二条、第四百二十三条。关于诉讼对造之文书提出义务，前者规定若举证人依民法规定得请求对造交还或提出某文书者，该对造有提出该文书之义务。后者规定若对造于程序中，就该文书曾予援引，则该对造负提出该为其所占有之文书之义务。即仅于准备书状中出现者亦同。于本书就文书提出义务之问题，暂不拟深论（留待另文为之）。唯就负举证责任人之对造应于何情况始负提出文书之义务，以及是否以该义务存在为相关证明妨碍之要件，则均值深思。盖对造若无文书提出义务，则其毁坏或不提出，是否应与有义务提出者所为相当行为作不同评价，当为适当之论证。关于文书提出义务之要件，Vgl. Thomas-Putzo, ZPO, 19 Aufl., 1995, § 422 Rdnr. 2ff. 虽实务或学说间，有将文书提出义务予以扩大者，但通说认为负举证责任人对造并无一般说明义务。Vgl. Musielak/Huber, ZPO, Kommentar, 1999, § 423 Rdnr. 1; Rosenberg/Schwab/Gottwald, Zivilprozeßrecht, 15 Aufl., 1993, S. 702f.

③ 《民事诉讼法》第四百二十六条规定："对造若否认文书为其占有，则应对其就文书所在为讯问。（第一句）于讯问期日之传唤，应通知其就文书所在谨慎探寻。（第二句）其余，准用第四百四十九条至第四百五十四条之规定。（第三句）若法院获得确信认为文书为该对造所占有，则命令其提出之。（第四句）"

句)若未提出文书副本,则举证人之关于文书性质(状况)及其内容之主张得认为已被证明。"

《民事诉讼法》第四百四十一条规定:"文书真正与否之证明,亦得经由笔迹核对为之。(第一项)(第二项略)若适于供作比对之笔迹置于对造手中,则依举证人请求,该对造负有提出之义务。(第一句)第四百二十一条至第四百二十六条之规定准用之。(第二句)若对造未遵命提出适于供作比对之笔迹或法院于第四百二十六条事例获得确信,认为该对造未曾谨慎注意为笔迹所在之探寻,则该文书得被视为真正。(第三项)(第四项略)"

《民事诉讼法》第四百四十四条规定:"若文书为一造基于使他造不能使用之意图,而被排除或致令不堪利用,则对造就文书性质(状况)及内容之主张,得被视为已经证明。"

就当事人讯问之相关条文①如下,《民事诉讼法》第四百五十三条第二项:"若当事人拒绝供述或宣誓时,第四百四十六条准用之。"

《民事诉讼法》第四百五十四条第一项规定:"若当事人于为其讯问或宣誓所指定期日不到场,则法院审酌所有情状,特别亦包括可能由当事人所提出未到场之理由,依自由裁量,决定是否视为拒绝供述。"

(二)实务见解

就证明妨碍之法律基础何在之问题,实务之见解并不一致,唯若较诸论者致力在其要件与法效果之探索与厘清,则关于此一制度法律基础问题之讨论,似居于较次要之地位。② 于一八八七年十一月十九日帝国法院判决③即指出:"任何人具可归责而造成负举证责任对造不能举证者,不能主张以对造之举证责任作为防御。"其后,帝国法院基本上延续此一见解。至于联邦最高法院就此一问题之见解则甚为分歧,有援用前述帝国法院之见解者,④有类推《民事诉讼法》第四百二十七条、第四百四十四条之规定者,⑤亦

---

① 台湾地区相关文献可参考,邱联恭:《当事人本人供述之功能——着重于阐论其思想背景之变迁》,载《民事诉讼法之研讨》(三),1990年版,第615页。
② Krapoth, a.a.O., S.8.
③ RGZ 20, 5 (6). 另较早之实务见解有帝国高等商事法院一八七五年十二月十八日判决,vgl. ROHG 21, 255 (261).
④ BGHZ 6, 224 (227); BGH VersR 1960, 844 (846).
⑤ BGH NJW 1963, 389 (390); BGH NJW 1978, 2154 (2156); BGH NJW 1986, 59 (60).

有以违反诚实信用原则为据者,①另亦有认为损害赔偿请求权(Schadensersatzanspruch)系证明妨碍之法律依据者。② 另亦有略过而未对此一问题表示具体意见之判决,于斯不逐一胪列。

(三)学说争议

德国学说就证明妨碍之法律基础亦存有不同之看法,有部分学者认为《民事诉讼法》第四百二十七条、第四百四十四条规定之类推适用为证明妨碍之法律基础,并认为此等条文包含对所有证明妨碍之案例均适用之一般性法律思想。③ 此一学说之弱点,系其无法合理解释关于过失证明妨碍,为何亦得自上述条文法律思想推导而得,因该等条文主要系为规范故意行为者也。

学者亦有将证明妨碍之法律基础期冀在经验法则中探寻者,例如Rosenberg认为证明妨碍涉及一经验法则,亦即,若事实(按:不利于相对人者)非真,则相对人应不致妨碍举证之进行,而是予以支持。其破坏证据调查,即显示其恐惧结果之呈现。④ 又 Musielak 认为,依经验法则显示,若某对象,于某人将来可能发生之诉讼,对其具有利益者,其自将谨慎保存之。⑤但此等经验法则,似非能无限制适用,尤其,例如文书之保存,似非能无限期要求之,或于过失证明妨碍类型,似难认能有此等经验法则之适用。⑥

亦有学说主张,证明妨碍之法律基础乃协力义务(Mitwirkungspflichten)之违反者,而所谓协力义务之违反,可包括特殊实体协力义务(besondere materielle Mitwirkungspflichten)、特殊程序协力义务(besondere prozessuale Mitwirkungspflichten)与一般协力义务(allgemeine Mitwirkungspflicht)。就特殊协力义务者而言,若不负举证责任之当事人违反法定(实体法或程序法者)义务时,即可能该当证明妨碍之客观要件。而实体法之协力义务,包

---

① BGH NJW 1960,821;BGH FamRZ 1962,370 (371);BGH FamRZ 1988,482 (485).

② BGHZ 3,162,176.

③ Rosenberg, Die Beweislast, 5. Aufl., 1965, S. 191; Arens/Lüke, Zivilprozeßrecht, 6. Aufl., 1994, S. 222; Bergerfurth, Der Zivilprozeß, 6. Aufl., 1991, S. 186; Baumbach/Hartmann, ZPO, 56. Aufl., 1997, § 444 Rdnr. 1. Vgl. auch Krapoth, a. a. O., S. 9 Fn. 14 m. w. N. und Baumgärtel, Beweislastpraxis im Privatrecht, 1996, Rdnr. 112 Fn. 433 m. w. N.

④ Rosenberg, Die Beweislast, 5. Aufl., 1965, S.191.

⑤ Musielak, Die Grundlagen der Beweislast im Zivilprozeß, 1975, S. 140; Musielak/Stadler, Grundfragen des Beweisrechts, 1984, Rdnr. 189.

⑥ Baumgärtel, Beweislastpraxis im Privatrecht, 1996, Rdnr. 114.

括《民法》第二百五十九条第一项①（计算报告义务）、《民法》第三百七十一条②（债务证书返还之义务）、《民法》第四百零二条③（情报义务与证书交付义务）、《民法》第七百一十三条、第六百六十六条④（情报与计算报告义务）、《民法》第九百五十二条、第九百八十五条⑤（债务证书返还义务）等。⑥ 又实体上协力义务，亦得因当事人协议而产生。此外，程序法上，亦存在特别程序促进义务，例如《民事诉讼法》第三百七十二条 a ⑦及第四百二十三条规定。

Stürner 认为自类推《民事诉讼法》第一百三十八条⑧、第四百二十三条、第四百四十五条以下、第三百七十二条 a、第六百四十五条以下，可知存

---

① 《民法》第二百五十九条第一项规定："就有关管理收支情况负有详细报告义务之人，应向权利人报告包括收入或支出之经系统整理汇编之计算书，如在习惯上应给予证书者，并应提供证书。"

② 此法条规定债权曾立有债务证书者，债务人除请求给予受领证书外，得请求返还债务证书。（第一句）如债权人声明不能返还其债务证书时，债务人得请求给与证明债务已经消灭之公证承认书。（第二句）

③ 此法条规定："原债权人负有就关于主张该债权所必要一切情报告知新债权人之义务，其并应将为其所占有之所有证明债权之文件交付新债权人。"

④ 《民法》第七百一十三条规定："执行事务之合伙人之权利与义务，依第六百六十四条至第六百七十条适用于委任之条文定之。但以合伙契约未有特别规定者为限。"《民法》第六百六十六条规定："受任人负有义务，给予委任人必要之信息，于获请求时，应将事务进行情况告知委任人并于处理委任事务之后，对委任人为详细之报告。"

⑤ 《民法》第九百五十二条规定："就债权所立债务证书之所有权归属于债权人，第三人在债权上所存在之权利及于债务证书。（第一项）前项规定适用于其他权利之证书，如抵押权、土地债务及定期金债务之证券。（第二项）"《民法》第九百八十五条规定："所有人得向占有人请求返还其物。"

⑥ 另尚包括《民法》第七百一十六条（合伙人之检查权）、第八百零九条、第八百一十条（物之提出与阅视及文书之审阅权利）、第一千一百四十四条、第一千六百九十八条、第一千八百四十条、第一千八百九十条，《商事法典》第八十七条 C 第二项和第四项，第一百一十八条，第一百六十六条，第三百三十八条等。

⑦ 《民事诉讼法》第三百七十二条 a 规定，若在民法第一千五百九十一条及第一千六百条规定案件或于其他为确定血缘案件所必须者，若此一检查依科学被承认之原则，适合于事实之说明者，及于依检查之种类、结论之后果，对其或第三百八十三条第一项第一款至第三款所示亲属，且于其健康无损，而属得被合理期待者，任何人应容忍检查，尤其指为检查血型之抽血。（第一项）第三百八十六条至第三百九十条条文准用之。于屡次无权拒绝检查时，法院得运用直接之强制，尤其为检查目的之强制传唤。

⑧ 《民事诉讼法》第一百三十八条规定："当事人应就事实情状为完整及符合事实之说明。（第一项）任一当事人应就由对造主张事实为陈述。（第二项）（第三项、第四项省略）"

在一般程序说明义务。其认为上述规定,乃一般性法律思想(一般说明义务)之表现,而此一般性协力义务,得经由当事人程序前或程序中行为破坏。① Peters 亦认为,《民事诉讼法》第一百三十八条之事实与完足义务,在非属民事诉讼法中特别规定(例如第三百七十二条 a)之协力义务类型,具有重大意义。②

又在民事程序中,一般认为,诚信原则亦具其适用性。③ 就证明妨碍之法理论基础何在之探寻,乃亦有若干学者据此一原则推论之。④ 在论理分析上,其思考基础主要为任何人不得为与其行为相矛盾之主张,若其为之,应不受法律保护。亦即,若非负举证责任当事人妨碍他造之举证,以致他造陷于证明困难(Beweisnot),则其若为其可因此而得获利之主张,即与其先前行为具不合法之抵触。⑤ 另 Schneider 对此问题所主张之不合法权利行使说,⑥一般亦认为系根源于诚信原则之理论分支。唯就此理论,学者仍提出若干质疑,例如,诚信原则于民事诉讼法之适用范围为何;是否据此原则,将使无可归责性之行为亦被纳入证明妨碍之适用范围;且若就不具可归责性证明妨碍,亦课以证据法上之处罚,是否将弱化或瓦解举证责任分配之基本理念及制度设计等问题。⑦

另亦有学者将损害赔偿请求权,视为可归责证明妨碍所引发证据法影

---

① Stürner, Die Aufklärungspflicht der Parteien des Zivilprozesses, 1976, S. 92ff. 不同见解,vgl. Baumgärtel, Beweislastpraxis im Privatrecht, 1996, Rdnr. 113 m. w. N.

② Peters, Beweisvereitelung und Mitwirkungspflicht des Beweisgegeners, ZZP 82 (1969), 200 (208). 但其似忽略《民事诉讼法》第一百三十八条并不包括证据方法之提出,且原则上法律并不承认在对造证据提出时之一般协力义务,vgl. Arens, Zur Aufklärungspflicht der nicht beweisbelasteten Partei im Zivilprozeß, ZZP 96 (1983), S. 1, 4; Baumgärtel, Beweislastpraxis im Privatrecht, 1996, Rdnr. 113 m. w. N

③ Krapoth, a. a. O. , S. 14 m. w. N.

④ Baumgärtel, Treu und Glauben, gute Sitten und Schikaneverbot im Erkenntnisverfahren, ZZP 69, 106; Lepa, Beweislast und Beweiswürdigung im Haftpflichtprozeß, 1988, S. 13; Musielak/Stadler, Rdnr. 189 aE m. w. N; Stein/Jonas/Leipold, ZPO, § 286 Rdnr. 121. Baumgärtel 同时亦以公正程序进行要求之违反(eine Verletzung des Gebotes der fairen Prozeßführung)为其论理依据,Baumgärtel, FS. für Kralik, S. 68; Baumgärtel, Beweislastpraxis im Privatrecht, 1996, Rdnr. 120.

⑤ Vgl. Gerhardt, Beweisvereitelung im Zivilprozeß, AcP 169, 289 (304); Schellhammer, Zivilprozeß, 6. Aufl. , 1994, Rdnr. 530.

⑥ Schneider, Die Beweisvereitelung, MDR 1969, 4 (10).

⑦ 相关质疑见解,vgl. Baumgärtel, Beweislastpraxis im Privatrecht, 1996, Rdnr. 119 m. w. N.

响之法律原因者。① 其认为,不负举证责任之人为证明妨碍,则构成侵权行为侵害。此乃基于补偿思想,故认为被害人应回复其未受侵害前之状态。但反对此说者认为,既已有证明妨碍事实,即难以确定即使该等证据方法存在当可得对负举证责任人有利之结果,在此应仅存在未有证明妨碍情形获得胜诉之机会而已,就此机会之丧失能否视为损害,似有疑问。

此外,尚有学者认为,证明妨碍之基本法律思想乃刑罚制裁(Strafsanktion)者。② 若基于此思想,则连带当亦得推导出预防思想。其当与前者相互为用。然是否民法中果存在此等内在不成文刑罚规范,当值思索。不容忽视者系,若有将举证责任反置视为此一刑罚制裁思想之法效果者,该注意是否应依可归责性程度定其效果,始符比例性与公平性。至于A. Blomeyer 认为,期待可能性之考虑,乃证明妨碍之法基础。其认为,经由对造之证明妨碍行为,将导致负举证责任人举证之期待不能。③

二、客观要件

证明妨碍应具备某一作为或不作为,而若无此一作为或不作为,则事实之澄清将成可能。且该作为或不作为与对判决具重要性事况之不明具因果关系。④ 至于该行为系在诉讼系属之前或之后发生,并不影响证明妨碍之成立。

该当证明妨碍要件之作为或不作为发生于诉讼之前者,例如医师于诉讼前将病历毁弃或于医治时未就在医学上无疑而重要之病征予以发现提出与确保,以致事后就医师医疗行为与病人健康损害间因果关系难以厘清者。⑤ 就诉讼中之证明妨碍行为,例如于诉讼中将病历毁损或将子女携往

---

① Maassen, Beweismaßprobleme im Schadensersatzprozeß, 1975, S. 180f.

② Wahrendorf, Die Prinzipien der Beweislast im Haftungsrecht, 1976, S. 128f.; Kegel, Der Individualanscheinsbeweis und die Verteilung der Beweislast nach überwiegender Wahrscheinlichkeit, FS. f. Kronstein, 1967, S. 341.

③ Blomeyer, Die Umkehr der Beweislast, AcP 158, 103. 不同见解。Vgl. Baumgaertel, Beweislastpraxis im Privatrecht, 1996, Rdnr. 118 m. w. N.

④ BGH NJW 1984, 1403, 1404; BGH VersR 1986, 182, 184; Musielak, a. a. O., S. 137.

⑤ BGH NJW 1987, 1482ff.

外国以逃避血缘鉴定。① 又尚应注意者为,行为之时间点虽于要件该当无妨,但可能于可归责性有影响。尤其在诉讼前所谓过失证明妨碍行为,应于该行为人在审酌所有情事下,可认为其应认识该证据方法于将来诉讼将被利用时,始得该当。②

证明妨碍之要件,尚包括因不负举证责任之当事人行为造成证明不可能或困难(Unmöglichkeit oder Erschweren des Beweises)。前者系指,证据已终局无法再有提出之可能,例如文件已被销毁;后者系指,负举证责任之当事人因对造行为造成须付出较多心力始能举证证明于其有利之事实,例如该对造坚不说明某为其所知悉证人之姓名,而负举证责任当事人就此为调查具有困难者。通说就证明之不能与证明之困难,在法律评价上并不作区别。③ 此乃因二者于理论上似可区分,但实际上却难以确定其界限。④

不负举证责任当事人之证明妨碍行为且须与待证事实之不能厘清,具有因果关系,若二者间无因果关系,即难认为证明妨碍之客观要件已经具备。在此,若在证明妨碍之法基础采诉讼协力义务违反理论者,当亦认为于协力义务违反与待证事实不明间应具备因果关系。⑤

另若事态之不明,乃系因损害事件发生本身所造成,而非如一般情形,乃另存在其他足以造成待证事实不明之作为或不作为者,则是否亦有证明妨碍原则之适用之问题,亦存有争议。帝国法院系持肯定见解,⑥联邦最高法院亦间有采肯定见解者。⑦

困难者为,证明妨碍之客观要件是否亦包括义务违反(Die Pflichtverletzung)之问题。虽如前所述,证明妨碍之要件包括某作为或不作为,例如证据方法

---

① 关于血缘鉴定之证据妨碍,应注意在为倾向为有利于举证责任人之事实认定时,应审查是否依其他所有调查结果已无理由对该当事人主张产生重大之怀疑,且就携儿逃往他国者应尽所有方法查明其所在。Vgl. Klaus RothStielow, Der Abstammungsprozeß, 2. Aufl., 1978, Rdnr. 287ff. 因血缘鉴定有较强烈之公益性,台湾地区于程序法上之关于一造不配合鉴定时之证据法上处理,应注意适度以法理解释方式弥补实定法之不足,而由法院审酌诸般情状为必要之介入。

② Baumgärtel, Beweislastpraxis im Privatrecht, 1996, Rdnr. 121.

③ Vgl. Baumgärtel, Beweislastpraxis im Privatrecht, 1996, Rdnr. 121 m. w. N.

④ 不同见解,而认二者应区分者,Vgl. Musielak, Die Grundlagen der Beweislast im Zivilprozeß, 1975, S. 133.

⑤ Krapoth, a. a. O., S. 32.

⑥ RGZ 76, 295 (297), Wahrendorf, Die Prinzipien der Beweislast im Haftungsrecht, 1976, S. 125; Krapoth, a. a. O., S. 32.

⑦ 相关见解,vgl. Baumgärtel, Beweislastpraxis im Privatrecht, 1996, Rdnr. 121 m. w. N.

之销毁、隐匿或拒绝取获及交出等。但是否尚须有义务违反,亦即协力义务违反,例如证据方法之保存、取得、公开、计算报告、交出等实体法或程序法之协力义务,则可能涉及法基础之立论选择之问题,亦即,若采协力义务说者,则关于此问题自系采肯定说。但若采其他见解(如刑罚制裁说等),则是否尚须具备义务违反之要件,实非无疑义。就实体法或程序法有规定之协力义务者,其违反自有可能该当证明妨碍要件。但若于实体法或程序法未明文规定时,是否应就《民事诉讼法》第一百三十八条等推得未负举证责任一造亦应负说明(真实)等协力义务,或得依诚信原则推得此等一般性义务之发生,似有讨论之余地。①

三、主观要件

实务与学说一般认为,该当证明妨碍之要件,除客观要件外,尚包括主观要件,亦即应具有可归责性。而证明妨碍之可归责性要件之指涉内容,不仅涉及证据标的物之销毁,且亦涉及证明功能之排除。②

就故意证明妨碍而言,应注意在此所谓故意,应被理解为双重故意,亦即,应包括其明知与意欲对于证据方法为毁弃或以其他方法致令负举证责任当事人不能利用;另则,此不负举证责任当事人应知悉经由其行为将造成相对人举证不能或受阻碍。亦即,在此所谓故意,应亦包括对该一具体证明方法之证据功能将被排除之知欲,例如某当事人拒绝法官履勘其不动产,或被告为妨碍原告血缘确定乃无理由拒绝抽血检验。③

究实以观,前揭故意要件之该当并不容易。④ 因而过失证明妨碍乃具

---

① Krapoth 就此等问题系采肯定说,vgl. Krapoth, a. a. O., S. 29ff. 本书认为于实体法或程序法有明文规定之协力义务时,将此一义务违反视为证明妨碍之要件应属当然,若未规定时,如有契约或习惯或得依诚信原则推导出不负举证责任人就事态之厘清负有协力义务,则当亦与前者作同一解释。但若不能推得此等协力义务时,是否仍有其他未存在协力义务违反之证明妨碍,实有疑问。若肯定之,则无异要求当事人一造负有一般性提出有利、不利证据方法之义务,就此是否将使举证责任分配法则遭架空,及是否将使不负举证责任一造须负为对方保管提出公开证据方法之义务,是否能谓此无过苛之嫌,实堪质疑。是否就此要求,未超出对不负举证责任一造之可期待性,应值深思。此等问题于过失证明妨碍之情形,应更属明显。则于过失证明妨碍情形,如属未有协力义务发生之类型,似应采较保留之适用态度为妥。

② BGH VersR 1975, 952, 954.

③ BGH JZ 1987, 42ff.; BGH JuS 1993, 774, 775.

④ Schatz, Die Beweisvereitelung in der Zivilprozeßordnung, 1992, S. 103 m. w. N.

有较高度之实用性。实务与学说认为任何程度之过失,应均足以充当证明妨碍之可归责性要件。① 应注意者为,于过失之情形,亦应具备双重要件。亦即,须具备关于证据方法保管之法定或程序前义务及对该证据方法就将来诉讼所可能具有之意义具有认识。② 如此,若不负举证责任当事人违反其协力义务,因作为或不作为造成证据方法之使用之不可能或困难化,且其若遵守交易上注意义务,应认识该等证据方法于可能发生之诉讼中之证明功能者,即应认为有过失,例如于意外事故发生时,未就相关证据予以注意保全。

就过失证明妨碍约有三类型:其一,为虽意图使证据方法不能被使用,但对该证据方法被除去之于将来诉讼之意义却疏未认识;其二,为虽明知该证据方法于将来诉讼之意义,却过失将其毁弃或损坏;其三,为过失毁弃损坏某证据方法,且其对该证据方法于将来诉讼之意义亦疏为认识。③

若因民法规定或民事诉讼法规定,有某一非负举证责任当事人应对第三人(例如契约履行辅助人、侵权行为意义之受雇人、诉讼代理人、被继承人)行为负责者,若第三人有证明妨碍之行为,该非负举证责任当事人亦应负责。④

四、法律效果

(一)法律特别规定

就《民事诉讼法》中所明文规定之关于证明妨碍之规定(如第四百二十七条、第四百四十一条第三项、第四百四十四条等)而言,其所规定之法律效果,基本上系以自由证据评价(die freie Beweiswürdigung)出发。相关法条内容固可参阅如前所述。于此另值一提者,乃德国一九七七年七月一日通过生效之新修正民事诉讼法,虽就证明妨碍未置设通则性规定,但于其委员会报告(Kommissionsbericht)中,则曾有相关规定之提议,其所提议修正《民事诉讼法》第二百八十六条规定:"法院应审酌辩论与证据调查全部内容,依自由确信决定,是否一事实主张应被认为真实或非真实。(第一项)若当事人一造不能举证,系因他造隐匿、剥夺或致令不堪用者,第一项规定适用之。(第二项)若对造可归责违反就证据方法予以提出、供使用、予以取

---

① Vgl. Baumgärtel, Beweislastpraxis im Privatrecht, 1996, Rdnr. 122 m. w. N.
② BGH NJW 1986, 59, 60f.
③ Schatz, a. a. O., S. 104.
④ Schatz, a. a. O., S. 105; Krapoth, a. a. O., S. 35 m. w. N.

得，或其他就其可使用性不得侵害之义务者，则法院得自举证责任反置出发运用。（第三项）"自此一规定可知，草案系主张若属可归责违反协力义务类型，则得依举证责任转换处理。另即属无过失妨碍行为，并由自由证据评价之方式作为其法律效果。① 唯此一规定并未为立法者所采纳，乃未成为明文立法。

（二）实务之见解

帝国高等商事法院系德国于1870年间关于商事争讼之最高裁决机关，其就证明妨碍之法律效果，基本上系采取举证责任转换之见解。② 于帝国法院时期，实务见解基本上亦延续帝国高等商事法院之见解，而就证明妨碍之法律效果采用举证责任转换之见解。其基本见解认为，若非负举证责任之当事人可归责而造成相对人举证不能时，其不得以该不利于对造之举证责任作为防御。若该不负举证责任当事人，不能证明相对人主张非真实者，即应将该敌对于伊之主张认为系属真实。③ 俟联邦最高法院时期，实务见解乃呈现较具变化性之思考，亦即联邦最高法院较早期见解，乃延续帝国法院之相关见解。④ 其后，于1960年，实务见解乃出现分歧，有仍采举证责任转换者，⑤但亦有采证据评价之见解者。⑥ 尤应注意者乃，联邦最高法院一九七八年六月二十七日判决，就因医师文件信息义务之违反，造成病人证据困难之情形，判决改采所谓具有弹性之"得直至举证责任转换之举证责任减轻"制度为证明妨碍之法律效果。⑦ 而就此新制，虽学说中存有不同见解，但其于实务仍居于甚为显著之地位。

（三）学说争议

学者就证明妨碍之法律效果，亦存在不同之见解。有认为应采举证责任转换者，⑧其立论之依据，⑨有基于期待可能性衡量者，有基于刑罚之考虑

---

① Krapoth, a. a. O., S. 41 m. w. N.
② Vgl. ROHG 14, 238ff.; ROHG 15, 302ff.; ROHG 19, 102ff.; ROHG 21, 255 ff.
③ RGZ 20, 5 (6); 87, 434 (440); 101, 197 (198).
④ Z. B. BGH NJW 1951, 643.
⑤ Z. B. BGH VersR 1960, 844 (846).
⑥ BGH NJW 1960, 821.
⑦ BGHZ 72, 132ff.
⑧ Blomeyer, Die Umkehr der Beweislast, AcP 158, 102f.; Prölss, Beweiserleichterungen im Schadensersatzprozeß, 1966, S. 93ff.; Wahrendorf, a. a. O., S. 128ff.
⑨ Vgl. Krapoth, a. a. O., S. 50ff. m. w. N.

观点者，有以损害赔偿请求权作为立论基础者，亦有以危险领域说作为理由者。但持不同见解者认为，若实行举证责任转换见解，则显缺乏弹性，其于故意与过失行为在效果上等同视之，似有失衡与不妥。尤其采此见解，一般将导致不负举证责任一造败诉，实应持较谨慎态度，且即如法定之文书证明之妨碍，在效果上亦似非如此见解般之强烈取向。①

亦有采于证据评价范围斟酌，亦即自由证据评价之见解者，②而其中多有援引《民事诉讼法》第四百二十七条第二句、第四百四十四条、第四百四十六条规定者。而主张此说之优点，乃法院得对不同要件形态证明妨碍为弹性之运用。③

另有学者认为，应以证明度之降低为证明妨碍之法律效果。④ 其乃将自由证据评价理解为，依自由裁量之证明度确定，并以优越盖然性作为其认定事实之证明度基准，唯此说仅为少数学者所采。

Stürner 乃采"可推翻之不利拟制说"，亦即，其认为若不负举证责任当事人，有证明妨碍之行为，则应将负举证责任当事人之主张视为被自认或视为已被证明，仅于法院对相对事实获得确信，或在较轻微证明妨碍者能获得优越性之确信时，主要事实之真正拟制始被推翻。⑤

Schellhammer 则认为，在故意证明妨碍类型实行证据评价说，过失类型者则采依《民法》第二百四十二条（即诚信原则之规定）而将证明度降低之

---

① Baumgärtel, Beweislastpraxis im Privatrecht, 1996, Rdnr. 124 m. w. N.

② Grunsky, Grundlagen des Verfahrensrechts, 2. Aufl., 1974, S. 432; Musielak, a. a. O., S. 139; Musielak/Stadler, Grundfragen des Beweisrechts, 1984, Rdnr. 188; Prütting, Gegenwartsprobleme der Beweislast, 1983, S. 239; Rosenberg, Die Beweislast 5 Aufl., 1965, S. 191; Zöller/Stephan, Zivilprozeßordnung, 16. Aufl., 1990, Rdnr. 14; Thomas/Putzo, ZPO, 19. Aufl., 1995, § 286 Rdnr. 18（例外亦可能至举证责任转换）；Baumbach/Lauterbach/Albers/Hartmann, Zivilprozeßordnung, 56. Aufl., 1997, Ahn. § 286 Rdnr. 27; Schlosser, Zivilprozeßrecht I. 2. Aufl., 1991, Rdnr. 366; Arens/Lüke, Zivilprozeßrecht, 6. Aufl., 1994, Rdnr. 282. 亦有将故意证明妨碍之法律效果予以分别处理，认有表见证明或举证责任转换之可能性者，Rosenberg/Schwab/Gottwald, a. a. O. § 117 II 6.

③ Schatz, a. a. O., S. 109. 批评之见解, vgl. Baumgärtel, Beweislastpraxis im Privatrecht, 1996, Rdnr. 127 m. w. N

④ Maassen, a. a. O., S. 181 其他主张者, vgl. auch Krapoth, a. a. O., S. 52 m. w. N. 批评, vgl. Schatz, a. a. O., S. 110f.

⑤ Stürner, Die Aufklärungspflicht der Parteien des Zivilprozesses, 1976, S. 242ff.; Stürner, Entwicklungstendenzen des zivilprozessualen Beweisrechts und Arzthaftungsprozeß, NJW 1979, 1225 (1229).

方式，以减轻负举证责任当事人之举证责任乃至举证责任转换制度之理论。①

至于 Baumgärtel 则主张证明度之分层（Abstufung des Beweismaßes）理论，②其认为主张自由证据评价理论者，难免赋予法院必要之裁量空间，以利在不同个案作适当选择。但为保全可预测性之原则，仍应寻找若干标准以定其分界。Baumgärtel 乃认为，此等标准之认定当自可归责性程度出发，亦即，于故意之证明妨碍类型，基本上法院即得自将应负举证责任当事人之主张认为真实出发，亦即，其认为该故意证明妨碍行为，已可被认为系主张为事实之征凭（Indiz）。若属轻过失之证明妨碍类型，则应负举证责任人所主张之待证事实，法院所须用以达到认定事实之证明度为优越盖然性（eine überwiegende Wahrscheinlichkeit）之证明度；若属重大过失类型，则仅要求低度盖然性（eine geringe Wahrschein-lichkeit）即可。Baumgärtel 同时指出，除上述原则外，仍可能存在其他例外情形，于该等情形，即使将证明度降到低盖然性，仍属不公平时，亦可能有将举证责任予以转换之必要。例如于医师之文书资料义务违反之情形，因该等文书制作、保存、提出等均为医师所得控制，却非病人所能影响，故有以举证责任转换为法律效果之必要。但其认为此等例外类型，仍须由实务学说建立类型，以确保法治国之法律安定性原则之要求。③

第三节 台湾地区有关规定之现况

一、"立法"

台湾地区于二〇〇〇年二月九日公布施行之民事诉讼法修正规定，就证明妨碍制度亦有重大之变革，尤其，台湾地区增订"民事诉讼法"第二百八十二条之一之一般证明妨碍之规定，尤其令人瞩目。而在修正前之民事诉讼法，台湾地区证明妨碍之相关规定可包括"民事诉讼法"第三百四十五条（其前提要件规定为第三百四十二条、第三百四十三条、第三百四十四条）、

---

① Schellhammer, Zivilprozeß, 6. Aufl., 1994, Rdnr. 532.
② Baumgärtel, Die Beweisvereitelung, FS für Kralik, S. 73; Baumgärtel, Beweislastpraxis im Privatrecht, 1996, Rdnr. 129. 批评, vgl. Schatz, a. a. O., S. 111.
③ Baumgärtel, Beweislastpraxis im Privatrecht, 1996, Rdnr. 129.

第三百六十二条等。①

修正后即现行"民事诉讼法"第二百八十二条之一规定："当事人因妨碍他造使用,故意将证据灭失、隐匿或致碍难使用者,法院得审酌情形认他造关于该证据之主张或依该证据应证之事实为真实。(第一项)前项情形,于裁判前应令当事人有辩论之机会。(第二项)"其"立法"理由为当事人以不正当手段妨碍他造之举证活动者,例如故意将证据灭失、隐匿或有其他致碍难使用之情事,显然违反诚信原则;为防杜当事人利用此等不正当手段以取得有利之诉讼结果,并顾及当事人间之公平,自有规范必要。而其效果则因当事人有妨碍他造举证之行为,法院乃得审酌情形认他造关于该证据之主张或依该证据应证之事实为真实;即法院得审酌当事人妨碍他造举证之态样、所妨碍证据之重要性等情形,依自由心证认他造关于该证据之主张或依该证据应证之事实为真实,以示制裁。

二、实务

实务关于修正前"民事诉讼法"第三百四十五条及第三百六十二条,有数则裁判值得参考,兹略述如下:

"最高法院"一九四三年上字第二八五号判例："上诉人主张其就讼争田业有回赎权,固有举证责任,唯上诉人系以立给被上诉人之典契为证,如果被上诉人提出之卖契系伪造,且有因妨碍上诉人使用,故意隐匿典契情事,则依'民事诉讼法'第三百六十二条之规定,自得认上诉人关于该典契之主张为正当。"

"最高法院"一九三五年上字第一〇一九号判决："使用他造所执之文书为书证,声请法院令他造提出,如其应证之事实,系属重要,且声请正当者,法院应命他造提出,如他造无正当理由而不提出,自得认举证人关于该文书之主张为正当。"

"最高法院"一九八六年度台上字第二四一三号判决："得声请法院命他造当事人提出之文书,并不以'民事诉讼法'第三百四十四条各款所列之文书为限,此观同法第三百四十一条至第三百四十三条之规定自明。又当事人对于法院所为命提出文书之裁定,如无正当理由不从其命时,依同法第三

---

① 文书提出义务相关规定,固亦可能为证明妨碍之法理依据,但因该论题将于另文详述,在此不予论述。

百四十五条规定,法院即得认他造关于该文书之主张为正当。"①

"最高法院"一九九一年度台上字第二八〇号判决:"当事人无正当理由不从提出文书之命者,法院始得认他造关于该文书之主张为正当,观'民事诉讼法'第三百四十五条规定而自明。本件原审并未裁定命上诉人提出该所谓被上诉人于一九八九年四月二十二日致上诉人之催告函,率依'民事诉讼法'第三百四十五条规定,以上诉人无正当理由不从法院之命,提出该信函,而认被上诉人所主张:上诉人已收受一九八九年四月二十一日催告函为真实,亦属可议。"

"最高法院"一九九二年度台上字第二一八五号判决:"'民事诉讼法'第三百四十五条规定,当事人无正当理由不从提出文书之命者,法院得认他造关于该文书之主张为正当,又同法第三百六十三条规定,本目书证之规定,于文书外之对象有与文书相同之效用者,准用之。所谓文书,系指以文字或其他记号,表示吾人之意思或思想之物体。又所谓文书外之对象有与文书相同之效用者,系指文书以外之对象,虽无文字或记号之记载,但足以传示吾人之意思或思想,如界标、照片等,与文书有相同之效用者而言。"

三、学说

邱联恭就证明妨碍法理之原则化问题认为:为贯彻诚信原则并兼顾当事人间之公平,新法增订总则性规定,承认证明妨碍之法理,依此规定,不仅对于妨碍文书使用之情形,对于当事人有妨碍他造举证之其他行为者,法院均得审酌情形认他造关于该证据之主张或依该证据应证之事实为真实,即法院得审酌当事人妨碍他造举证之态样、所妨碍证据之重要性等情形,依自由心证认他造关于证据之主张或依该证据应证之事实为真实,以示制裁。②尤应注意者,乃其将台湾地区证明妨碍规定之修订,自具体化并加重当事人之陈述义务及促进诉讼义务之角度观察。其认为"民诉法(草案)"设有关制裁妨碍他造证明活动之通则规定,并加重其制裁之内容,系有助于防杜当事人动辄采不正当手段拖延诉讼,而落实陈述义务之制度理念。③

---

① 此判决似忽略就相关条文与"民事诉讼法"第三百四十四条规定为适当之体系解释,且就文书提出义务之扩张亦未给予界限与判断标准,其判决意旨恐难作为一般个案之参考依据。另就"民事诉讼法"第三百四十二条、第三百四十四条规定之解释,参阅吴明轩:《中国民事诉讼法》(中册),台湾三民书局2000年第5版,第935、936页。

② 邱联恭讲述,许士宦整理:《口述民事诉讼法讲义》(三),1999年版,第184页。

③ 邱联恭:《第一审程序修正草案之析述》,载"最高法院"学术研究会编印:《民事诉讼法修正草案之析述与研讨》,1993年版,第207页。

陈荣宗就证明妨碍之问题,亦曾有所探讨,其基本上系为德国法制之引介,主要内容为:诉讼实务上,常有当事人之一方,因故意过失行为,将该诉讼唯一之证据为灭失,致双方当事人就有争执之待证事实,无证据可用,形成待证事实存否不明之情况。于此种情形之下,就该待证事实,应由何方当事人负举证责任,从而负其不能举证之败诉危险,乃成为学者讨论举证责任分配之问题。此种问题之发生系由于证据遭受当事人之妨害而存在,所以学者称其为证明之妨害。若证据之灭失系由负举证责任之当事人自己之行为所致,其举证责任固不生变动;如证据之灭失系由应负举证责任当事人之相对人所引致,则发生相对人是否因而就其证据灭失行为所致之待证事实不明负举证责任之问题。德国联邦最高法院之判例,对于证明之妨害所采取之解决方法及其判决理由,前后不一,有直接利用德国《民事诉讼法》第二百八十六条自由心证之规定,由法官依其具体情形为判断,因而采取表见证明之方法,命妨害证明之当事人负证据提出责任而使负主观之举证责任者;亦有采取举证责任转换方法,使妨害证明之当事人,就客观的举证责任负责,而原应负举证之当事人因而不负客观之举证责任者。①

近年来,在台湾地区亦有对于应负举证责任一造当事人是否亦有证明妨碍之问题,加以讨论。本书基于此类问题,虽不排除在反证程序出现此类情况,但因基于对于故意类型已可以真实义务、诚信原则及诉讼诈欺等加以规范,而对于过失行为,由于本书不承认一般性事案解明义务,因而不能承认在两造有纷争端绪时,即会使应负举证责任一造当事人有为另造当事人反证程序中所需之证据预加保存之义务,因而原则上对应负举证责任一造当事人似无承认证明妨碍之重大实益。另关于证明妨碍之类型,是否应承认故意及过失并存之类型,亦为学者所提出,虽属少见,但仍值得注意。

第四节 "民事诉讼法"第二百八十二条之一之发展评估

就证明妨碍制度之意识与发展,基本上,德国较我国台湾地区为早。于研究成果而言,德国法制亦较台湾地区为丰硕。台湾地区于新近修法,对此

---

① 陈荣宗:《举证责任分配与民事程序法》(第二册),1984年版,第66页;陈荣宗、林庆苗:《民事诉讼法》,台湾三民书局1996年版,第511页。

问题亦予以关注,可视为斯制之新里程碑。但此一制度将如何运作与发展,仍值观察。

台湾地区"民事诉讼法"第二百八十二条之一将证明妨碍制度为一般化之通则规定,显与德国未有原则性通则规定之立法形式不同,亦因此,德国于证明妨碍之解释乃较为倚赖实务学说之见解。尤其系关于证明妨碍之可能不同法律(法理)基础之理解与研究。唯在台湾地区"民事诉讼法"第二百八十二条之一之"立法"理由,则将证明妨碍之思考基础采取混合见解,其中包括诚信原则、防杜当事人借不正获利、顾及公平原则及制裁法则等。于德国,原则上因采不同法律思考基点,自可能造成要件与效果解释论上强密度之区别对待。于台湾地区所采认之数不同制度目的之并存情况,其所可能具备与制度解释论上之引导性质,乃至必要时,应为价值协调之情事,亦应被重视。

就台湾地区上揭新制而言,台湾地区有关证明妨碍之规定与德国之证明妨碍制度,在要件上之明显不同处,乃台湾地区仅就故意证明妨碍类型予以规范,但德国之证明妨碍制度,则包括故意与过失二者。依德国法制之理解,其认为故意类型较难该当(因甚难证明故意之要件被该当),实用性不高。则台湾地区之相关制度之实用性基础是否坚强,诚值疑问。另在证明妨碍之效果上,台湾地区"民事诉讼法"第二百八十二条之一规定,系由法院依自由心证进行证据评价,但德国于学说实务意见仍有分歧,已如前所述。二者尚非完全相同。

台湾地区学者陈荣宗就证明妨碍制度之观察,基本上已指出过失证明妨碍之问题。而邱联恭就证明妨碍之法思想基础有特别指出公平、诚信原则、制裁与陈述义务等观念,均值予重视。而就此等综合性法思想,在证明妨碍制度发展所可能具有之影响能量,应值予观察。

就台湾地区"民事诉讼法"第二百八十二条之一关于证明妨碍之原则性规定之发展方向,值予关注之数面向,包括:其一,过失证明妨碍是否应为台湾地区法制所承认;其二,就可归责性要件是否亦应具双重可归责性之问题;其三,诉讼协力义务是否亦应为台湾地区证明妨碍之重要参考因素;其四,在以自由证据评价为证明妨碍之法律效果前提下,有无较精细之认定标准存在;其五,关于证明妨碍之举证责任应由何人负担。兹仅就上述问题提出个人初步见解如下:

其一,台湾地区"民事诉讼法"第二百八十二条之一明文规定之证明妨碍乃为故意之类型,就条文形式观之,则过失之证明妨碍类型,即非属上述条文之规范标的涉所及。但如此结论,是否得以贯彻上述条文之"立法"

诸目的（包括诚信原则、预防与制裁目的及公平原则等），实堪疑问。尤其鉴于德国经验，就证明妨碍制度之运用，基本上，故意之类型较难该当，其于实务上乃被认为较不具实用性，反之，过失证明妨碍，则为证明妨碍制度中较具高度之实用性者。如此，就要件之解释适用结果，于台湾地区可能有不同之运作方式而得不同结果乎？是否台湾地区将在故意与意图（因妨碍他造使用）等主观要件上放宽解释，以求"民事诉讼法"第二百八十二条之一有较高之适用性？又如此，岂妥适乎？若非妥适，则上述条文之实用性自将遭受质疑，而规范目的可能将不能获致。因此，本书认为，就过失形态之证明妨碍，似可认为系台湾地区"民事诉讼法"之规范漏洞，其解决方式，因台湾地区既有"民事诉讼法"第二百八十二条之一规定，而又有明确之"立法"理由，该等"立法"目的，与过失证明妨碍之法制，基本上有其共同处，或可考虑以类推适用上述条文之方式以资解决上述问题。① 然而若在过失证明妨碍之法理基础上，有特别着重所谓诉讼协力义务之履行者，则由实务另以相关法理创设过失证明妨碍类型之适用性，基本上亦不失为解决方法之一。

其二，就证明妨碍之可归责性而言，应注意无论故意证明妨碍之故意或过失证明妨碍之过失，本书认为，基本上均应存在其双重可归责性。例如故意之证明妨碍，其故意主观要件应包括行为人明知与意欲对于证据方法为灭失、隐匿或以其他方法致令负举证责任当事人碍难使用，且此不负举证责任当事人亦应知悉经由其行为将造成相对人举证不能或受阻碍（亦即在此所谓故意亦应包括对该一具体证明方法之证据功能将被排除之知欲）。而此双重可归责性于过失证明妨碍之类型，在主观要件之解释上亦应注意及之。

其三，就诉讼之协力义务在证明妨碍制度之考虑重点而言，本书认为，基本上不负举证责任之当事人应无存在一无限制之一般化协力义务，亦即若不负举证责任之一造当事人依法律、契约、习惯，或基于诚信原则，应负有实体或诉讼上之协力义务者（例如保管、提示、交还、计算与信息提供等义务），则其违反固得课以证据法上不利（即证明妨碍制度之运用）；否则，若未有存在上述义务，要求不负举证责任一造须负担一般性协力义务，似属过苛（例如，于未存在任何义务之情形下，要求不负举证责任人保管、提出某证据，而若因过失灭失，且该不负举证责任当事人将被课以证明妨碍之效果，岂得其平？且显将颠覆举证责任分配之基本目的）。尤其在过失证明妨碍

---

① 相同见解，参见许士宦：《证明妨碍》，载《月旦法学杂志》2001年第76期。

之类型,是否仍属可期待,颇令人质疑(唯在故意证明妨碍类型,基本上可能以诚信原则之违反考虑,而作不同解释,即认为虽无协力义务存在,仍足该当证明妨碍)。本书基本上乃认为于过失证明妨碍之类型,仅于不负举证责任人负有协力义务时,始有该当此类型证明妨碍要件之可能。

其四,就证明妨碍之法律效果而言,其所可得考虑之因素为何,实乃证明妨碍制度最为核心之问题。首先须指出者,乃台湾地区对证明妨碍之法律效果规定,就"民事诉讼法"第二百八十二条之一而言,其乃规定为"法院得审酌情形认他造关于该证据之主张或依该证据应证之事实为真实",至于"民事诉讼法"第三百四十五条关于文书提出命令之违反之法律效果为"法院得审酌情形认他造关于该文书之主张或依该文书应证之事实为真实",二者在立法上显具体系上一致性。就此等规定可知,台湾地区关于证明妨碍之法律效果乃采证据评价之见解。依此见解,则就待证事实之客观举证责任分配,即未因证明妨碍事实之发生而被改变。① 亦即,原应负客观举证责任之当事人,于待证事实呈现事态不明时,仍应负担其不利益。其次应注意者为,因客观举证责任分配未改变,则于存在证明妨碍时,就证明度之要求上是否应有降低之必要性考虑,俾能达致"立法"(制度)之目的。其答案应为肯定。有疑义者乃如何定其运作之标准而已。就此,基本上,似得考虑依证明妨碍之行为人之可归责性程度为区别对待,亦即,于故意与重大过失之情形,当考虑仅要求较低微之证明度即可(在故意之情形,且应较重大过失者为较低之要求);若属轻过失之证明妨碍,则当要求待证事实之举证责任人仍须提出能令法院至少形成优越盖然性心证之证据,始得认已尽其举证责任。②

又除证明度之问题外,就证明妨碍之法律效果,尚涉及客观面之问题。就此,除应就法院认定之对象予以理解外,尚应注意法院所得考虑用供判断效果决定之客观因素问题。就前者而言,前述法条所规范对象包括他造关于该证据之主张及依该证据应证之事实,就后者,邱联恭在论述"民事诉讼

---

① 但学者间有认为,在应证事实仍由他造负举证责任显失公平者,得为举证责任转换予妨碍行为人。许士宦:《证明妨碍》,载《月旦法学杂志》2001年第76期。
② 另应注意,除可归责性问题可于证明妨碍效果作为考虑基础外,理论上,就证明妨碍之程度,亦即因证明妨碍行为而造成应负举证责任人之举证困难度问题,其程度可能于困难度上有层次之别,亦有可能已造成完全之举证不能,就此,似亦应将其充当考虑证明度等法律效果之因素之一,而并与其他因素综合考虑。

法"第三百四十五条时提出如下见解①:"在举证人与文书之作成过程或文书之内容事实,于物理上或社会上相当接近,而客观上可期待该举证人知悉或推察该文书所记载之具体内容等类情形,为避免举证人取得逾于文书经提出后所可得之利益,致违反公平,于执有文书之一造不从文书提出之命时,应止于拟制举证人(他造)所主张之文书内容②为真实即足,而不应拟制其主张之待证事实为真实。可是,在举证人与文书所记载之内容事实相距较远,而客观上难期待该举证人知悉或合理推知该文书之具体内容等类情形,宜认为得拟制举证人所主张之应证事实为真实,始能对拒不提出文书者,发挥有效制裁之作用,而免有害于公平。"此一见解,基本上符合证据法上危险控制理论与比例原则之考虑。但若系基于公平与制裁之思想基础,似于法效果指涉对象之选择上,亦有将上述主观可归责性之程度与因证明妨碍所致举证困难度等因素加入综合判断之实益。而且若考虑危险领域理论,于若干情形,即有可能被归于可适用举证责任转换之类型,唯就此乃属"民事诉讼法"第二百七十七条但书之例外情形,尚待实务予以类型化。

其五,就证明妨碍之举证责任分配而言,依一般举证责任分配法则固应由主张适用此一法则之人就其要件事实该当负举证责任,亦即,原对待证事实负举证责任之人,欲借因为对造有证明妨碍行为之主张,而获得证据法上之平衡对待,即应对证明妨碍之主客观要件负举证责任。③

第五节 结论

证明妨碍制度之发展,于台湾地区,因"民事诉讼法"第二百八十二条之一规定之新设,而进入新里程碑。唯法律制定,并非当然得令制度完备可行。其制度之内容,仍待制度利用者(包括当事人、律师与法官)及学者进行价值寻求与确定。亦唯有经此过程,其制度之可行性与有效性乃能获得确立。

于本书中,笔者已简略就证明妨碍制度之重要问题,例如法基础问题、

---

① 邱联恭讲述,许士宦整理:《口述民事诉讼法讲义》(三),2000年版,第183页。

② 所谓"关于该证据之主张"应包括该证据存在与否、该证据之性质、状态、该证据之内容等,就相关见解(关于文书部分),参阅姚瑞光:《民事诉讼法论》,1999年自版,第389页;吴明轩:《中国民事诉讼法》(中册),台湾三民书局2000年第5版,第937页;王甲乙、杨建华、郑健才:《民事诉讼法新论》,台湾三民书局1986年版,第400、401页。

③ Schatz, a. a. O., S. 105; Krapoth, a. a. O., S. 36 m. w. N.

要件解释问题、法效果确定问题等进行讨论,且基于就德国法制之观察,本书亦就台湾地区"民事诉讼法"第二百八十二条之一之规定进行评估,并提供若干建议。若因拙见之提出,能使台湾地区研究者增加一批判标的,而实务操作者得获一制度运用参考数据,则本书基本目的已经达到。至于台湾地区证明妨碍制度之实效性为何,与制度发展实际方向所在,则仍待识者共同努力。

第十章　不当得利无法律上原因要件之举证责任分配

第一节　前言

台湾地区"民法"第一百七十九条规定无法律上之原因而受利益，致他人受损害者，应返还其利益。虽有法律上之原因而其后已不存在者，亦同。此一请求权之要件，一般认为包括受有利益，致他人受损害，及无法律上原因三者。其中，无法律上原因要件实为不当得利要件之重心，因于诉讼上，就此一要件之存在与否，经常成为不当得利诉讼类型之攻防重点。

不当得利之无法律上原因要件，在程序中之意义，亦即其于证据法上之重要性，主要系因其属于消极事实之性质。就其举证责任分配之决定，于学说及实务上，均为一争议性问题。尤其于台湾地区，就消极事实之举证责任分配问题，尚未有深入厘清之前，于不当得利之无法律上原因要件之举证责任分配，难免有不同之见解。

就不当得利之无法律上原因要件之举证责任分配问题，于台湾地区学说与实务均已有某程度之讨论，而该等讨论，于此问题之厘清，均具重要意义。就此问题，德国之学理或判决，已经长久发展，其研究成果当有可观处。本书将就此要件之举证责任分配，整理我国台湾地区及德国之相关见解，并尝试提出拙见，以供参酌。

第二节　举证责任分配理论概说

举证责任理论系一甚为困难及具争议性之论题，相关论争及本书之观点，可参阅本书第六章之论述，兹仅为简要说明。

台湾地区"民事诉讼法"第二百七十七条规定："当事人主张有利于己之

事实者,就其事实有举证之责任。但法律别有规定,或依其情形显失公平者,不在此限。"其但书规定乃新修正增设者。而台湾地区实务判决,向来系以台湾地区修正前"民事诉讼法"第二百七十七条规定为法律依据。但此条文因具高度抽象性,若直接援引而不附具其他学理或操作规则,难免有法官恣意运作之危险。实务运作中,乃有采特别要件说者("最高法院"一九五九年台上字第八八七号),亦有采消极事实说("最高法院"一九五三年台上字第一七〇号),变态事实说("最高法院"一九八九年台上字第二三九二号),亦有考虑公平正义原则[79.10.29(79)厅民一字第九一四号函复台"高院"]或诚实信用原则者(一九六二年十二月十日"最高法院"民刑庭总会议决议)。因此,有认为台湾地区实务,系以法律要件分类说,亦即德国规范说为主,但亦有参考待证事实分类说及法律分类说为论据者。①

本书认为,举证责任分配之原则,乃"当事人须对于其有利之法律规范要件负举证责任,但若审酌个案(群)所有情况,依一般举证责任分配原则,显失公平而不可期待者,不在此限"。原则上固以规范理论出发,但不排除修正之必要,并应注意,前述但书之例外性规定中之所谓公平(正义),不应成为直接操作规则。从规范理论之原则过渡至所谓因公平需要而调整,须架构桥梁或设立若干供作检验之考虑基点。此等考虑基点或桥梁,亦即修正必要性之基础,可能存在于武器平等原则、危险领域理论、盖然性理论、证据接近度、证据之可及性、诚信原则,甚至法规范之内容与目的(例如实体法之加重责任取向),及衡平与利益衡量等。以此等考虑因素为基础,经由立法或判决实务或学说发掘、探索,建立背反规范理论之适用类型。唯经由此一般化与类型化过程,方能令法官所作举证责任分配之决定,较能有不受违宪性质疑之可能。任何欲违反已建立之修正类型之案件,无论律师或法官,均须为其背离作相当之理由说明。此一理由强制,亦属宪法之要求,期借以减少司法滥权,及提供事后对其合宪性与合法性之检验可能性。

第三节 台湾地区实务与学说之见解

一、实务见解

台湾地区实务见解有关不当得利之无法律上原因要件之举证责任分配

---

① 陈荣宗:《举证责任分配与民事程序法》(第二册),1994年版,第78页。

者,主要有"最高法院"一九三九年上字第一七三九号判例、"司法院"院字第二二六九号解释(一九四一年十二月三十日)及"最高法院"一九九八年度台上字第七三〇号民事判决。①兹分述如下:

"最高法院"一九三九年上字第一七三九号判例:

非债清偿之不当得利返还请求权,以债务不存在为其成立要件之一,主张此项请求权成立之原告,应就债务不存在之事实负举证之责任。本件被上诉人为原告,主张伊父生前并无向上诉人借用银两之事,上诉人历年收取伊家所付之利息均属不当得利,请求返还,除须证明其已为给付之事实外,自应就债务不存在之事实负举证之责任,原审仅以上诉人不能证明其债权之存在,即认其历年收取之利息为不当得利,于法殊有未合。

"司法院"院字第二二六九号解释:

事实为法律关系发生之特别要件者,在消极确认之诉,应由被告就其存在负举证之责任;在其他之诉,应由原告就其存在负举证之责任。非债清偿之不当得利返还请求权,以对于不存在之债务而为清偿之事实,为其发生之特别要件,自应由主张此项请求权存在之原告就该事实之存在负举证之责任,而该事实之存在,系以所清偿之债务不存在为前提,故该原告就其所清偿之债务不存在之事实有举证责任。"最高法院"一九三九年度上字第一七三九号民事判决,不过本此理由而为同一之论断,与消极确认之诉之举证责任毫无关系。

"最高法院"一九九八年度台上字第七三〇号民事判决:

[裁判要旨]当事人主张有利于己之事实,就其事实有举证之责任,"民事诉讼法"第二百七十七条定有明文。又原告于起诉原因已有相当之证明,而被告于抗辩事实并无确实证明方法,仅以空言争执者,当然认定其抗辩事实之非真正,而应为被告不利益之裁判,本院一九二九年上字第一六七九号判例可资参照。又按,经由银行以电汇金钱与他人,依现行银行实务作业,汇款单据上不必载明汇款原因,自无从仅以电汇之事实证明汇款之原因,而本件上诉人前曾主张本件汇款新台币103万元为被上诉人向伊之借款,诉请被上诉人返还,因无法举证而受败诉之判决,系争汇款既非被上诉人之借款,上诉人于本件主张系争汇款并无法律上之原因,应可认为已有相当之证明,参酌前述法条、判例,即应由被上诉人就所辩系争汇款系上诉人借予陈××、伊仅提供伊之账户供上诉人使用等情负举证责任,被上诉人才能免责。

[判决理由摘要]本件上诉人主张:伊于一九八六年三月三日将新台币(下同)103万元汇入被上诉人在第一商业银行湾内分行乙存活期储蓄账户×六×

---

① "最高法院"印行:《"最高法院"民事裁判书汇编》第32期。

八四八号,有电汇通知单可据,被上诉人无法律上之原因而受利益,致伊受损害,且具有因果关系等情,求为命被上诉人附加利息返还该不当得利之判决。

被上诉人则以:系争汇款系诉外人陈××向上诉人借贷,仅以伊私人账户作为转账之用而已。系争汇款伊除于一九八六年三月三日当天汇35万元至陈××之账户外,其余68万元因当时无法作跨行电汇,乃由诉外人锺××领出,以61万元存入陈××所经营之××股份有限公司(下称××公司)在华南银行新兴分行甲存二七七二九号账户。且上诉人于系争汇款之前后,曾经多次将金钱以银行电汇方式汇入伊之账户,伊亦即将各该笔金钱汇入陈××或其公司账户。系争汇款又无误汇情形,显见必有法律上原因,非不当得利等语,资为抗辩。

[原审即"高等法院"认为]上诉人将103万元电汇入被上诉人之账户内,为被上诉人所承认,然该金额汇入前后,尚有多笔款项汇入,亦为两造所不争,足见系争金额汇入被上诉人账户内并无误汇情形,且非被上诉人向上诉人借贷,必有一定之原因。而汇款之实质原因甚多,或为赠与,或为买卖,或为确保当事人间已存在之法律关系,或为消灭已存在之法律关系,不能徒以有汇款之事实,遽认被上诉人无法律上之原因而受有利益。且上诉人迄未就无法律上之原因之事实,先负举证之责任。另上诉人固曾在系争汇款之前后有三次汇款予被上诉人,被上诉人亦有相近或相同数额款项汇予陈××或××公司,被上诉人曾任职××公司,上诉人又曾写明信片请被上诉人代为协寻陈××及其父亲住址,并注意陈××公司资产拍卖情形,以利追偿,此虽未能证明系争款项系上诉人经由被上诉人之上开账户借予陈××,亦不能据此免除上诉人应先负举证之责。上诉人既不能举证证明被上诉人无法律上之原因而受有利益,即难认定被上诉人有何利益。从而上诉人依不当得利之法律关系,请求被上诉人附加利息返还系争汇款,自属无据。

["最高法院"见解认为]按当事人主张有利于己之事实,就其事实有举证之责任,"民事诉讼法"第二百七十七条定有明文。又原告于起诉原因已有相当之证明,而被告于抗辩事实并无确实证明方法,仅以空言争执者,当然认定其抗辩事实之非真正,而应为被告不利益之裁判,本院一九二九年上字第一六七九号着有判例可资参照。查本件上诉人主张其于一九八六年三月三日曾电汇103万元入被上诉人在第一商业银行湾内分行所设乙存活储×六×八四八号账户,经被上诉人受领之事实,业据提出电汇通知单为证,并为被上诉人所不争执,被上诉人受有103万元之利益。又按,经由银行以电汇金钱与他人,依现行银行实务作业,汇款单据上不必载明汇款原因,自无从仅以电汇之事实证明汇款之原因,而本件上诉人前曾主张本件汇款为被上诉人向伊之借款,诉请被上诉人返还,因无法举证而受败诉之判决,系争汇款既非被上诉人向上诉人

之借款,上诉人于本件主张系争汇款并无法律上之原因,应可认为已有相当之证明,参酌前述法条、判例,即应由被上诉人就所辩系争汇款系上诉人借予陈××、伊仅提供伊之账户供上诉人使用等情负举证责任,被上诉人才能免责。乃原审竟以上诉人未就无法律上之原因之事实先负举证责任,而为上诉人败诉之判决,自难昭甘服。

二、学说见解

王泽鉴认为,主张不当得利请求权之当事人(原告)对不当得利请求权之成立要件应负举证责任,就给付不当得利言,原告必须证明:(1)被告因其给付而受利益;(2)原告与被告有给付关系(即被告受利益致原告受损害);(3)无法律上原因(给付目的之欠缺)。[①]

陈荣宗批评前述"最高法院"之判例与"司法院"解释,其认为相关见解存有盲点,[②]亦即(1)"最高法院"之判例,向认为确认法律关系不成立之诉,原告如仅否认被告于诉讼前所主张法律关系成立原因之事实,以求法律关系不成立之确认,应由被告就法律关系成立原因之事实负举证责任。主张不当得利返还请求权之本件原告,若改变诉讼方法,不先直接以给付诉讼之方法请求返还不当得利,而先以消极确认诉讼方法诉求确认消费借贷之法律关系不存在,则确认诉讼之被告,必须就消费借贷之法律关系存在之原因事实负举证责任。俟其消极确认诉讼获胜诉后,原告再行提起给付之诉,诉求被告返还历年向原告收取之利息。此际前诉讼就消费借贷之法律关系所为有既判力之判决,成为后诉讼之先决问题,后诉讼应为前诉讼之认定拘束。换言之,原告于请求被告返还不当得利诉讼中,对于债务不存在之事实不必为举证。原告仅须就其对被告为给付之事实及数量为举证即尽其举证责任。可知就同一消费借贷不存在之法律要件事实,若原告以给付诉讼方法主张之,其举证责任归原告,若改以消极确认诉讼主张之,其举证责任在被告。前后不一,何以有此现象,其原因无他,此乃因"最高法院"之判例,同时采用法律要件分类说及消极事实说两者之举证责任分配方法所致。(2)就举证难易而言,被告若主张有消费借贷之事实,其对此种事实之举证,通常多能举直接证据以证明之,例如借据之提出。然而原告于消费借贷不存在之事实,则通常仅能就误认有消费借贷存在原因事实为说明,但难为直接证明。(3)另就消费借贷债权人之立场观之,债务人既然起诉否认消费借

[①] 王泽鉴:《民法债编总论》(第二册),1990年版,第47页。
[②] 陈荣宗:《举证责任分配与民事程序法》(第二册),1984年版,第83页。

贷存在事实,请求返还历年收取之利息。债权人对于其贷与之本金及将来可收取之利息,自不能不管,若债务人拒绝继续支付利息及返还本金者,债权人势必起诉强迫债务人履行消费借贷之义务。于此种给付诉讼中,债权人应就其消费借贷存在事实为举证。法院不能仅凭历年均有收取利息一端,即判断消费借贷存在。(4)尤其于本诉原告请求被告返还不当得利之诉系属中,被告提起反诉请求反诉被告返还本金之情形,法院必须于本诉命原告就消费借贷不存在事实为举证,于反诉命反诉原告就消费借贷存在事实为举证。若双方当事人均无法举证者,法院必须就本诉及反诉同时为双方原告之败诉判决。此种判决之结论,为本诉原告因消费借贷存在不得请求返还已付之利息;而反诉原告,因消费借贷不存在,不得请求返还本金。其理由前后矛盾,法院无法自圆其说。(5)此种现象之发生,系一律利用法律要件分类说之举证责任分配原则所致。若改自实质公平之考虑,作其分配举证责任之方法,则其标准同一,不发生此类问题。

连银山亦认为:无"债务存在"之事实,难以想象能以何种方法证明。反之,被告欲就有债权存在之事实加以证明,不但有较多方法可行,亦属轻易之举。且于"最高法院"一九三九年上字第一七三九号判例之情形,被告苟就其有债权存在之事实加以证明,非但可免返还原告所为不当得利之请求,并能请求原告继续给付利息或返还本金,可谓一举数得。被告不为利己之图,而证明其债权存在,依事务之盖然性,亦应认定其无债权存在。故于原告证明其已为利息之给付后,不宜更责其就难以证明甚或无法证明之无债务存在之事实为举证,而应令主张有债权存在之被告就有债权存在之事实为举证。被告如未能尽此一举证责任,即应为其败诉之判决,如此始合常理亦较公平。①

第四节 德国法之介绍

一、实体法请求权之规定

德国有关不当得利制度,系规定于其"民法"第八百一十二条至第八百

---

① 连银山:《民事举证责任之研究》,载杨建华主编:《民事诉讼法论文选辑》(下),1984年版,第642、643页。

二十二条,其核心条文《民法》第八百一十二条规定:无法律上之原因,由于他人之给付或依其他方法牺牲他人而有所取得者,应负返还之义务。法律上之原因嗣后归于消灭或依法律行为之内容,给付所欲达成之结果不发生者,亦应负返还义务。(第一项)依契约所为债务关系存在或不存在之承认,亦应视为给付。(第二项)

自德国不当得利请求权相关规定之法律构造,可分析其类型如下①:《民法》第八百一十二条第一项第一句第一选择,乃规定给付不当得利请求权(Leistungskondiktion)之最重要类型。《民法》第八百一十二条第一项第一句第二选择系一非给付不当得利请求权(Nicht-leistungskondiktion)之概括条款。《民法》第八百一十二条第一项第二句则规定,法律上原因嗣后归于消灭或法律行为所欲达成结果不发生之不当得利请求权类型。《民法》第八百一十三条第一项第一句规定,为履行债务所为之给付,因该债权存在一得被恒久排除之抗辩之情形。《民法》第八百一十六条规定,因无权处分人所为有效处分所生之三种不当得利类型,亦即,同条第一项第一句乃规定无权利人因有效处分他人之物所获利益应返还之;同条第一项第二句规定,因无偿处分而得利者之返还义务;同条第二项则规定对无权利人所为给付,如对权利人有效时,无权利人对权利人之返还义务。《民法》第八百一十七条规定,违反法律及善良风俗之给付受领之不当得利类型。《民法》第八百二十二条则规定,自其他不当得利债务人无偿受领利益者之返还义务。

二、无法律上原因要件之举证问题

不当得利请求权因其类型不同,而有略微相异之实体法构成要件。②本书所欲探讨者,乃其中之无法律上原因(Ohne rechtlichen Grund)要件之举证问题。此一要件因涉及消极事实(Negative Tatsachen)之举证问题,深具理论与实务之重要性。

消极事实之举证问题,可能因采取不同之举证责任分配理论,而有不同之观察角度与结果。例如,若采消极事实说(Negativen-theorie),则主张消极事实之人,并不负举证责任。此一理论固为通说所不采,然实务上仍间有

---

① Fikentscher, Schuldrecht, 9 Aufl., 1997, Rdnr. 1068.
② Vgl. Larenz/Canaris, Lehrbuch des Schuldrechts, Band II Halbband 2 Besonderer Teil 13. Aufl., 1994, S. 146 ff.; Schellhammer, Zivilrecht nach Anspruchsgrundlagen, 2. Aufl., 1996, Rdnr. 853 ff.

基于务实考虑而采用者。① 依 Rosenberg 之规范理论，则若消极事实于实体法条中系以权利发生要件呈现者，自应由主张该权利发生者负举证之责任。至于一般认为消极事实之举证困难问题，Rosenberg 提出反驳，伊认为未发生之事实，固不能以直接方式证明，但仍可经由下述方式举证，亦即：某事物被发现，但若事实存在时，该事物不应被发现；或相关事实未被发现，然如其存在，应被发现。② 伊认为即使积极事实之举证，亦常以间接方式举证，其困难与消极事实之举证一般。而就消极事实之举证，乃就有利证明积极事实之情状提出反驳并予以举证。③ 但若于个案中就事实不存在之证明甚为困难，而于事实存在之证明却甚简单，则若相对人不提出事实存在之证明，且亦不曾致力为之，法院即能（且必须）依自由心证认为该事实不存在。④

不当得利之无法律上原因之消极请求权要件，应由权利主张者负举证责任。⑤ 此于法律上原因嗣后消灭或给付目的结果未发生之事实，亦当作相同之解释。不当得利之请求权人，乃负原因不存在事实之举证责任。⑥ 唯此一消极事实不能直接证明，仅能间接证明之，其方法乃就足以证明原因存在之情况，予以反驳（wider legen）。若不当得利之债务人主张请求权人之给付原因乃赠与，则若请求权人能就赠与之存在予以驳斥时，应认消极事实之证据已足够。请求权人可仅限于对被请求人抗辩事实之排除，而不须证明除被请求人抗辩理由外，无存在其他法律关系。⑦ 唯此系就一般而论，不同类型不当得利之个案中，仍可能存在若干例外情形。

法律上原因之欠缺，可从该当其他构成要件时直接产生者，应认原告对原因之不存在不负举证之责。此情形经常存在于侵害他人权益之不当得利（Eingriffskondiktion）之案型。若不当得利之债务人，确实自应归属他人之权益范畴获取利益时，原告即可能无须就无法律上原因负举证责任。例如某人自不当得利之债权人名义下之存折提款，而该存折内款项系由不当得

---

① Rosenberg, Die Beweislast, 5 Aufl., 1965, S. 331.

② Rosenberg, a. a. O., S. 331.

③ Rosenberg, a. a. O., S. 331 m. w. N.

④ Rosenberg, a. a. O., S. 331f. m. w. N.

⑤ BGH NJW 89, 161; Jauernig/Schlechtriem, BGB, 1994, S. 945; Palandt/Thomas, Bürgerliches Gesetzbuch, 1998, S. 914.

⑥ Schellhammer, a. a. O., Rdnr. 853.

⑦ Baumgärtel/Strieder, Handbuch der Beweislast im Privatrecht, Band I, 1991, S. 1276.

利债权人所存入,则自此等构成要件,即可认为该提款不具法律上原因。不当得利之债务人应提出证据,证明其所为有法律上原因。①

困难者系,若买受人请求价金返还,然而该买卖契约之生效,系于某停止条件之发生,且不当得利债务人,主张该契约因条件成就而有效。若认为于此种情形应由不当得利之债权人就停止条件不成就负举证责任,则似与德国《民法》第一百五十八条规定之举证责任分配相违背。因其《民法》第一百五十八条第一项规定,附停止条件之法律行为,其法律行为之效力于条件成就时发生。则就此一条文观之,似应由债务人就条件成就负举证责任。实务有以条件成就,系债务人之抗辩,应由债务人负举证责任者。但对此一主张之定性,仍存有争议。学者乃有认为,《民法》第一百五十八条第一项之举证责任分配,应居于优先地位,若不当得利债务人不能证明条件已经成就,则其仅能另谋以证明该法律行为未附条件之方式,以求获得胜诉。② 若不当得利债务人,已为如此证明,则其不须更就其他法律行为之生效要件逐一举证,而应回归不当得利请求权要件之一般举证原则,而由不当得利债权人就此一不附条件契约不发生之法律上原因负举证责任,例如其未遵守强制性之方式规定等。

若于解除条件之情形,则有所不同。因解除条件成就,而使原本存在之债务嗣后因条件成就而消灭。其所涉及之不当得利类型,乃《民法》第八百一十二条第一项第二句第一选择之类型,不当得利债权人应就解除条件之约定,与条件确实成就负举证责任。

不动产所有权人若以不当得利抗辩抵押权之请求,则该所有权人应就该被担保之债权不存在或已消灭负举证责任,若抵押权人就此无争执,但主张该抵押权所担保者系土地登记簿以外之债权,则抵押权人应就此一新债权负举证责任。③

在不完全债务之情形,基本上应由不当得利请求权人,就无法律上原因负举证之责。例如,于德国原则禁止诉讼结果报酬,其《联邦律师报酬法》第三条,有就高于该法所确定之报酬额度之约定作例外规定。若有委托人,未依该法第三条第一项第一句,用书面约定而给付律师高于法定报酬者,则委托人须就该法第三条第一项第二句之已声明之保留(Vorbehalt)及给付之

---

① BGH MDR 1986,737; Rosenberg, a. a. O. , S. 196.
② Baumgärtel/Strieder, Handbuch der Beweislast im Privatrecht,Band I,1991,S. 1277 m. w. N.
③ BGH NJW 1986,53,54.

非志愿性负举证责任。

就债务关系之存在为积极性承认之不当得利类型,应由债权人就原因之缺乏负举证责任。至于债务之消极承认类型之不当得利,则较为复杂。部分认为应与积极承认债务之类型作相同处理,其结果系不当得利债权人,不须证明其于消极承认时有错误。但就《民法》第三百九十七条第二项规定(债权人以契约承认债务关系不存在者债之关系亦消灭)可能产生下述疑虑,亦即消极承认之法律效果,将无论该债务是否存在,均使该债务消灭。若认为为消极承认者,有变更法律情况之意思,则不当得利返还请求权,未必会存在。因此有认为,于此种类型之不当得利,其请求人除就债之关系存在予以证明外,尚须证明其承认仅系就法律情况予以承认(非法律情况之变更)且其就此有错误发生之情事。①

若不当得利债权人,主张其系受强制而为给付,则其应就此事实负举证责任。因自愿性给付,乃原则之情形;而受强制者,则为例外。依一般举证责任法则,本当为如此推论。另于不当得利之举证责任中,实务上,并不排除有诚信原则之适用可能性,据此,可能使举证责任反置。②

若汇票之当事人与基础法律关系之当事人相同时,而汇票之债务人以不当得利(《民法》第八百一十二条第二项、第八百二十一条)③抗辩债权人之权利请求,则基础行为之债权人,基于票据权利之无因性,并不对基础行为构成有效原因负举证之责。以不当得利抗辩之汇票债务人,应就基础债权不发生或已消灭负举证责任。④

第五节 台湾地区相关见解之检讨

一、本书之基本见解

台湾地区实务之见解,乃认为不当得利之无法律上原因之要件,应由不

---

① Baumgärtel/Strieder, Handbuch der Beweislast im Privatrecht, Band I, 1991, S. 1278f.; Palandt/Thomas, Bürgerliches Gesetzbuch, 1998, S. 914.
② Vgl. BGH NJW 1989, 453, 454f.
③ 德国《民法》第八百二十一条规定,无法律上原因而承担债务之人纵免,除债务之请求权已因时效而消灭,仍得拒绝清偿债务。
④ BGH NJW 1953, 219.

当得利之请求权人负举证之责。而学说上王泽鉴,系以实务之见解,为其著作论理依据。至于连银山则认为,应由被请求返还不当得利之人负法律上原因存在之举证责任。陈荣宗则以实质公平之考虑,而定其分配举证责任之方法。其似认为由被请求人负举证责任较妥。此等见解均各有独到之处,甚值敬佩。本书仍不惜受班门弄斧之讥,略表个人之拙见,供方家批评。

有关不当得利之无法律上原因要件之举证责任问题,其困难所在,一则系于无法律上原因之定性,另则乃对消极事实举证认识程度。因消极事实之相反,即为积极事实。究竟消极事实,能否定性为某请求之权利发生要件,于依(修正)规范理论定举证责任分配者,实即居于关键问题。就此问题之解决,须经由法条文理之构造,及该规定之立法精神与目的等因素,作整体考虑。于不当得利之无法律上原因要件而言,其条文规定结构,系将无法律上原因列为效果发生之前提要件。而"立法"理由,乃认为若无法律上原因受利而不返还,与事理有违。其立法之精神与意义,实乃为控制财产利益变动之合理性。① 若确定为不具法律上原因之财产变动,即不具合理性,而无保护之必要。然于此,仍应注意者,系财产权安定性之保障问题。亦即,就现在之权利所有人(利益所得者),于变动原因合理性被推翻前,对现在权利人之利益,应有照顾之必要(静的安全保障)。综合此等考虑,应认为不当得利之无法律上原因要件,乃不当得利请求权之权利发生要件,依一般举证分配法则(规范理论或称特别要件说),应由不当得利之请求权人就之负举证之责。

另就消极事实之举证问题,若认为举证责任理论,应以主张积极事实者负举证责任,主张消极事实者不负举证责任为出发基础,则此问题之争议点即不存在。但因此种见解,并不为通说所采,故不足论。消极事实既然可能成为举证之客体,则就其举证方法之认识,即为重要之问题。因若对消极事实之举证困难度过度之估计,则甚易倒果为因,以致因不知方法,乃为逃避困难,而辄求就一般举证原则所推导之分配结果作变更。德国学说、实务已长久讨论此一举证方法问题,其研究成果与经验应值借镜。本书认为,就不当得利之无法律上原因之要件,应由主张不当得利之债权人负举证责任。但于此种举证类型,应就被请求不当得利人,课予较高之就原因具体化之说明要求。因而相对人,固可不主动先行提出证据,但应先就原因加以说明。

---

① 亦即为将不当财产利益之扣除,vgl. Schwab, Einführung in das Zivilrecht, 12 Aufl., 1995, Rdnr. 370.

此时,不当得利之请求权人,即得集中焦点,仅就被请求人所为某特定法律原因之存在抗辩作反驳,并提出证据证明之。于此可虑者,系不当得利债权人,就此一消极事实为举证(主观举证责任)时,其所提证据,究应否达到使法院就该法律上原因不存在之事实有所确信程度;或仅须使被请求人所为原因抗辩于法院形成不明状态即可,并且据此,即得认已足为有利于原告之认定。本书认为,若采后者,则无异于系令被请求人就法律上原因存在负举证责任,似不足采。应以前说为妥。若不当得利请求权人,已就被请求人之原因抗辩为确切反驳,则其并不须就其得利,亦不存在其他所有可能存在之法律原因负举证责任。例如,若原告主张被告自原告所收受之金钱为不当得利,请求返还之,则被告可能以系争款项乃基于赠与契约所为给付,则原告应就赠与契约存在予以反驳,但不须就被告未为抗辩之其他原因,例如借贷等予以反驳。

唯此等消极事实之举证,仍存在若干例外,就之可参阅前述之德国法例。于此应注意者,系于侵害他人权益之不当得利类型,基本上其法律上原因不存在之事实,于其他要件该当时,便会被认为此要件已该当。于给付型之不当得利,若不当得利请求人,主张法律上原因嗣后不存在,就此本应由其负举证责任。且此种类型之举证,并不具特殊之困难。

另于此等消极事实之举证责任分配,就权利请求人而言,固应致力提出间接证据证明。理论上,被请求人固可以逸待劳,坐等法院因无法经由权利主张之人之间接证据而达到就消极事实为确信,因此依举证责任分配法则而为被请求人有利之认定。但究诸实际,被请求人若不提出相关为其所较易取得之证据,则其行为表现,仍可能在法官证据评价、自由心证时,发生可能具负面性之影响。

二、就台湾地区实务学说之检讨

(一)"最高法院"一九九八年度台上字第七三〇号判决

此判决认为,经由银行以电汇金钱与他人,依现行银行实务作业,汇款单据上不必载明汇款原因,自无从仅以电汇之事实证明汇款之原因。而本件上诉人,前曾主张本件汇款新台币 103 万元,为被上诉人向伊之借款,诉请被上诉人返还,因无法举证而受败诉之判决。系争汇款,既非被上诉人向上诉人之借款,上诉人于本件主张系争汇款并无法律上之原因,应可认为已有相当之证明。即应由被上诉人就所辩,系争汇款系上诉人借予陈××,而伊仅提供伊之账户供上诉人使用等情负举证责任。

依本书所见,此一"最高法院"见解可从三个角度观察:其一,乃其引用

"最高法院"一九二九年上字第一六七九号判例,认为若原告于起诉原因已有相当之证明,而被告于抗辩事实,并无确切证明方法,仅以空言争执者,当然认定其抗辩事实之非真正。并据此,认为上诉人于前诉主张借款返还请求权遭败诉判决,则此一败诉判决之认定,已足认为本件上诉人主张不当得利之本件诉讼,已就无法律上原因作相当之证明。然而原审即"高等法院",则认为汇款之实质原因很多,或为赠与,或为买卖,或为确保当事人间已存在之法律关系,或为消灭已存在之法律关系,不能徒以有汇款之事实,遽认上诉人无法律上之原因而受利益。依本书见解,原审见解推论较为正确。但其未交代上诉人于另诉主张以借贷关系请求返还败诉之事实,是否已足令法院依自由心证而得权利请求人已就无法律上原因要件作相当证明之心证。就本案以观,被上诉人乃以其他抗辩事由对抗上诉人之主张,而非以消费借贷关系不存在为其抗辩事由,则为何于可能存在多种可能不同原因关系之情形下,"最高法院"会以一非被上诉人于原审法院所为抗辩,作为其形成无法律上原因要件之确信基础,其思考方式似难以理解。

其二,不当得利之无法律上原因要件之举证,原则上,乃应由主张不当得利请求权人负举证责任,已如前所述。本件案型,系给付不当得利类型,似非属存在例外之类型,则应由上诉人就不当得利之无法律上原因负举证责任。其方式,应系就被请求人即被上诉人之抗辩为反驳。于本件情形,被上诉人既主张其仅将账户供上诉人使用,系争汇款乃上诉人借予陈××等情,则上诉人即应就此为反驳,并使法院就未有该事实存在形成确信,而后乃得认为上诉人已尽其主观之举证责任,若法院无法形成上述确信,实即应为上诉人败诉之判决(客观举证责任)。应非如"最高法院"所言,被上诉人于本案,应就其上述抗辩负举证之责。

其三,实务于适用"最高法院"一九二九年上字第一六九七号判例时,应注意被告所抗辩之事实定性为何之问题。亦即,若被告所抗辩者,系属原告所应负举证责任之要件事实,则被告就相对事实并非负举证责任者,其仅须于法院所可能已形成就原告本证事实之确信,予以动摇,使不获确信即可。但若抗辩事实乃被告应负举证责任之客体,例如权利消灭要件等,则被告应就此提出证据,使法院形成确信。本件之举证客体乃消极之事实,其举证方法已如前所述,则本件被上诉人之抗辩,仅提供上诉人为免受不利判决所为反驳之对象而已,其性质较近于前者(但非相同),应非如"最高法院"所云,应由被上诉人负举证责任。

(二)学说

台湾地区学说就不当得利之无法律上原因之要件之举证责任,有不同看法。对台湾地区相关问题之研究、发展均有甚大之贡献,实值敬佩。本书于此,仅就若干细微处,略提刍见,供做参考。

首先,就借贷关系之举证责任,可能于原告以不当得利请求权提起之给付之诉与原告提起确认借贷关系不存在之诉时分别得到不同之结果,亦即前者,应由原告就无法律上原因负举证责任;后者,则应由被告,就借贷关系负举证责任。学者乃有质疑实务有关不当得利之无法律上原因举证责任与确认法律关系不存在之诉之举证责任相关见解者。

本书认为,若原告主张借贷关系存在,被告应返还借款,则自应依一般举证责任法则,由原告就借贷关系之存在负举证责任。若原告主张其对系争物有所有权,而其与被告间并无借贷关系存在,并请求确认之,以求能保有其物,则被告应就有借贷关系存在事实负举证责任,俾能请求返还其出借物。但若原告主张,被告不当得利(原物),请求返还之,被告以两造间存在借贷关系时,则应由原告就借贷关系不存在负举证之责。若原告主张被告不当得利(利息),被告抗辩两造间有借贷关系,则应由原告就借贷关系不存在负举证责任。其举证责任分配,就后二者,因请求主体与客体之不同,分别由出借人(假设性)与借用人(假设性),就借贷关系不存在负举证责任。其合理化之基础,在于不当得利请求权,系以无法律上原因为要件,尤其非债清偿之情形,使财产资源发生变动之主体,系不当得利请求人,其将原由其掌控之财产资源,经其行为而造成主体变动,则消极事实举证困难所生之危险归于不当得利请求人,应无不合理。

其次,学者有主张:不当得利(利息)返还请求权之原告,若改变诉讼方法,不先直接以给付诉讼之方法请求返还不当得利,而以消极确认诉讼方法,诉求确认消费借贷之法律关系不存在。则确认诉讼之被告,必须就消费借贷之法律关系存在之原因事实负举证责任。嗣其消极确认诉讼获胜诉后,原告再行提起给付之诉,如此,则原告于请求被告返还不当得利之诉讼中,对于债务不存在之事实不必为举证。本书认为学者就此,似乎忽略本书所阐述之消极事实之举证方法问题。亦即,若原告诚以如此方法提诉,则其须负担第二诉讼中被告以借贷以外关系为法律上原因抗辩,而原告仍须就之为反驳之风险。盖原告并不因前诉确认消费借贷关系不存在,而于次不当得利给付诉讼中,即当然免举证之责。且于此一案型中原告(利息给付者)居于借用人之地位,则其提出消费借贷不存在之消极确认之诉,由出借人就借贷关系存在负举证责任,应属合理。因出借人借此,可获借贷物(本金)返还请求权之基础。至于次不当得利给付诉讼之由借用人举证借贷关系不存在之事实,其合理化基础,依本书所见,系存在于资源变动之危险控制问题,已如前述。

附带一提者,若系原告乃出借人(假设性),欲以不当得利请求返还本金时,则其是否宜以前述二阶段提诉法为之?本书认为,如此提诉,似有违诉讼之技巧。因其须因此担负次诉中被告(假设性借用人)以他法律关系抗辩之风险;另其若如此提诉,已如未上擂台,即先断自己手臂一般。其先将借贷关系予以否认,而令其以行使借贷返还请求权主张权利可能性归无,恐非诉讼技巧上之明智选择。

此外,学者有以相关问题之举证责任分配,宜以实质公平之考虑作为基础者。其固已指出规范理论之有限性,但本书认为所谓公平正义抽象原则,似不宜成为一般举证责任分配之原则,亦即,其可以为制度目的,但不宜成为操作规则。鉴于此目的与待证事实者,仍须有若干考虑因素,亦即须有桥梁规则始可。而规范理论具有法安定性之优点,亦非其他高度抽象理论所可全面取代。至于在个案中,是否就依一般举证规则所得举证责任分配结论有作调整之必要,则应就其个案类型(个案群组)做整体观察,并为充分说理,以求谋取共识、建立类型。因此有学者以无法想象能以何种方法证明无债务存在之事实,而认为于不当得利诉讼中,应由被请求人就有债权存在之事实为举证。除忽略如前所示之一般举证责任分配法则之必要性、不当得利请求人举证无法律上原因要件之合理性外,且其于消极事实举证之可能性观察,较诸德国学说实务之见解,似存在某程度理解之落差。

第六节 结论

消极事实之举证责任,于证据法上,本属一甚为困难,且具有争议之问题。不当得利之无法律上原因要件之举证责任问题,因涉及消极事实之举证,因此,于学说及实务之理解,难免有不同看法。尤其一般通说并不以消极事实说(按:主张积极事实之人负举证责任,主张消极事实之人不负举证责任)为一般举证责任分配法则,而以(修正)规范理论为举证责任分配之标准,令消极事实举证问题之争议性益形明显。虽如此,本书仍以通说之一般举证责任分配法则出发,认为原则上不当得利之无法律上原因要件,应由请求权人负举证责任,但不排除有若干例外情形。

本书就论题重点之叙述,为求焦点集中,并未就消极事实之举证责任一般性理论予以详论,就之,固期待来者为之。唯本书既已就不当得利之无法律上原因要件之举证责任归属予以界定,且就此一消极事实之举证责任方法,亦予以明确指出,相信对台湾地区就相关问题研究及实务运作有些微之帮助。

　　台湾地区之学者及判决,就此问题均曾提出若干宝贵之见解,于系争问题之厘清,均有重大贡献,甚值钦佩。就该等见解,本书亦提出若干仍待检验之质疑,有不成熟处,当请方家不吝指正。①

---

　　①　自本书发表之后,"最高法院"关于非债清偿型的不当得利无法律上原因之举证责任分配,已改采本书见解,甚至对于反驳证明亦有认识及采用者。

第十一章　不完全给付可归责性要件之举证责任分配

第一节　前言

　　不完全给付制度系一甚为重要，却属至为困难之问题。台湾地区学者与实务已就不完全给付制度，于实体法要件及其法律效果多所探索。唯有关其举证责任分配之文献与判决，则尚属有限。就此一在德国经长年学说、实务争议不绝之论题，于台湾地区应有予以注意及评析之必要。

　　就不完全给付之举证责任分配问题，其首要之争议问题为可归责性要件之证明。就此，台湾地区实务有少数判决见解，因具新意，应值研究。而学者中，亦曾有就其中判决之见解予以评析并表示意见者。就该等实务之见解之理由构筑是否已充分；其见解是否可采；而学者对举证责任分配制度，于我国台湾地区有关规定及外国法，是否已适切解读等均为本书之研究重点。至于不完全给付之其他要件之举证责任问题，则待他日另文研介。

第二节　举证责任分配理论概说

　　举证责任分配之问题，系一至为困难之问题，提出放诸四海皆准之原则，非本书之行文主要目的，限于篇幅，亦非所能。本书认为，虽举证责任分配理论于学说上有诸多争议见解，但具一般抽象性之"规范理论"，因符合法律安定性之宪法要求，具有可预见性、可预测性之特质，应得作为一般举证责任分配之原则。但因个案正义之实现，若被司法所拒绝，则恐亦成为宪法制度之否定。盖国家既禁止私力救济，自有提供一有效、足以实现正义之司法制度之义务。因此，具个案正义之弹性，亦应为宪法之基本价值。如此，为免举证责任分配之规范理论之沦于僵化可能性，自应承认其有调整之空间始可。

因此，举证责任之原则应为"当事人须对于其有利之法律规范要件负举证责任，但若审酌个案所有情况，依一般举证责任分配原则，显失公平而不可期待者，不在此限"。此法则与台湾地区新修正"民事诉讼法"第二百七十七条附加但书之规定，均系鉴于规范理论，亦即举证责任分配一般原则之具极限性，而所为基本理论之修正。但困难之所在，乃但书之解释与运用之问题。因但书情形，不应成为法官恣意之遁词与掩护，且任何于原则之背反，均应有合宪性、合法性之检验可能性。此等理论深具复杂性，兹为本书论述经济，就举证责任分配法则之相关论争及本书之基本见解，请参阅本书第六章之论述，于此不拟赘复。

第三节　台湾地区之实务与学说之见解

一、"立法"

台湾地区就不完全给付之立法，于一九九九年四月二十一日修正公布"民法"第二百二十七条修正条文之前，就不完全给付之法律依据，是否得以旧法第二百二十七条为其法律基础，向存有争议。"民法"第二百二十七条之旧法乃规定：债务人不为给付，或不为完全之给付者，债权人得声请法院强制执行，并得请求损害赔偿。而新法则规定：因可归责于债务人之事由，致为不完全给付者，债权人得依关于给付迟延或给付不能之规定，行使其权利。（第一项）因不完全给付，而生前项以外之损害者，债权人并得请求赔偿。（第二项）

唯无论旧法时期之不完全给付制度，或新法者，有关不完全给付之法律效果，均与其他同属债务不履行之给付不能与给付迟延之规定相关。其应注意之条文包括"民法"第二百二十五条第一项、第二百二十六条第一项、第二百二十九条第一项、第二百三十条、第二百三十一条第一项等。

此等规定，固系台湾地区"民法"有关给付不完全、给付不能、给付迟延之重要规定。而其与举证责任分配之关联，乃一甚为复杂与困难之问题。为对其适当解读，与德国法制比较，应为一可行途径。

二、实务之见解

台湾地区实务，于不完全给付之可归责性要件之举证责任分配制度表

示意见者不少,兹列举二例如下:

"最高法院"一九八八年台上字第一九八九号判决就买卖契约之不完全给付损害赔偿请求权之可归责性之举证责任分配,表示如下看法:"债务人负有依债务本旨为给付之义务,违背债务之本旨为给付,即属不完全给付,为瑕疵之给付,即其适例。是以债务人如主张其已为完全给付,当由其负证明之责。虽债权人于受领给付后,以债务人给付不完全为由,请求债务人为损害赔偿,关于给付不完全之点,应转由债权人负举证责任。唯不完全给付,非有可归责于债务人之事由,为债务人之免责要件,故债务人以不完全给付系因非可归责于己之事由所致为抗辩,就此仍应由债务人证明之。"

又"最高法院"一九九三年台上字第二六七号判决亦认为:"'民法'第一百八十四条第一项前段规定侵权行为以故意或过失不法侵害他人之权利为成立要件,故主张对造应负侵权行为责任者,应就对造之故意或过失负举证责任(参照本院一九六九年台上字第一四二一号判例)。又在债务不履行,债务人所以应负损害赔偿责任,系以有可归责性之事由存在为要件。故债权人苟证明债之关系存在,债权人因债务人不履行债务(给付不能、给付迟延或不完全给付)而受损害,即得请求债务人负债务不履行责任,如债务人抗辩损害之发生为不可归责于债务人之事由所致,即应由其负举证责任,如未能举证证明,自不能免责(参照一九四〇年上字第一一三九号判例意旨)。"

就给付迟延之可归责要件之举证责任分配相关判例,有一九三二年上字第一九五六号,即"给付有确定期限者,债务人自期限届满时起,当然负迟延责任。其因不可归责于债务人之事由,致未为给付者,债务人虽不负迟延责任,但不可归责于债务人之事由,应由债务人负举证之责任"。

值得注意者系,新近有实务见解认为:按"民法"第二百二十七条第一项规定,因可归责于债务人之事由,致为不完全给付者,债权人得依关于给付迟延或给付不能之规定行使其权利;又依"民法"第二百三十条规定,因不可归责于债务人之事由,致未为给付者,债务人不负迟延责任。因此关于不完全给付之可归责性,应类推适用"民法"第二百三十条规定,由债务人就其不可归责事由负举证责任。其论理依据则为:契约成立后,债务人负有依债之本旨为给付之义务,债权人得合理期待债务人依约履行,故当债权人之给付期待落空时,要求债务人举证就该债务不履行之原因,系不可归责于债务人所致者,应属合理;且因债务人不履行债务之原因系存在于己身,因此令其负担举证责任,应无困难可言。从而债权人请求履行契约时,仅需证明契约之存在即可,唯若债务人不依债之本旨履行契约,而为不完全给付时,则其原有之给付义务并非因此而免除,仅性质上转变为损害赔偿义务,故债权人请求损害赔偿时,亦仅需证明债务人不履行契约为已足;因此债务人如欲免除其给付义务或损害赔偿义务,自应举证证明系因不可归责于债务人之事由而致债务不履行。① 被告之不完全给付,与原告所受损害之间,有因果关系:按,当事人主张有利于己之事实者,就其事实有举证之责任,"民事诉讼法"第二百七十七条前段定有明文;因此债权人主张因债务人不完全给付而受有损害者,应举证证明债务人之义务违反与损害之间,有相当因果关系。唯"民事诉讼法"第二百七十七条但书亦规定,依其情形显失公平者,不在此限。而就比较法观察,在医疗事故因果关系之认定,德国联邦最高法院系采取表现证明原则,以减轻病人之举证责任,亦即依据经验法则,有特定之事实,即发生特定典型结果者,则于出现该特定结果时,法院于不排除其他可能性之情形下,得推论有该特定事实存在;且德国实务运用表现证明原则之重要案例,为传染与麻醉之情形。又依照美国多数法院见解,原告若能证明以下要件,即得适用"事实说明自己"原则,而推论被告过失行为存在,及被告行为与原告之损害间具有因果关系:(1)若无过失存在,原告之损害通常不会发生。(2)被告对于损害发生之方法,具有排他性之控制力。(3)原告对于损害之发生,并无故意行为或具有任何原因力。② 从而本院认为,本件原告就其损害与被告之违反从给付义务之间,究竟有无相当因果关系,仍应负举证责任;但因被告具有丰富之医学专业知识,而原告则完全欠缺该等知识,故两造于诉讼上之攻击防御地位明显不平等,且被告诊所中所使用之设备及人员配置,均为被告所能掌握,而为原告所不能控制,因此本院认为应适用"民事诉讼法"第二百七十七条但书规定,减轻原告之举证责任,而适用上述表现证明原则。此外被告本于其专业知识,应得以轻易举出相反事证以动摇本院之心证,因此原告举证责任之减轻,对被告而言,应无不公平可言。(台湾台北地方法院二○○六年度医字第五号民事判决)

三、学者之见解

台湾地区学者就不完全给付或其他债务不履行类型之可归责性要件之

---

① 姜世明:《举证责任与真实义务》,台湾新学林出版社2006年版,第89页;《新民事证据法论》,台湾学林文化出版社2004年第2版,第347~348页。

② 参见约翰逊林:《德国医疗过失举证责任之研究》;陈聪富:《美国医疗过失举证责任之研究》。此二文发表于"医疗过失举证责任之比较法研究"学术研讨会,二○○五年十二月二十四日,台湾大学法律学院国际会议厅。

举证责任分配有所论述者，并不多见。早期史尚宽、郑玉波固尝有着墨，因论理不多，于兹不赘。在此，仅就王泽鉴、马维麟、姚志明、曾世雄及陈荣宗等学者就此相关问题所为论述，予以介绍，俾供读者知悉台湾地区学者对此问题之认识深度，并资充本书下节分析检讨之基础。

学者有认为应由债务人负举证责任者：

学者王泽鉴赞成"最高法院"一九八八年度台上字第一九八九号判决之见解，其理由为：其一，债务不履行的不可归责事由，应由债务人负举证责任。各国立法例多设明文。德国《民法》第二百八十二条明定："给付不能系因可归责于债务人之事由而生与否有争执时，由债务人负举证责任。"第二百八十五条规定："债务人因不可归责于自己之事由不为给付者，不负迟延责任。"其举证责任亦在于债务人。瑞士《债务法》第九十七条第一项明定："债务人不为履行，或不为完全履行者，除能证明无可归责于自己任何过失外，应赔偿因此所生之损害。"台湾地区"民法"第二百二十五条规定，"因不可归责于债务人之事由，致给付不能者，债务人免给付义务"，亦寓有举证责任分配的意义。"最高法院"二十一年上字第一九五六号判例谓"给付有确定期限者，债务人自期限届满时起，当然负迟延责任。其因不可归责于债务人之事由，致未为给付者，债务人虽不负迟延责任，但不可归责于债务人之事由，应由债务人负举证责任"，可资参照。此项举证责任分配原则，于给付不能亦应适用之。不完全给付既为债务不履行的一种形态，"最高法院"一九八八年第七次民事庭决议又认为其应类推适用给付迟延及给付不能的规定，自应采同一举证责任原则。诚如"最高法院"所云，不可归责事由系属免责要件，就当事人利益衡量言，实符合公平原则。其二，契约责任与侵权责任的竞合多发生于不完全给付，在侵权行为加害人的故意过失，原则上应由被害人负举证责任。在不完全给付的契约责任，债务人应就不可归责负举证责任。使二者的竞合具有实益。鉴于侵权行为系一般人之间的关系，契约系特定人间的结合关系，具有一定程度的信赖，举证责任不同应属合理。①

学者曾世雄认为"台湾地区'民法'对于债务人之给付不能或给付迟延，仅规定以可归责为限，债务人始负赔偿责任，举证责任究属何方，并未言及。其认为德国民法、瑞士债法之规定，似可引为借镜，良以契约成立后，债务人有给付之义务，违约而发生之损害赔偿义务性质上为原有给付义务之化身，

---

① 王泽鉴：《民法学说与判例研究》（第八册），1998年版，第241、242页。

债权人请求履行契约时,仅须证明契约之存在,则于契约不履行而请求损害赔偿时,似亦仅须证明契约之不被履行为已足。至于契约不履行究系可归责于债务人否,即债务人是否有故意过失,则似非债权人所须举证证明焉。自债务人方面而观察之,则更清楚,契约不履行之结果,债务人原有之给付义务仍旧存在,否则即有鼓励债务人违约之嫌,因而契约不履行之结果,债务人原有之给付义务并非因而即行免除,仅性质上转变为赔偿之义务,债务人如欲使其原有之给付义务不转变为赔偿义务而径化为不存在,自应负举证责任证明不可归责。又故意过失之证明事实上甚为困难,如责令债权人负此项举证责任,债权人或将因证据无法取得而无法获得赔偿,权衡受害而不能赔偿与加害而不能免责二者,似以保护债权人及被害人较为公平"。另对于不完全给付之举证责任分配问题,其乃于其文内注二中表示参照Larenz 所著 *Schuldrecht*(第一册)第三百七十一页。①

陈荣宗对给付迟延之不可归责要件之举证责任分配,认为有两种可能之解释,亦即"如认为可归责于债务人之事由,系给付迟延之要件,则债权人除应举证债务人届时未为给付之外,尚须就债务人有可归责之事由为举证。若认为不可归责于债务人之事由,为债务人不负迟延责任之要件,则债务人就不可归责于债务人之事由为举证。亦即法律要件分类说,所谓权利发生要件或权利妨害要件之分类问题。若认为前者之事由,归为权利发生要件事实,则后者之事由,应归为权利妨害要件事实。其实此种事实本系同一,只因于表达时,将其作正反不同之表达,因而成为权利发生要件事实及权利妨害要件事实。此种法律要件分类之不妥现象,成为 Rosenberg 法律要件分类说之破绽所在之一。可知于此种情形之下处理举证责任分配,无法以通说之法律要件分类形式为标准,必须就双方当事人对于归责事由之证明难易及证据接近情形,在分配之实质之价值,加以考虑,始有公平可言。本判例(一九三二年上字第一九五六号)之债务人是否为给付,此事完全系于债务人一方之决意,而其未给付之原因,是否不可归责于自己之事由,债务人自己对该事实真相知之最详细。债权人通常较不容易知悉其未给付原因及归责事由之有无。换言之,此类事实属于债务人控制下之事实,债务人较容易举证,所以应认为债务人应就不可归责于债务人之事由,负举证之责。此并非因该事由属于权利妨害要件事实而然。'最高法院'于判例中虽未说

---

① 曾世雄:《损害赔偿法原理》,1996 年修正 2 版,第 338、339 页。

明理由,但其结果应认为符合公平原则"①。

但亦有学者认为,原则上应由债权人负举证责任者:

马维麟于其《给付不完全制度——台湾地区"最高法院"历年来判决之检讨与分析》②一文中,则认为不完全给付之可归责事由之举证责任,应以德国通说③最为可采,盖举证责任之分配,原则上应由主张权利人负举证之责("民事诉讼法"第二百七十七条)。而台湾地区"民法"第二百三十条规定(相当德国《民法》第二百八十二条)给付迟延之不可归责应由债务人负举证责任,系属例外规定,尚难当然适用于给付不完全制度上。除非在例外情况,若令请求权人负举证责任将有期待不可能之过苛时,方得重新考虑是否应将举证责任予以反置。

学者姚志明认为马维麟教授之见解较为可采,其认为"不完全给付与给付不能或给付迟延等二者之态样,有些差异。就给付不能或给付迟延而观之,其二者均是未为给付之债务不履行类型。因而,债权人既然未受有给付,债务人有无归责之事由,当然系债务人自己最能举证说明之。故给付不能或给付迟延,债务人对于其不可归责事由,应负举证责任。此在德国《民法》第二百八十二条有明文规定,立法之原因亦基于此。然而,不完全给付系债务人已为给付,但给付为不完全,而不完全给付之重要损害结果为加害给付,此情形与侵权行为类似,均是侵害债权人或被害人履行利益以外之利益(或称固有利益)。而二者不同之点主要在于,不完全给付系存在一个债之关系,而加害给付系因债务人违反义务而给付时,造成债权人之损害。侵权行为则在无任何债之关系下,加害人之一种侵害被害人,造成被害人之损害。因而,既然通说认为,侵权行为应由被害人对加害人之归责事由负举证责任,当然不完全给付原则上,亦宜由因不完全给付受有损害之债权人负举证责任。然而涉及债权人与债务人立足点不平等之情形时,如因专业性质义务违反时,或产品责任及公害责任时,债权人或限于资力、专业知识之欠缺,此时危险性系在债务人较能控制之范围(亦即生活或业务之范围内),债

---

① 陈荣宗:《举证责任分配与民事程序法》(第二册),1984年版,第89、90页。
② 马维麟:《给付不完全制度——台湾地区"最高法院"历年来判决之检讨与分析》,载《法学丛刊》1997年42卷第3期。
③ 马氏认为德国通说系,原则上应无《民法》第二百八十二条之适用,盖给付不能或给付迟延中,系由债务人行为所致,故应由其举证免责。反之,在不完全给付制度中,债权人何以受害及程度,多由债务人所得知。况且该制度具有侵权行为的性质,于侵权行为法中,亦由受害人自行举证。参该文,第96页。另伊于其所著《民法债编注释书》(二),初版,第369页亦为相同观察。

权人甚难对债务人之归责事由为举证。换言之，认为债务人不履行之发生，系因有可归责事由，致因而无法防止之损害，系是一种合理之推断。故此时应有举证责任之转换之适用，而有债务人负举证之责任"。①

第四节　德国之实务与学说之见解

一、立法

德国于不完全给付，并未有法律明文。就其举证责任分配之探讨，乃与给付不能及给付迟延有密切之关系，其相关法条为其《民法》第二百七十五条第一项、第二百八十条第一项、第二百八十二条、第二百八十四条第一项第一句、第二百八十五条、第二百八十六条第一项。② 其中，尤以《民法》第二百八十二条（按：于给付不能是否因可归责于债务人之事由所致，有争执时，应由债务人负举证责任）、《民法》第二百八十五条（按：因不可归责于债务人之事由致未为给付者，债务人不负迟延之责任）之规定为重点所在，其显深刻影响整个债务不履行制度之举证责任分配。唯德国迄今，仍未能就《民法》第二百八十二条之于举证责任分配中之定位，予以确切解释，亦即就此条文究竟系属举证责任转换（反置），或系一般举证责任分配法则之推论，

---

① 姚志明：《积极侵害债权与不完全给付之研究》（下），载《法学丛刊》1999 年 44 卷第 4 期。

② 本书所引德国民法，均系其债法修正前条文内容，希予以注意。《民法》第二百七十五条第一项：因债之关系发生后，所生之不可归责于债务人之事由，致给付不能者，债务人免负给付义务。

《民法》第二百八十条第一项：因可归责于债务人之事由，致给付不能者，债务人应对债权人负赔偿因其不履行所生损害之责任。

《民法》第二百八十四条第一项第一句：债务人于清偿期届至，经债权人催告而不履行者，债务人经此催告而负迟延责任。

《民法》第二百八十六条第一项：债务人应对债权人因迟延所生损害，负赔偿之责任。

并未获终局厘清。① 唯一般认为系举证责任转换之规定。②

应注意者系,《民法》第二百八十二条系对应于损害赔偿之诉,而《民法》第二百七十五条,则系相对应于给付履行之诉。因而一般认为,《民法》第二百七十五条之给付不能之不可归责事由为债务人之免责事由,依一般举证责任分配法则应由债务人负举证之责。③ 于《民法》第二百八十五条之给付迟延之不可归责要件,Baumgärtel认为,其亦为债务人之免责要件,依一般举证责任分配之原则,应由债务人就无可归责性负举证之责。④ 但就此种见解是否妥适,则非尽属无疑。尤其于若干著作中,讨论举证责任转换者,屡有将《民法》第二百八十五条与《民法》第二百八十二条并列者,更滋疑惑。⑤ 本书认为,若将权利发生要件事实与权利妨害之要件事实之区分实益,予以否定化,则似可将已归类于权利成立要件者(例如债务不履行之可归责要件),无论其是否于法条中,另有以消极性语句规定(例如《民法》第二百八十五条之被认为免责事由者),均认为若依一般举证责任法则,原则上均应由债权人负举证之责,但因法律规定或由学说、实务推演,而反置由债务人负举证之责。

二、实务之见解

帝国法院基本上认为债权人(即原告),应就不完全给付(德国称为积极侵害债权)之所有要件,包括可归责性予以证明。⑥ 但其对于承揽、雇用、旅客运送、住宿等契约,于债务人违反注意义务及损害原因系自债务人危险领

---

① Baumgärtel, Beweislastpraxis im Privatrecht, 1996, Rdnr. 446；Heinemann, Die Beweislastverteilung bei positiven Forderungverletzungen, 1988, S. 20. 关于《民法》第二百八十二条之理论基础,则可能有危险领域理论、盖然性理论与给付保证说等不同见解,其内容与争议,vgl. Heinemann, S. 25ff.

② Baumgärtel/Strieder, Handbuch der Beweislast im Privatrecht, Band 1, 1991, S. 296.

③ Baumgärtel/Strieder, Handbuch der Beweislast im Privatrecht, Band 1, 1991, S. 273.

④ Baumgärtel/Strieder, Handbuch der Beweislast im Privatrecht, Band 1, 1991, S. 350 m. w. N.

⑤ Gaupp, Beweisfragen im Rahmen ärztlicher Haftungsprozesse, 1969, S. 60；Kaufmann, Die Beweislastproblematik im Arzthaftungsprozeß, 1984, S. 21；Rosenberg/Schwab/Gottwald, Zivilprozeßrecht, 15 Aufl. , 1993, S. 672. D. Franzki 更明言,《民法》第二百八十五条亦为举证责任转换之规定,D. Franzki, Die Beweisregeln im Arzthaftungsprozeß, 1982, S. 36 m. w. N.

⑥ RGZ 66, 289, 291；RG JW 1908, 236f.

域中产生时,债务人应依举证责任转换制度,对可归责性问题负举证责任。①

联邦最高法院基本上延续帝国法院之见解,唯其理由构筑,有时系以《民法》第二百八十二条规定,有时则以危险领域或责任领域为理由基础。②其后,并将该有利于债权人之举证责任分配法则适用范围扩及类似之契约关系,例如银行、买卖、租赁及公法保管使用关系,且渐以危险掌控领域之举证责任分配作为其主要之理由。③

三、学说之见解

于学说上较少争议者系,德国《民法》第二百八十二条应非得直接适用于不完全给付之情形。唯其是否得予类推适用之,则甚具争议。就此问题,不同学者,于不同时期,就所谓通说或多数说,可能有不同之观察结论。例如 Gaupp 于其一九六九年之著作中,认为文献之多数主张为《民法》第二百八十二条、第二百八十五条规定得类推适用于不完全给付。④ Fikentscher 于其一九九七年第九版之《债法》中,则指出多数学说见解,系于不完全给付之情形,应由债权人负举证责任,唯于损害原因系存在于债务人之组织及危险领域时,始有《民法》第二百八十二条之适用。⑤ 但于 Palandt/Heinrichs 民法注释书中,则以为早期学说,因 Raape⑥ 之影响,通说认为《民法》第二百八十二条于不完全给付得予适用。现在之通说,则系视受侵害义务之种类而定。其并举 Stoll, Baumgärtel, Heinemann 之著作为例。⑦ 可见德国学者,对此观察结果,甚为歧异纷呈。此等对某见解是否居于学说主流之见解分歧,同样存在于对《民法》第二百八十二条,是否于医师民事责任程序中

---

① Baumgärtel, Handbuch der Beweislast im Privatrecht, Band 1, 1991, S. 305; Palandt/Heinrichs, Bürgerliches Gesetzbuch, 57 Aufl., S. 356.
② Palandt/Heinrichs, Bürgerliches Gesetzbuch, 57 Aufl., S. 356.
③ Baumgärtel, Handbuch der Beweislast im Privatrecht, Band 1, 1991, S. 306.
④ Gaupp, Beweisfragen im Rahmen ärztlicher Haftungsprozesse, 1969, S. 60.
⑤ Fikentscher, Schuldrecht, 9 Aufl., 1997, Rdnr. 390.
⑥ Raape, Die Beweislast bei positiver Vertragsverletzung, AcP 147, 212.
⑦ 亦即 Stoll, Haftungsverlagerung durch beweisrechtliche Mittel, AcP, 176, 145ff.; Baumgärtel, Handbuch der Beweislast im Privatrecht, Band 1, 1991, S. 304 ff.; Heinemann, a. a. O., S. 175ff.

亦有适用之问题。① 自此可见，此一问题之复杂与困难性。

一般而言，学者曾因受 Raape 之主张之影响，认为《民法》第二百八十二条之规定，于不完全给付，无论系瑕疵给付或一般保护义务之违反，若主张权利之人，已证明客观义务违反及存在于此义务违反与损害间之因果关系时，均得以类推适用。Rappe 建构此一类推适用理论，是以对债务人生活关系不清楚之债权人，若课其以举证之责，其将陷举证困难；且依一般法感与衡平观念，违反对某特定人存在契约义务之人，应对受害人负完全说明义务较为合理。② 但对此一全面性类推适用之见解，亦渐有若干具重要性之学者提出质疑，并获共鸣。且此种主张某程度反映实务情况，至少于医师、律师之义务违反行为情形，上述全面性适用之主张，并未与主流实务见解相合。

Stoll 区分所谓给付义务之不良给付与保护义务之侵害，其认为有关契约主要义务或附随义务之侵害，有《民法》第二百八十二条所规定举证责任分配原则之运用余地。此亦符合其他债务不履行，所显示之债务人应承担给付风险之原理。③ 但此一法则，并不适用于一般保护义务之违反。此一类型近于一般侵权交易义务侵害者，其与侵权行为之举证法则应属相同，即债权人应负举证之责。④

Larenz 区分结果相关之给付义务与行为相关之义务，依其见解，《民法》第二百八十二条系一履行保证之思想，此法条可直接适用于结果相关之给付义务，尤其是运输契约与保管契约。⑤ 但于行为相关之保护义务违反则不适用之，唯其并不否定于被害人有证明困难时，有危险领域说理论适用之例外情况。⑥

就可归责性而言，依 Larenz 与 Stoll 等学者之见解，可得推论，若给付不完全之损害赔偿请求权，系基于结果相关之给付义务之违反，例如旅客运

---

① 如 Weber 认为学说系采如实务所采之否定说，但 D. Franzki 则有不同看法，分别参阅 Weber, Muß im Arzthaftungsprozeß der Arztseine Schuldlosigkeit beweisen?, NJW 1997, 764 m. w. N.; D. Franzki, a. a. O., S. 41 m. w. N.

② Raape, Die Beweislast bei positiver Vertragsverletzung, AcP 147, S. 222, 242.

③ Stoll, Die Beweislastverteilung bei positiven Vertragsverletzungen, Hippel-FS, S. 556.

④ Stoll, a. a. O., S. 527f.

⑤ Larenz, Zur Beweislastverteilung nach Gefahrenbereichen, Hauß-FS, 1978, S. 234f.; Larenz, Schuldrecht, I, 14 Aufl., 1987, S. 376.

⑥ Larenz, Schuldrecht I, 14 Aufl., 1987, S. 376.

送之契约意外事故,此种不良给付,即有举证责任转换之适用。但于行为相关之给付义务,因债务人并不对结果发生负责,则不能等同视之。例如医师责任程序中之举证问题,于德国实务,一般并不以《民法》第二百八十二条解决被害人之举证困难。而系建立类型,就被害人举证困难予以减轻。尤其危险领域说,在此有其运用之空间。就契约之附随义务而言,除非其系具浓厚性质结果取向者,否则一般应以行为相关义务类型处理。至于一般保护义务之违反,即由权利请求人就对造之可归责性负举证之责。但于债务人独自掌握事件关系之认识时,仍有危险掌控(领域)思想适用之可能。

Baumgärtel于德国民事证据法学界居于一定地位,其认为于结果相关之主给付义务或附随义务违反,应有《民法》第二百八十二条之适用。但在行为相关之给付义务与一般保护义务之违反,则无该条之适用,但不排除有危险掌控思想之运用空间。[1]

第五节　台湾地区学说与实务见解之检讨

举证责任分配理论,系民事程序法中一至为复杂与困难之问题。台湾地区实务及学者就台湾地区不完全给付(及其他类型债务不履行)之可归责要件之举证责任分配,曾有若干精辟见解,均有其独到之处,并对台湾地区就相关论题研究产生重大影响,甚值钦佩,应予至高之肯定。在此,本书忝以野人献曝之忱,探幽索微,略示拙见,聊供批判或参酌之用。

1.有学者认为我国台湾地区"民法"第二百二十五条与德国《民法》第二百八十二条类似;或有认为台湾地区"民法"第二百三十条与德国《民法》第二百八十二条相当。[2] 此种对德国法例之特殊观察描述,可能存有某程度之理解与认识落差。亦即,自本书前述对我国台湾地区及德国立法例之说明,应可明白,台湾地区"民法"第二百二十五条之规定,应系相当于德国《民法》第二百七十五条之规定;至于给付迟延之规定,即台湾地区"民法"第二百三十条之规定,应系与德国《民法》第二百八十五条相当。就台湾地区"民法"第二百二十五条而言,其应用实益应系在债权人,例如买卖契约之买受人,依"民法"第三百四十八条规定,请求出卖人给付买卖标的物时,出卖人

---

[1] Baumgärtel, Handbuch der Beweislast im Privatrecht, Band 1, 1991, S. 325.

[2] 马维麟:《给付不完全制度——台湾地区"最高法院"历年来判决之检讨与分析》,载《法学丛刊》1997年42卷第3期。

可执"民法"第二百二十五条规定,主张其有不可归责之事由致给付不能,以期得免除其给付义务。就此一免责抗辩,依一般举证责任分配理论,即可推得,应由债务人负举证责任。德国就债权人主张《民法》第二百八十条之因不能给付而生之损害赔偿请求权时,另于《民法》第二百八十二条有举证责任转换之规定。其《民法》第二百八十条之规定,即相当于台湾地区"民法"第二百二十六条。但台湾地区就"民法"第二百二十六条之损害赔偿请求类型,则未有如德国《民法》第二百八十二条举证责任转换之规定,如何定其举证责任分配,即易滋争议。

2."最高法院"一九八八年度台上字第一九八九号判决对象系不完全给付之损害赔偿请求权,有学者以"最高法院"一九八八年度第七次民事庭会议决议以不完全给付应类推适用给付迟延及给付不能之规定,并佐以"民法"第二百二十五条之规定,而认应由债务人就此免责要件负举证责任。其论证系基于对"民法"第二百二十五条于举证责任分配意义上之特殊理解,较诸德国法例真意,其论证似有未尽处。否则,若谓台湾地区"民法"第二百二十五条,即可于不完全给付之损害赔偿案型直接予以作用,则德国除其《民法》第二百七十五条规定外,又何须另为《民法》第二百八十二条之举证责任转换规定。若学者有意将台湾地区"民法"第二百二十五条解释为得直接适用于"民法"第二百二十六条之损害赔偿类型,则须另行构建理由。

3."最高法院"一九八八年度台上字第一九八九号判决及一九九三年度台上字第二六七号判决,均认为不可归责系债务不履行(包括给付不能、给付迟延、不完全给付)之免责要件,因此应由债务人负举证责任。判决中并未区分其系基于一般举证责任分配法则推演而得,抑或基于举证责任转换所致。概以免责事由为据,责令债务人负举证之责,难谓已尽判决说理之能事。因如前所述,台湾地区"民法"第二百二十五条应非"民法"第二百二十六条之案型所得直接援引,而就债务不履行,无论给付不能、给付迟延或不完全给付,一般实体法学者均认为债务人之可归责性系要件之一,亦即债务人之可归责性,应系"民法"第二百二十六条及第二百三十一条或不完全给付请求权之成立要件之一,为何上述判决,乃径以债务人之不可归责为其免责事由,除已陷入德国Rosenberg规范理论之盲点争议外(即无法区分权利发生要件与权利妨害要件),似有推理过快之嫌疑。

本书认为,一般既认为债务人之可归责性,系债务人应负给付不能、给付迟延、不完全给付之损害赔偿责任之要件之一,则应认为,若依一般举证责任分配理论,原本似应由债权人负举证责任,如欲将举证责任改置于债务人身上,则须经由特殊举证责任分配规定或以法理予以调整。而非如上述二判决一般，未经由其他适当学理说明，即直接认为应由债务人负举证责任者。实则，适因就此依一般举证责任分配理论所得结论，于当事人间易形成不公平。因此，"立法"上，如台湾地区"民法"第二百三十条，已就给付迟延之规定，表示应由债务人就其不可归责负举证之责之立场。虽给付不能，未有相同之规定，但亦应有调整之必要，以期立法价值判断之一致性。可质疑者系"民法"第二百三十条之规定，究系依一般举证责任分配法则所推论之免责事由之举证问题，抑或已属举证责任转换之问题。虽德国就其相类规定之解释，一般系采前者之看法。而自其《民法》第二百八十五条之规定，置于其《民法》第二百八十六条损害赔偿请求权之前，而置于《民法》第二百八十四条之后，本容易令人比对给付不能之法条排列，而作如是推论。但本书仍认为，德国《民法》第二百八十四条，应与其第二百八十六条一起观察，而其第二百八十五条，即为举证责任转换之规定。此乃因德国《民法》第二百八十四条、第二百八十六条，基本上均指向迟延责任，但其《民法》第二百七十五条与第二百八十二条，则分别对应于契约给付履行请求权与给付不履行之损害赔偿请求权，二者应有明显区别。

本书因此亦认为，债务人之可归责性，既认为系给付迟延之要件之一，台湾地区"民法"第二百三十条乃将不可归责事由转由债务人负举证之责任，应可认为系属法定举证责任转换之规定。其与"民法"第二百二十五条适用于契约给付请求案型时，系依一般举证责任分配理论推导而得者不同。

4. 困难者系，台湾地区给付不能与不完全给付之可归责性举证责任分配问题，已涉及此二债务不履行类型与给付迟延是否有共同之思虑基础。于德国就给付不能与给付迟延将举证责任归于债务人，其考虑之基础，一则以债权人之给付期待为由，当债权人之该期待落空时，要求债务人举证就该迟延或不能之原因系其所不可归责情况所致者，应非不合理；另于证据上而言，债务人对该事况处于证据接近之情形，自应由债务人举证之。① 于实务上，亦多以危险领域理论构筑相关事例之举证责任转换之理由者。② 而其立法理由，即以债权人就给付不能原因调查之困难为关注考虑重点。③

台湾地区给付迟延之规定，已就可归责性举证责任分配，如德国一般转由债务人负举证责任。则就给付不能与不完全给付之举证责任分配，其考

---

① Prütting, Gegenwartsprobleme der Beweislast, 1983, S. 220.
② Prütting, a. a. O., S. 220.
③ Fikentscher, Schuldrecht, 9. Aufl., 1997, S. 268.

虑重点,即应系其有无如给付迟延一般之举证责任转换之基础。学者马维麟①、姚志明②之以台湾地区"民法"第二百三十条规定系例外规定,应从严解释之见解,似已忽略德国就债务不履行整体观察,及前述考虑基础之共通性问题。

依本书之见解,台湾地区给付不能之损害赔偿请求权规定之可归责性要件,应以类推适用"民法"第二百三十条之规定,将举证责任转由债务人负担,使其应就不可归责事由负举证之责。其论理,可援引前述德国就其《民法》第二百八十二条与第二百八十五条之各考虑基础,并可援引德国实务常据以为相关案例论理基础之危险领域理论为论证理由因素。

至于不完全给付之举证责任分配问题,虽亦有对其与给付不能、给付迟延之证明困难基础是否相同,予以质疑者,③但本书以为,于台湾地区因有新修正"民法"第二百二十七条规定,故而就不完全给付之可归责性之举证问题,即应适用或类推适用台湾地区"民法"第二百三十条之规定,由债务人就其不可归责事由负举证之责。即如旧法时期,亦当同予类推适用之。④至于是否须如德国现今若干有力学者所采之区分结果相关给付义务、行为相关义务或一般保护义务之违反者,因台湾地区法学发展尚未如德国实务与学说,已就该等义务内容予以高度填实与发展,例如律师说明义务之违反之举证问题如何处理,本是德国关于不完全给付之举证问题讨论重点之一,但于台湾地区尚未有相关法律制度之发展,因此就现阶段而言,似仍以如现行立法之一体性适用即可。他日待法学发展,法社会条件更趋成熟时,或许有限缩"民法"第二百二十七条于举证责任分配意义之适用广度之必要性,亦未可知。

5. 又对于德国就不完全给付之情形,得否适用或类推适用其《民法》第

---

① 马维麟:《给付不完全制度——台湾地区"最高法院"历年来判决之检讨与分析》,载《法学丛刊》1997年42卷第3期。

② 姚志明:《积极侵害债权与不完全给付之研究》(下),载《法学丛刊》1999年44卷第4期。

③ Fikentscher, Schuldrecht, 9. Aufl., 1997, S. 268.

④ Rosenberg亦认为,于德国之情形,类推适用其《民法》第二百八十二条与第二百八十五条应属正确,Rosenberg/Schwab/Gottwald, a. a. O., S. 672 m. w. N.

二百八十二条之问题。就其所谓之何者通说,于学者间偶有不同之观察结论。① 因就相关问题之观察,于德国亦有难免之争议,因此,似无对此等不同观察结论多作非议之必要,唯希读者慎思明辨之。

6. 债务人就不可归责要件固应负举证责任,唯此一举证责任之对象,究系本证(Hauptbeweis)或反证(Gegenbeweis),则应予厘清。本书认为系属前者,因此,债务人应举证令法院就其无可归责事实形成确信,否则,就事实不明事态之不利,即应由其负担。就此等对法律上推定之相对规范要件之证明,有称为反驳证明(Widerlegungsbeweis)者②,其与反证不同,因后者仅须动摇法院就本证事实之确信形成即可。

第六节 结论

不完全给付之举证责任分配,系一重要而困难之问题,台湾地区已有若干重要性之文献,其中多有创见,均深具价值。本书对举证责任分配理论有一定之立场坚持,其理由系为对法律安定性之宪法基本要求予以固守(盖一般认为危险领域说与盖然性理论,未具法律安定性之要求,故难为通说所采为充当一般性举证责任分配法则),并借以防止因法官恣意操纵其所自以为是之举证责任分配法则,而造成之法律安定性危机。但对规范说设立之基本举证责任法则,因其缺乏弹性所可能造成之具体个案之正义危害,本书亦提出个人之初步看法,并提出若干过渡至所谓公平思考之桥梁性考虑基点。

本书认为,台湾地区"民法"第二百三十条,系举证责任转换之规定。而"民法"第二百二十五条,则系运用于契约标的给付请求权之免责事由,其系依一般举证责任分配法则所推得应由债务人对其不可归责负举证之责者。

---

① 王泽鉴认为,德国判例学说基本上认为,债务人就不完全给付之不可归责事由应负举证责任(德国《民法》第二百八十二条之类推适用),但于违反附随义务(尤其是保护义务)之情形,甚有争论。王泽鉴:《民法学说与判例研究》(第八册),第 242 页。马维麟则认为德国通说认为,原则上应无《民法》第二百八十二条之适用,唯存在例外情形。马维麟:《给付不完全制度——台湾地区"最高法院"历年来判决之检讨与分析》,载《法学丛刊》1997 年 42 卷第 3 期。另姚志明认为:"依德国判例及通说认为,于罪责方面,积极侵害债权于类推适用德国《民法》第二百八十二条及第二百八十五条,特别适用于雇用、保管及其他同样类似之契约中,若是依危险范围分配举证之原则下,债务人违反其注意之义务,而损害之原因系在其危险范围及组织范围内,则应为举证责任转换之,即由债务人负责举证。"姚志明:《积极侵害债权与不完全给付之研究》(下),载《法学丛刊》1999 年 44 卷第 4 期。

② B. Betzinger, Die Beweislast im Zivilprozeß, 1910, S. 149.

但此一条文并不当然适用于"民法"第二百二十六条之情形。就此等因给付不能所生损害赔偿请求权,本书认为应类推"民法"第二百三十条之规定,而就举证责任予以反置,以令债务人就不可归责事由负举证之责。至于不完全给付之情形,本书认为依新法第二百二十七条之规定,即得以适用"民法"第二百三十条(适用给付迟延规定时),或类推(适用给付不能之规定时)之方式解决。若系旧法时期则可以类推适用方式,而得到举证责任转换之结论。

  总之,本书就结论而言,固赞同上述"最高法院"见解及王泽鉴、曾世雄等之研究结论,但其中论理有某程度区别。管见与德国及我国台湾地区实务学说之就相关问题所持意见,或有未尽相同之处,其妥当与否,愿高明有以教之。另有题内外若干未尽处,而值予以拓深者,则有待来者。